W0240330

Manfred Böckl
Prophet der Finsternis

Manfred Böckl

Prophet der Finsternis

Leben und Visionen
des Alois Irlmaier

Ehrenwirth

Die Deutsche Bibliothek - CIP-Einheitsaufnahme

Böckl, Manfred:
Prophet der Finsternis : historischer Roman / Manfred Böckl. -
München : Ehrenwirth, 1999
ISBN 3-431-03577-9

Für Paul Freund,
den Wünschelrutengänger,
Kräuterbauern und Archäologen
aus Ringelai/Bayerischer Wald,
der mir – einmal mehr –
wertvolle Hilfe schenkte.

© 1999 by Ehrenwirth Verlag, Schwanthalerstr. 91, 80336 München
Internet: http://www.ehrenwirth.de
ISBN 3-431-03577-9
Redaktionelle Bearbeitung: Beate Schnorfeil
Umschlaggestaltung: Grafikhaus, München
Umschlagfoto: Superbild, München
Satz: ew print & medien service gmbh, Würzburg
Druck: Wiener Verlag, Himberg
Printed in Austria

Prolog

Galizien/Herbst 1916

Die Waldlichtung am Nordrand der Karpaten hätte idyllisch wirken können, wären da nicht die zersplitterten Baumleichen und der beißende Pulverqualm gewesen, den der Wind von der unregelmäßig feuernden österreichischen Haubitzenbatterie ein Stück weiter hinten herantrieb. Hinzu kamen die fauligen Ausdünstungen der Schlammlöcher, die sich mit dem scharfen Gestank des Kordits mischten und ganze Wolken von Schmeißfliegen auszubrüten schienen. Und immer wieder rauschten die russischen Granaten über den Forst hinweg, um Sekunden später im rückwärtigen Frontabschnitt zu detonieren.

»Zur Hölle mit diesem verfluchten Galizien!« knurrte einer der drei Soldaten, die auf ein paar leeren Munitionskisten am Rand der geschändeten Waldlichtung hockten und soeben die letzten Reste Erbseneintopf aus ihren Kochgeschirren gekratzt hatten. Unbehaglich rieb er seinen schütteren Bart. »Ich hab's im Urin, daß wir heute noch gewaltig Zunder kriegen werden!«

»Mal' den Teufel nicht an die Wand!« versetzte der Korporal neben ihm. »Seit dem Morgen ist's ruhig hier vorne. Der Iwan deckt lediglich die Nachschublinien ein, und wenn du mich fragst, wird's auch noch eine Weile so bleiben.« Er wandte sich dem dritten Mann zu: einem Gefreiten mit scharf ausgeprägter Nase, kantigem Kinn, schmalen Lippen und ungewöhnlich dunklen, fast schwarzen Augen. »Oder was meinst du, Irlmaier?«

Der Gefreite setzte zu einer Antwort an, unterbrach sich aber, weil erneut mehrere großkalibrige russische Geschosse über das Waldstück heulten und fast gleichzeitig auch die Haubitzen feuerten. Erst als der Lärm wieder abflachte, entgegnete er kurz angebunden in oberbayerischer Mundart: »Weiß ich's? Ich weiß bloß eines: Der Krieg ist ein Wahnsinn!«

Die beiden anderen Uniformierten nickten, dann zog der Kor-

poral einen Fetzen Zeitungspapier und ein Päckchen Tabak aus der Tasche. Während der Machorka auf das Papier rieselte, las er murmelnd einige Zeilen aus dem deutschen Heeresbericht vor: »Im Westen nichts Neues! Materialschlacht an der Somme dauert an, dennoch gibt sich der Chef der Obersten Heeresleitung, General von Hindenburg, zuversichtlich ...«
»Ganz genau die gleiche Soße wie hier im Osten«, unterbrach der Bärtige. »Die Chargierten spucken große Töne, und wir Grabenschweine können im Dreck verrecken!«
»Wär's dir lieber, die Russen würden zu einer weiteren Offensive antreten?« Geschickt rollte der Korporal seine Zigarette, dann setzte er hinzu: »So wie vor vier Monaten, Anfang Juni, als der Iwan um ein Haar den gesamten Südabschnitt der Front überrannt hätte und mehr als dreihunderttausend Gefangene machte, ehe wir ihn mit Mühe und Not wieder zum Stehen bringen konnten! – Nein, da ist's immer noch besser, es bleibt beim Stellungskrieg; wenn's sein muß, den ganzen Winter hindurch und bis ins neue Jahr 1917 hinein.«
»Weihnachten in Galizien! Das hat uns gerade noch gefehlt!« Der Infanterist, der zwischen dem Gefreiten und dem Korporal saß, griff nach seinem Kochgeschirr und hängte es ans Koppel. »Stille Nacht zwischen Juden, Polacken und Ukrainern in einem dieser verlausten Dörfer, sofern wir überhaupt ein Ruhequartier von innen sehen werden!« Abrupt stand er auf und marschierte quer über die Lichtung davon: auf einen der Unterstände zu, die sich hinter den Schützengräben in regelmäßigen Abständen über das morastige Gelände verteilten.
»Dabei hatten wir geglaubt, der Krieg wäre in ein paar Monaten vorbei, als wir Anno vierzehn ins Feld rückten«, murmelte der Korporal. »Und jetzt sind's schon gut zwei Jahre, daß wir hier draußen ...«
Er erstarrte, im nächsten Moment kam sein entsetzter Schrei: »Achtung! Feuerüberfall!«
Unmittelbar darauf gellte der Warnruf Irlmaiers zu dem Bärtigen hinüber, der inzwischen etwa zwanzig Schritte entfernt war: »Weg, Richard! Du rennst direkt in die ...«
Der Rest ging in einem ohrenbetäubenden Heulen unter; einen Herzschlag später explodierte die Granate genau neben dem In-

fanteristen. Die Detonation schleuderte eine Schlammfontäne und blutige Fleischfetzen gen Himmel; gleichzeitig brachte die ungeheure Druckwelle den Gefreiten und den Korporal zu Fall. Taumelnd kamen die beiden Soldaten wieder auf die Beine und hasteten auf den nächstgelegenen Bunker zu, während nun abermals eine Salve der schweren russischen Geschosse heranorgelte. Auch diesmal gab es Tote und Verwundete; Irlmaier und der Korporal jedoch schafften es mit knapper Not, den Unterstand zu erreichen.

Der Gefreite voran, hechteten sie ins Innere des Erdbunkers, prallten dort gegen die Leiber anderer Uniformierter. Einige keuchende Atemzüge lang blieben sie wie gelähmt liegen; dann trieb ein gurgelnder Todesschrei, der von draußen hereindrang, sie zur hinteren Wand des Unterstandes. Zusammengekauert drückten sie sich dort gegen den glitschigen Lehm und hofften, der Bunker würde ihnen auch diesmal den Schutz bieten, den sie zum Überleben benötigten.

Nach ein paar Minuten, die dem zweiundzwanzigjährigen Alois Irlmaier wie eine Ewigkeit erschienen, sah es tatsächlich so aus, als sei das Schlimmste überstanden. Die Granateinschläge entfernten sich; das Feuer schien sich jetzt auf einen benachbarten Frontabschnitt zu konzentrieren.

»Verdammt, das war knapp!« stieß der Korporal atemlos hervor. Er erhob sich aus seiner knienden Stellung, rutschte aus, fand Halt an einer der Balkenverstrebungen des Unterstandes und reichte dann dem Gefreiten die Hand, um ihm ebenfalls auf die Beine zu helfen. Auch die vier Soldaten, die sich bereits zuvor im Erdbunker aufgehalten hatten, lösten sich aus ihrer Erstarrung. Einer von ihnen, der am Uniformärmel eine Rot-Kreuz-Binde trug, stolperte fluchend zum Ausgang, durch den das Brüllen der Verletzten und die hektischen Rufe nach Sanitätern hereindrangen.

»Der Richard ... Ich habe ihn nicht mehr rechtzeitig warnen können!« Fassungslos keuchte Alois Irlmaier die Worte heraus, umklammerte dabei den Unterarm des Korporals.

»Keiner hätte es gekonnt!« Unwillig versuchte der andere, die Hand des Gefreiten abzuschütteln. Als Irlmaier seinen Griff nicht lockerte, schnauzte er: »Reiß dich zusammen, Mann!«

»Nein!« Der Schrei Irlmaiers ließ den Korporal zusammenfahren – aber der zutiefst erschrockene Ausruf galt nicht ihm, sondern dem Sanitätssoldaten, dessen Gestalt sich jetzt als scharf umrissene Silhouette direkt im Bunkereingang abzeichnete. Fast im selben Augenblick schlug mit infernalischem Heulen erneut eine Granate ein. Purpurrot glühende Lohe umhüllte den Sanitäter gleich einer blasphemischen Aura; einen Sekundenbruchteil später war dort, wo der Mann eben noch gestanden hatte, nur noch brodelnde Schwärze: ein Aufbäumen und Bersten der Erde, das eine Lawine aus Lehmbrocken, Gestein und Balkentrümmern in den Unterstand schleuderte.
Alois Irlmaier hatte das Gefühl, als presse ein ungeheuerlicher Hieb ihm die Luft aus den Lungen; noch während der fürchterliche Schlag ihm den Atem raubte, schienen die tonnenschweren Massen des zusammenbrechenden Bunkers ihm das Fleisch von den Knochen zu reißen und sein Gebein zu zermalmen. Etwas Hartes traf seinen Schädel; der letzte Gedanke, den der Gefreite zu fassen vermochte, war zugleich der grauenhafteste seines kaum mehr als zwanzigjährigen Daseins: Verschüttet! Bei lebendigem Leibe begraben!
Irgendwann, nach Minuten oder Stunden, kehrte das Bewußtsein des jungen Soldaten zurück – und mit der Erinnerung an den Volltreffer auf den Unterstand kam jäh die Panik. Der zerschlagene Körper verspannte sich, versuchte gegen die grausame Last, die ihn zu zerquetschen drohte, anzukämpfen. Als Alois Irlmaier begriff, daß dies unmöglich war und er noch nicht einmal frei durchatmen konnte, brach ihm eiskalter Schweiß aus. Die salzige Flüssigkeit biß in seinen Augen, brannte dort bald unerträglich und bewirkte zuletzt eine Kraftanstrengung, die aus äußerster Verzweiflung entstand. Die Adern an Stirn und Hals des Gefreiten drohten zu platzen; dann gelang es ihm, den Kopf um einige Zentimeter zu drehen. Blut rieselte über sein Gesicht; der warme Dunst mischte sich mit dem bitteren Geruch verbrannten Holzes: eines Balkens, der sich zwischen Wange und Schulter Irlmaiers durch Lehm und Steintrümmer gerammt und dabei einen Hohlraum gebildet hatte. Der Spalt war nur schmal, doch durch eine weitere übermenschliche Anstrengung schaffte der Verschüttete es,

Mund und Nase dorthin zu bringen. Fieberhaft rang er nach Luft; nach wie vor erlaubte der Druck, der seine Rippen einschnürte, nur qualvoll flache Atemzüge – aber plötzlich fühlte der Gefreite das kaum wahrnehmbare Fächeln, das über seine Haut strich. Mit seinem ganzen Sein konzentrierte er sich auf den dünnen Sauerstoffstrom, saugte ihn in sich ein; nach einer Weile klärte sich sein Denken.
Er machte sich die Lage seiner Gliedmaßen bewußt; stellte fest, daß er zusammengekrümmt begraben war: in ähnlicher Stellung wie ein Ungeborenes im Mutterleib. Für einen Moment glaubte er sich des Weichen und Behütenden zu entsinnen, das ihn einstmals, in seinem frühesten körperlichen Werden, umhüllt hatte. Um so schlimmer empfand er gleich darauf wieder die Realität des zusammengeschossenen Bunkers, der für ihn und die anderen, von denen kein Lebenszeichen mehr kam, zur mörderischen Falle geworden war.
Todesangst und manchmal ein kurz aufflackerndes irrationales Gefühl des Geborgenseins wechselten sich während der folgenden Stunden ab; während der vielen Stunden, die sich zu lichtlosen Ewigkeiten dehnten. Anfangs fluteten noch Schmerzwellen durch sein teils panisches, teils schon betäubtes Hinundhergerissensein; später schienen ihm die Beine, der Rumpf, die Arme und der Brustkorb abzusterben. Zuletzt blieb allein der kaum spürbare Luftstrom, der ihn fadendünn mit dem irdischen Dasein verband; eine zitternde Nabelschnur, welche aus dem verborgenen Geäder der Erde direkt in sein Gehirn reichte.
Wieder verstrich Zeit: Sekundenbruchteile und Ewigkeiten, die nach gewöhnlichen Maßstäben nicht länger meßbar waren. Der zwischen Steintrümmern, Lehm und Balken eingequetschte Klumpen aus menschlichem Fleisch und zerfetztem Uniformtuch gab jetzt kein Lebenszeichen mehr von sich. In der Psyche des Verschütteten jedoch veränderte sich im Verlauf der unsäglichen Tortur etwas. Alles, was das wahre Sein des Agonierenden ausmachte, konzentrierte sich nun, wie von langsam sich wiegenden Wellen getragen, auf einen winzigen und zugleich grenzenlosen Punkt sehr tief in seinem Gehirn. Und von dort aus erfolgte irgendwann so etwas wie ein Ausbruch auf höherer mentaler Ebene, der ihn befreite.

Er erblickte die geschändete Waldlichtung und sah die frischen Granattrichter neben den alten Schlammlöchern. Er erkannte die Gefallenen seiner eigenen Einheit, zusätzlich aber weiter vorne im Stacheldrahtverhau die Leichen in den feindlichen Uniformen, die vor dem Feuerüberfall noch nicht dagewesen waren. Die Waldblöße im Forst lag jetzt menschenleer da, in der Ferne allerdings wurde heftig gekämpft. Dort hingen Rauchwolken über dem Boden, explodierten Schrapnells – und dies alles spielte sich unter einer Sonne ab, die sich widernatürlich schnell über einen in wechselnden Farben changierenden Himmel bewegte.
Dann, als die Schatten länger wurden und Dämmerung den Horizont verschattete, lösten die Konturen des Frontabschnittes sich auf und wurden zu flutendem Nebel. Einen Lidschlag später – der Gefreite schien plötzlich hoch über der galizischen Erde zu schweben – verwichen die tief unten liegenden Bergkämme der Nordkarpaten im samtig fließenden Dunst. Eine andere Landschaft nahm Gestalt an: höhere Gebirgsschroffen unter jetzt wieder strahlend blauem Firmament, dazwischen sanfte, von Wäldern umsäumte Weideflächen; dann und wann ein Dorf mit behäbigen Bauernhöfen, die sich um eine barocke Kirche gruppierten.
Und nun, in seiner tiefen Bewußtlosigkeit, bewegte der lebendig Begrabene die Lippen und artikulierte mühsam ein Wort: »Scharam ...«

ERSTES BUCH

DER RUTENGÄNGER

(1899–1918)

Der Feenstein

Die Wallfahrtskirche war sein Ziel: der Barockbau von Maria Eck mit seinem Zwiebelturm, der runden Apsis und der vorgesetzten kleinen Kapelle, welcher sich auf dem höchsten Punkt des Moränenhügels über dem oberbayerischen Dorf Scharam erhob. Mit glänzenden Augen rannte der Fünfjährige über eine ausgedehnte, von einem Gatterzaun umgebene Rinderweide in Richtung auf den Sakralbau. Er verschmähte den geschotterten Pfad, der sich ein wenig weiter rechts schlängelte; vielmehr hastete er direkt auf einen Findlingsstein zu, welcher ein paar Dutzend Schritte unterhalb des Kirchenschiffes aus der hier steil abfallenden Hangmatte ragte. Atemlos erreichte er den Felsblock, zögerte kurz und streckte dann die Hand aus, um ihn zu berühren.
Nach einer Weile bewog ihn etwas, sich mit dem ganzen Körper an den Menhir zu lehnen. Weil die Kühle und Ruhe des Steins ihn auf seltsame Weise zu behüten schien, vergaß er vorübergehend die Kapelle und ließ den Blick wandern. Ihm zu Füßen lag der Einödhof seiner Eltern; jenseits des Anwesens und tiefer im Tal reihten sich in etwa einer Viertelstunde Entfernung die Höfe des Weilers entlang der Landstraße auf. Dahinter öffnete sich der Talboden ins leicht gewellte Voralpenland hinaus; ganz fern im Nordwesten erkannte der Bub mit den ungewöhnlich dunklen Augen die graublauen Fluten des Chiemsees. Er erinnerte sich daran, was die Großmutter ihm erst kürzlich über das Gewässer erzählt hatte, und murmelte: »Drei Inseln hat's dort, auf der größten steht das Königsschloß ...« Kaum hatte er das geheimnisvolle letzte Wort ausgesprochen, fiel ihm ein: »Und ein anderer mit einer Krone schläft seit tausend Jahren drüben im Untersberg ...«
Der Fünfjährige löste sich ein wenig von dem Findling, damit er nach Südosten schauen konnte, wo die Flanken und Grate der Salzburger Alpen an diesem sonnigen Spätvormittag scheinbar zum Greifen nahe waren. Zwar vermochte er den Untersberg nicht zweifelsfrei auszumachen, aber er war sich völlig sicher, daß jener Kaiser Barbarossa, von dem die Ahne ihm ebenfalls

berichtet hatte, tatsächlich irgendwo dort im Gefels verborgen sein mußte: ein urgrauer Alter, dessen silberweißer Bart bereits mehrmals um den Tisch gewachsen war, an dem der Gekrönte schlummerte. »Und die Raben, die um den Berg fliegen, werden ihn eines Tages wieder aufwecken«, flüsterte der Bub; gleich darauf packte ihn der Übermut. Er begann mit den Armen zu schlagen und um den Menhir zu tanzen: war in seiner Phantasie jetzt selbst zu einem der großen schwarzen Vögel geworden.

Mehrmals hintereinander umkreiste er den erratischen Block – auf einmal hatte er das Gefühl, wirklich zu schweben. Es war, als würde etwas sich von ihm lösen und den erdverhafteten Teil seines Ichs schwerelos umwirbeln. Gleichzeitig lief ein halb schmerzliches, halb beglückendes Prickeln durch seine Gliedmaßen: stieg von den Zehen über die Füße, Waden und Schenkel hoch, bis es seinen ganzen Leib erfaßt hatte und ihn wie Espenlaub zittern ließ. Nachdem er seine erste Verblüffung überwunden hatte, genoß er das nie zuvor gekannte Gefühl. Reglos stand er jetzt da; dennoch schwirrte dieses Feine, das mit seinem Körper verbunden war, noch immer um den Menhir. Die unsichtbare Kraft, die das Wunder auslöste, schien aus dem rissigen Felsblock, aber ebenso aus der von einem dünnen Moosteppich bedeckten Erde zu strömen – und im selben Augenblick, da dem Buben dies bewußt wurde, meinte er ein Rauschen zu vernehmen, das aus unergründlicher Tiefe heraufdrang.

Ehe er freilich dem Rätsel nachspüren konnte, kam die Ernüchterung. Eine ungehaltene Frauenstimme ließ ihn zusammenzucken: »Wie oft hab' ich dir's schon gesagt, daß du nicht allein auf den Berg laufen sollst, Loisl!«

Hastig trat der Fünfjährige ein paar Schritte vom Findlingsstein weg; ein letzter Schauer schüttelte ihn, dann war nur noch ein taubes, sich blitzschnell verflüchtigendes Ziehen in seinen Gliedmaßen. Mit verkniffenen Lippen und trotzig vorgerecktem Kinn blickte er Theresia, der Magd auf dem elterlichen Anwesen, entgegen, die den Hang herauf hastete. Ehe sie zu einer weiteren Schelte ansetzen konnte, erinnerte er sich an die Wallfahrtskirche, die ursprünglich sein Ziel gewesen war. »Ich hab'

bloß nach Maria Eck gewollt!« verteidigte er sich. »Zur Muttergottes beten, so wie es auch die Großmutter jeden Tag tut ...«
»Sie geht zur Vesperzeit und nicht unmittelbar vor dem Mittagessen, das weißt du genau!« versetzte die junge Frau mit der gerafften Leinenschürze über dem dunkelblauen Kittel, doch ihr Tonfall klang jetzt weniger schroff. Dann, während sie die letzten Schritte bis zu ihm zurücklegte, fügte sie versöhnlich hinzu: »Kannst die Madonna ja ein andermal zusammen mit der Oma besuchen. – So, und jetzt beeil dich, sonst wird der Apfelstrudel kalt, bis wir unten auf dem Hof sind.«
Kaum hatte die Dienstmagd seine Leibspeise erwähnt, leuchteten die Augen des Fünfjährigen auf. Er vergaß, was er im Bannkreis des Menhirs erlebt hatte, griff nach der Hand Theresias und zog sie mit sich. Wenig später erreichten sie den Einödhof; gerade noch rechtzeitig, ehe vom Turm der Wallfahrtskirche das Zwölfuhrläuten einsetzte und seinen Widerhall drüben in Siegsdorf fand.
Die anderen waren bereits um den großen Tisch in der Wohnküche des Bruckthaler-Hofes, wie der Name des Anwesens seit Menschengedenken lautete, versammelt. Im Herrgottswinkel, unter dem mit Palmzweigen geschmückten Kruzifix und dem bunt bedruckten Abreißkalender, der das Datum des 12. August 1899 zeigte, saß der vierzigjährige Bauer Alois Irlmaier. Seine fünfunddreißigjährige Gattin Anna hatte ihren Platz neben ihm, aber ums Tischeck herum: dem mächtigen gemauerten Herd zu. An der gekalkten Wand ihr gegenüber hockten die Großeltern des fünfjährigen Loisl; das Austragspaar, welches das Zuhaus draußen auf dem Hofplatz bewohnte, doch zu den Mahlzeiten gewöhnlich in die Küchenstube herüberkam. Ganz unten an der einfachen Tafel schließlich standen die Schemel für das Gesinde: den Stallknecht und die Magd, die sich jetzt hastig setzte. Der Bub wiederum drückte sich an der Seite seiner Mutter auf die Bank und beeilte sich, fromm die Hände zu falten, um so den drohenden Tadel des Vaters womöglich abzuwenden.
Tatsächlich schoß der Bauer zwar einen scharfen Blick auf seinen Sprößling, besann sich dann aber und begann das Vaterunser zu murmeln. Sein Weib und die übrigen fielen ein; kaum

war das »Amen« verklungen, schurrten von allen Seiten die Teller auf die in der Tischmitte stehende gußeiserne Strudelform zu. In festgelegter Abfolge teilte Anna Irlmaier das nach Äpfeln und Zimt duftende Gebäck aus. Ihr Gemahl kam als erster an die Reihe, danach die Alten, der Bub und die Dienstboten; ganz zuletzt dachte die Bäuerin auch an sich.
Für eine Weile waren in der Wohnküche einzig die Eßgeräusche zu vernehmen. Schließlich legte der Hofbesitzer die Gabel weg und lehnte sich zurück; augenblicklich erhoben sich auf dieses Zeichen hin die Magd und der Knecht und verließen den Raum, um draußen wieder an ihr Tagewerk zu gehen. Die Bäuerin räumte das Geschirr ab und begann am Spülstein zu hantieren; die Großeltern und der fünfjährige Loisl hingegen blieben noch sitzen, während der Bauer nun nach der Zeitung griff.
Zunächst las Alois Irlmaier, die dunklen Brauen angestrengt zusammengekniffen, lautlos. Erst als sein betagter Vater sich auffordernd räusperte, zitierte er aus dem Journal: »Bereits fünfzehn Motorwagen in der Residenzstadt in Gebrauch! Nachdem schon im April des gegenwärtigen Jahres das Münchner Brüderpaar Daniel und Hermann Beissbarth, welches in der Thierschstraße eine Faktorei betreibt, ein Wartburg-Automobil erwarb und damit in der königlich-bayerischen Metropole ein Zeichen für die unaufhaltsam heraufdämmernde neue Zeit setzte, haben sich mittlerweile weitere vierzehn Bürger dazu entschlossen, einen Motorwagen zu kaufen. Aus Hofkreisen freilich verlautet, daß Seine Königliche Hoheit, Prinzregent Luitpold, sich abfällig über die Benzinkutschen geäußert und erklärt habe, niemals von den Kaleschen des Wittelsbachischen Marstalles lassen zu wollen ...«
»Recht hat der Prinzregent! Teufelszeug ist's, was sie da erfunden haben!« räsonierte der grauhaarige Austragsbauer.
»Der Kapuziner, der vergangene Woche in Maria Eck die Bußpredigt gehalten hat, meinte sogar, es könnte deswegen ein göttliches Strafgericht über unser Land kommen!« fiel die Großmutter ein.
»So schlimm wird's nicht gleich werden«, versetzte ihr Sohn. »Eher schon«, sein schwieliger Zeigefinger tippte auf einen anderen Artikel, »fliegen in Südafrika bald die Fetzen ...«

»Die Buren?« schnappte der Alte. »Zeigen sie's den Engländern jetzt endlich?«
»Es schaut ganz nach einem Krieg aus«, bestätigte der Bauer. »Der burische Generalkommandant Krüger hat im Oranje-Freistaat und in Transvaal Milizarmeen aufgestellt und soll zum Losschlagen bereit sein. Andererseits sind eine Reihe britischer Regimenter in der Natal-Provinz gelandet und haben die ständigen Garnisonen dort verstärkt, so daß es vielleicht wirklich nur noch eine Frage von Wochen ist, bis es auf dem Schwarzen Erdteil zum Blutvergießen kommt.«
»Ich hätte nichts dagegen, wenn die Engländer einmal das Laufen lernen müßten!« feixte der Austrägler. »Überall auf der Welt haben sie ihre Kolonien, ums Verrecken kriegen sie den Rachen nicht voll ...«
»Wir Deutschen sind nicht viel besser«, unterbrach ihn sein Sohn. »Ich frage mich, was wir in Südwest- und Ostafrika, Togo, Kamerun, Neuguinea oder auf den Marshallinseln zu suchen haben? Und letztes Jahr hat sogar noch ein Teil von China preußisch werden müssen, weil der Kaiser Wilhelm in Berlin sich einbildet, er müßte es den Briten gleichtun. – Manchmal kommt's mir ganz so vor, als seien unsere Fürsten seit der Reichsgründung Anno einundsiebzig größenwahnsinnig geworden!«
»Gescheiter wär's allemal gewesen, wir Bayern wären selbständig geblieben und hätten uns nicht mit den Preußen eingelassen«, stimmte der Grauhaarige zu. »Und was die Chinesen angeht, gebe ich dir auch recht. Bei denen hätten wir wirklich keine Kolonie gründen müssen.«
»Aber wir Kleinen dürfen halt leider nicht mitreden, wenn es um die große Politik geht«, beendete der Hofbesitzer, während seine Mutter abgeklärt dazu nickte, das Gespräch. Er legte die Zeitung beiseite und wandte sich Loisl zu: »Auf der Waldweide hinter Maria Eck muß ein Stück Zaun repariert werden. Gehst du mit hinauf und hilfst mir dabei?«
»Ja, das tu' ich gern«, erwiderte der Fünfjährige freudig.
»Bist ein braver Bub«, lobte ihn die Großmutter, griff über den Tisch und tätschelte zärtlich seine Hand.
Wenig später marschierten der Einödbauer und sein Sohn los.

Der Erwachsene schleppte den Werkzeugkasten; Loisl trug den Zaundraht, mit dessen Hilfe sie das morsch gewordene Stück der Koppeleinfriedung ausflicken wollten. Das erste Wegstück blieb der Bub brav auf dem geschotterten Pfad, der zur Wallfahrtskirche führte. Im oberen Drittel des Hanges jedoch schien ihn plötzlich der Rappel zu packen. Ehe sein Vater ihn zurückhalten konnte, rannte er querfeldein davon: auf den Findlingsstein zu, wo er kurz vor dem Mittagsläuten sein seltsames Erlebnis gehabt hatte.
Jetzt, da er ihn abermals vor Augen hatte, zog ihn der Menhir mit unwiderstehlicher Macht an. Er achtete nicht auf die Rufe des Bauern, hetzte wie besessen über die Hangmatte – und ein paar Schritte vor dem Felsblock spürte er erneut das halb beglückende, halb peinigende Prickeln, das seinen Körper durchströmte. Dann aber, im selben Moment, da er den Stein berührte, kam der Schock. Etwas, das gleichermaßen siedendheiß und eiskalt war, durchfuhr ihn schmerzhaft. Die Linke, in der er den dünnen Draht hielt, begann konvulsivisch zu zucken; zwei, drei gejagte Herzschläge später war der ganze Arm verkrampft und trommelte rhythmisch gegen seinen Leib.
Loisl taumelte, glitt auf dem abschüssigen Boden aus, kam zu Fall und rutschte ein paar Meter talwärts. Eine Erdfurche fing ihn auf; verstört kam er wieder auf die Beine und wurde sich bewußt, daß das Bedrohliche ihn nicht länger in seinem Bann hielt. Nur ein unendlich feines Sirren schien noch in der Luft zu hängen und ebenso aus dem Zaundraht zu dringen, den er nach wie vor mit seiner schweißnassen Hand umklammerte. Doch auch das verlor sich, als er nun zurück zu seinem Vater flüchtete, der ihn mit den verblüfften Worten empfing: »Was ist bloß in dich gefahren, Bub?! Du hast dir hoffentlich nicht weh getan, wie es dich beim Feenstein dort drüben hingeworfen hat!«
»Nein«, log der Fünfjährige. »Es ist mir nichts passiert ...« Das geheimnisvolle Wort, das er soeben vernommen hatte, half ihm, den ausgestandenen Schrecken zu überwinden. »Aber was ist das, Papa – ein Feenstein?«
»Ein Felsen halt, vor dem kleine Ausreißer wie du sich besser hüten sollten«, erwiderte der Einödbauer augenzwinkernd.

»Und jetzt komm weiter, sonst werden wir mit der Arbeit am Koppelzaun vor dem Vesperläuten nicht mehr fertig.«
Loisl gehorchte; schweigend und in sich gekehrt lief er neben seinem Vater her, bis sie die Wallfahrtskirche hinter sich gelassen hatten und an der Weggabel dahinter in Richtung auf die Waldweide abgebogen waren. Dort freilich konnte er seine Neugier nicht länger im Zaum halten und brachte die Rede abermals auf den rätselhaften Menhir: »Sind vielleicht die kleinen Leute dort daheim, im Feenstein?«
»Wer hat dir denn von denen erzählt?« wollte der Bergbauer wissen.
»Die Großmutter sagt, daß sie manchmal in der Nacht auf den Almwiesen tanzen«, antwortete der Bub. »Und vielleicht tun sie's ja auch bei dem Felsen – und vielleicht sogar am Tag?«
»Was du dir so zusammenphantasierst!« entgegnete der Vater kopfschüttelnd. Er wechselte den Werkzeugkasten von der einen Hand in die andere, dann murmelte er: »Aber so unrecht hast du möglicherweise gar nicht einmal. Die kleinen Leute, von denen es heißt, nur ein Sonntagskind sei imstande, sie zu sehen, könnten den Feen schon irgendwie ähnlich sein. Auf jeden Fall behaupten die Alten in Scharam, unsichtbare Wesen träfen sich zuzeiten zum Reigen beim Feenstein, und dann solle sich ein sterblicher Mensch besser nicht dorthin wagen ...«
»Weil sie ihn packen – oder wie?!« stieß der Fünfjährige erregt hervor.
Sein Vater zuckte die Achseln. »Darüber weiß ich nichts. Ich habe bloß immer wieder bemerkt, daß die Rinder, wenn sie auf der Weide unterhalb von Maria Eck sind, den seltsamen Felsen meiden. Doch das kann natürlich auch einen ganz einfachen Grund haben. Schließlich wächst direkt am Feenstein kein Gras, sondern nur dürftiges Moos – und wahrscheinlich bist du vorhin deswegen auch ausgeglitten.«
»Ja, ganz schrecklich rutschig ist's dort gewesen!« rief Loisl ein wenig zu schrill. Gleich darauf griff er nach dem Ärmel des Vaters und begann zu zerren.
»Kannst es wohl gar nicht mehr erwarten, bis wir zur Waldweide und an die Arbeit kommen, was?« scherzte der Einöder.

»Das lobe ich mir, denn das beweist, daß einmal ein richtiger Bauer aus dir werden wird.«
Wenig später hatten die beiden ihr Ziel erreicht, und der Bub versah brav seinen Handlangerdienst. Kurz vor dem Vesperläuten war der Zaun repariert; nach einem letzten zufriedenen Blick auf sein Werk erklärte der Hofbesitzer: »So, das hält jetzt wieder für eine Weile. Und wir haben uns den Feierabend ehrlich verdient.«
Einträchtig wanderten sie zurück zur Bergkuppe, auf der die Wallfahrtskirche stand, und dann hinunter ins Tal. Diesmal hielt sich der Fünfjährige eng an der vom Felsblock abgewandten Seite seines Vaters, als sie den Feenstein passierten. Dennoch glaubte er wiederum das lockende und zugleich bedrohliche Sirren in seinem Blut zu spüren, und instinktiv wußte er, daß er – trotz allem – schon bald heimlich zu dem Menhir zurückkehren würde.

***

Mehrmals noch suchte der Bub mit den dunklen Augen im Lauf der nächsten Monate den Feenstein auf. Der in seinem Alter ganz natürliche Drang, die Welt um sich herum entdecken und begreifen zu wollen, trieb ihn dazu. Zwar konnte er das Rätsel nicht lösen, stellte aber eines fest: Der Zauber wirkte stets, freilich auf unterschiedliche Art. Manchmal, wenn Loisl sich vorsichtig dem Felsen näherte, schüttelte es ihn so heftig wie bei den beiden ersten Malen, bei anderen Gelegenheiten wieder berührte ihn das Unbekannte lediglich so sanft, als kitzle eine Feder über seinen Leib – immer aber war die verborgene Kraft fühlbar. Irgendwann begann der fünfjährige Sohn des Einödbauern zu vermuten, daß es sich damit wohl ähnlich wie mit dem großen gemauerten Herd in der Küchenstube des Hofes verhalten müsse. Auch der Kochstelle war nicht anzusehen, was sich hinter ihren Ziegeln abspielte; kam man ihr jedoch zu nahe, so begann die versteckte Glut mehr oder weniger stark auf der Haut zu brennen.
In der Phantasie des Kindes formte sich eine Vorstellung aus, die seine eher rationalen Beobachtungen mit den geheimnisvol-

len Geschichten, die er von der Großmutter gehört hatte, verband. Loisl malte sich aus, daß die Wesen, die im oder unter dem Zauberstein hausten, ihn neckten und ihren Schabernack mit ihm trieben, ohne indessen wirklich gefährlich zu sein. Diese Imagination deckte sich mit dem, was er sowieso schon über die Kleinen Leute, Feen oder Elfen zu wissen glaubte: Sie lebten in einer unsichtbaren Welt, die irgendwo hinter der gewöhnlichen versteckt war; manchmal jedoch packte sie aus irgendeinem Grund der Mutwille, dann machten sie sich bemerkbar. Dies geschah an besonderen Orten wie dem Felsen unterhalb von Maria Eck; deshalb schlugen die Rinder, aber auch die meisten Menschen einen scheuen Bogen um den rissigen Stein, und die Dörfler bezeichneten den Platz als nicht geheuer.

Während der geschwisterlos heranwachsende Bub sich mit derartigen Rätseln herumschlug, drehte das Jahr 1899 sich in seinen Herbst. Als schließlich das Laub in den Hausgärten und an den Berghängen in phantastischen Farben zu leuchten begann, bewahrheitete sich, was der Besitzer des Bruckthaler-Anwesens bereits im August vermutet hatte. Im Süden des afrikanischen Kontinents kam es zum Burenkrieg; bis Weihnachten hatten die Milizen des Generalkommandanten Krüger die Briten in mehreren Schlachten geschlagen. Im Februar 1900 allerdings wendete sich das Blatt. Die Engländer besiegten die holländischen Kolonisten am Paardeberg, machten dort mehr als viertausend Gefangene und besetzten im März die wichtige Stadt Bloemfontein. Von da an vermochten die Buren nur noch hinhaltenden Widerstand zu leisten. Bald fiel der Oranje-Freistaat, und im Juni sah sich Krüger gezwungen, nach Europa zu reisen, um dort auf diplomatischem Parkett für seine Sache zu kämpfen.

Ebenfalls im Sommer dieses Jahres 1900 fanden sich die europäischen Großmächte unvermittelt in einen weiteren Kolonialkonflikt verwickelt. In China brach der Boxeraufstand los; nach der Ermordung des deutschen Gesandten von Ketteler in Peking stürmten deutsche, britische, französische, russische, österreichische, italienische sowie japanische und amerikanische Truppen die Metropole Tientsin. Im August wurde Peking eingenommen, Anfang 1901 fielen auch die bis dahin noch von

den Freiheitskämpfern kontrollierten Städte Schanhaikwan und Tse-king-wan. Im Verlauf der folgenden Monate wurde die chinesische Regierung so lange unter Druck gesetzt, bis sie sich bereit erklärte, Reparationen in Höhe von 1,3 Milliarden Goldmark und weitere Kriegsentschädigungen in Form von Handelsprivilegien an die Sieger zu leisten.
Kaum war diese Meldung auch in dem oberbayerischen Journal veröffentlicht worden, das der Postbote dreimal wöchentlich auf den Hof der Familie Irlmaier brachte, wurde die westliche Welt durch die Nachricht von einem Attentat in den Vereinigten Staaten erschüttert. »In Buffalo haben sie den amerikanischen Präsidenten William MacKinley erschossen«, las der Scharamer Einödbauer in der zweiten Septemberhälfte aus dem Blatt vor. »Und jetzt ist sein Vize nachgerückt, ein gewisser Theodore Roosevelt.«
»Eine gewalttätige Bande sind sie, die Amis! Gut, daß sie bei uns nichts zu sagen haben«, kommentierte der grauhaarige Austrägler.
Sein Weib nickte, dann wandte die Alte sich dem mittlerweile siebenjährigen Loisl zu, der sein Mittagessen heute ungewöhnlich rasch hinuntergeschlungen hatte und nun unruhig auf der Bank hin und her rutschte. »Was hast du denn vor, weil du gar so aufgekratzt bist?« wollte sie wissen.
»Es wird wohl daran liegen, daß er mit dem Knecht hinüber nach Siegsdorf zum Hufschmied darf«, ließ sich Anna Irlmaier vom Spülstein her vernehmen. Sie lächelte ihrem Sohn zu. »Also, lauf schon, sonst fährt der Sebastian noch ohne dich los.«
Wenig später rollte das Fuhrwerk vom Hof; an der Deichsel ging der braune Wallach, der frisch beschlagen werden mußte. Auf der Ladefläche des Leiterwagens standen ein Dutzend Kornsäcke, die unterwegs in Eisenärzt zur Mühle gebracht werden sollten, und auf dem Bock saßen einträchtig nebeneinander der Knecht und der Bub. Das erste Wegstück bis zum Pfarrdorf Eisenärzt kannte Loisl bereits. Seit einem Jahr marschierte er die drei Kilometer dorthin täglich zur Schule; brach gegen sechs Uhr morgens auf und kehrte, falls der Lehrer ihn nicht nachsitzen ließ, kurz vor dem Mittagsläuten zur Einöde zurück.

An der Mühlenrampe, wo das Getreide abgeladen wurde, packte der Siebenjährige nach Kräften mit an. Anschließend lenkte Sebastian das Gefährt weiter nach Norden, nach ungefähr einer Stunde war der Marktflecken Siegsdorf erreicht. Behäbig lag er am äußersten Rand der Chiemgauer Berge; die gediegenen Anwesen der Ortsbauern und Handwerker sowie mehrere Gastwirtschaften umrahmten den Kirchplatz mit dem großen steinernen Brunnen im Zentrum. Der Leiterwagen rumpelte über das Kopfsteinpflaster und bog hinter der Pfarrkirche in eine Gasse ab, die hinunter zur Traun führte. Einen Steinwurf vom Ufer entfernt stand die Schmiede; der Inhaber war zugleich als Stellmacher tätig und versah soeben das Rad einer hochgebockten Kutsche mit einem neuen Eisenreifen.
»Eine halbe Stunde wird's noch dauern«, rief er dem Knecht des Bruckthaler-Hofes zu, als dieser sein Fuhrwerk zum Stehen brachte. »Kannst den Braunen inzwischen ausschirren und ihn im Kreis herumführen, dann ist er nachher am Amboß um so frommer.«
Sebastian befolgte den guten Rat; wie bereits während des Aufenthalts bei der Mühle ging ihm der Siebenjährige dabei zur Hand. Nach einer Weile jedoch wurde ihm das Dahintrotten an der Seite des Wallachs zu langweilig. »Du rufst mich schon, gell, wenn's soweit ist«, warf er dem Knecht hin, dann rannte er davon: auf den Fluß zu, der ein Stück weiter zwischen einzeln stehenden Erlen dahinströmte.
Loisl folgte dabei einem Graben, durch den die Abwässer des Handwerksbetriebes in die Traun geleitet wurden. Kurz vor der Einmündung der Rinne in das größere Gewässer überschattete einer der Bäume den Weg; ein gegabelter Zweig verhedderte sich in der Strickweste des Buben und brach ab. Der Siebenjährige zerrte an dem dünnen Ast, bekam ihn frei und wollte ihn wegwerfen. Als er aber entdeckte, daß die Gabel ungewöhnlich regelmäßig geformt war, besann er sich anders. Er faßte den v-förmigen Sproß an beiden Enden, hielt ihn vor sein Gesicht, spähte hindurch und fixierte auf diese Weise ein Entenpaar, das draußen auf dem Fluß schwamm.
Das Spiel faszinierte ihn, und er begann mit seinen Möglichkeiten zu experimentieren: brachte den Zweig näher an sein Ant-

litz heran, bewegte ihn dann wieder weg, bis er ihn mit ausgestreckten Armen hielt. Dann, genau in dem Moment, da die Schwimmvögel optisch exakt im Gabelzweig gefangen waren, machte die Rute sich selbständig. Zuerst war es nur ein ganz leichtes Zittern, das über den Bast zu laufen und sich über Loisls Finger und Unterarme fortzusetzen schien. Gleich darauf, als er seine Aufmerksamkeit unwillkürlich darauf konzentrierte, verstärkte sich das Phänomen. Jetzt bebte der dünne Ast richtiggehend; die Spannung, die aus dem Holz hervorbrach, wurde förmlich greifbar – und wiederum ein paar Herzschläge später schnellte der Zweig mit unwiderstehlicher Macht nach oben.
Für einen Augenblick sah es aus, als würde der Bub mit der gegabelten Rute ringen. Er tat ein paar taumelnde Schritte auf den Fluß zu; ganz so, als zerrte ihn das steil zum Firmament ragende Holz dorthin. Erst als er strauchelte und dadurch aus der Richtung stolperte, löste sich der Bann. Der Erlenzweig senkte sich und hing gleich darauf wieder lose in den Händen Loisls, der nun entgeistert auf ihn starrte.
Die Verblüffung des Siebenjährigen indessen hielt nicht lange an, denn jetzt erinnerte er sich an den Feenstein und die dort wirksamen unsichtbaren Kräfte. Instinktiv brachte Loisl sie mit dem in Verbindung, was ihm soeben hier auf der Uferwiese widerfahren war. Aus dieser Assoziation heraus, die ihm sagte, daß es auch an diesem Ort eine ganz bestimmte Quelle der geheimnisvollen Energie geben müsse, hob er den Gabelzweig erneut, hielt ihn, ebenso wie zuvor, mit ausgestreckten Armen vor sich und drehte sich abermals zur Traun. Tatsächlich begann das Holz wiederum zu zucken und schlug, nachdem Loisl nunmehr fast schon gezielt die präzise Richtung gesucht hatte, jäh himmelwärts.
Diesmal schaffte der Sohn des Scharamer Einödbauern es, die Einzelheiten des seltsamen Geschehens bedeutend bewußter wahrzunehmen. Er stellte fest, daß das Prickeln, welches durch seinen Körper lief, sich tatsächlich mit dem vergleichen ließ, das er vom Menhir her kannte. Außerdem fand er, als er einen dritten Versuch anstellte, eine Eigenheit im Verhalten der Rute heraus: Nur dann, wenn ihre Spitze direkt auf die Stelle zeigte, wo die Enten gründelten, war ihr Drang nach oben unwidersteh-

lich; drehte er die Fäuste, in denen er die auseinanderstrebenden Enden hielt, nur ein klein wenig nach links oder rechts, ließ die Spannung sofort nach. Und schließlich, nachdem er dies mehrmals ausprobiert hatte, gewann er eine zusätzliche Erkenntnis: Sobald der gegabelte Zweig in seinen Händen wie durch Zauberkraft hochpeitschte, wies sein vorderer Auswuchs nicht nur auf die schwimmenden Vögel, sondern gleichermaßen auf die Mündung des von der Schmiede kommenden Abwassergrabens in den Fluß.
Ein Verdacht stieg in ihm hoch – und bestätigte sich, als er ein Stück vom Bach weglief und sich dem Rinnsal dann langsam wieder näherte. Zunächst schienen seine Hände lediglich totes Holz zu umklammern, dann aber, etwa fünf Meter vor dem Graben, setzte das Kitzeln und unmittelbar darauf das Vibrieren ein; mit dem nächsten Schritt kam der Ausschlag. Freilich war er diesmal nicht so scharf wie an der vorigen Stelle – woraus Loisl eine weitere Einsicht gewann. Die rätselhafte Kraft mußte zwar mit dem Abwassergraben zu tun haben, hing jedoch offensichtlich auch mit der Traun zusammen, denn am stärksten war sie dort, wo beide Gewässer sich vereinigten.
Zwei-, dreimal überprüfte der Bub diese Vermutung: ging mit seinem Erlenzweig ganz gezielt auf die Mündungsstelle zu und spürte das Hochrucken wieder ebenso heftig wie anfangs. Zuletzt, nachdem er eine Weile wie in Trance dagestanden hatte, flüsterte er: »Am Wasser liegt's! Irgendwo in den Strudeln, wo man sie nicht sehen kann, müssen die Unsichtbaren hausen. Und je mehr Wasser da ist, um so wilder schüttelt es die Rute ...«
Ehe er intensiver darüber nachdenken konnte, ließ ihn ein Ruf vom Schmiedeanwesen her aufschrecken: »Beeil dich, Loisl, wenn du sehen willst, wie wir den Braunen beschlagen!«
»Ich komm schon, Sebastian!« erwiderte der Siebenjährige und rannte los.
Wenig später interessierte ihn nur noch der Wallach, der jetzt mit flach angelegten Ohren vor der Tür zur Werkstätte stand und mißtrauisch auf den Amboß und die drinnen fauchende Esse äugte. Der Knecht wies den Buben an: »Stell dich so neben das Roß, daß es dich sehen kann, und dann redest du ihm gut zu.«

Loisl gehorchte, tatsächlich wurde der Braune ruhiger. Nun hob Sebastian mit geschicktem Griff die linke Hinterhand des Tieres auf und zog den zottigen Huf nach oben. Rasch war der Schmied mit der Zange zur Stelle; er entfernte das verbrauchte Eisen und machte sich dann mit Hilfe eines kleinen, krummen Messers daran, das Horn nachzuschneiden. Loisl spürte, wie der Wallach sich verkrampfte; er schaffte es aber, ihn durch Streicheln und leise Worte abzulenken. Auch während der Handwerker das neue, noch glühende Hufeisen anpaßte und der bittere Geruch aufstieg, machte das Pferd keine Sperenzchen; es schnaubte lediglich dann und wann ängstlich, als der Schmied die frischen Nägel einschlug.
»Du stellst dich gar nicht dumm an. Dich könnte ich später einmal als Lehrling gebrauchen«, lobte der Handwerker den Buben, nachdem der Knecht das Bein des erleichtert grohnenden Braunen freigegeben hatte.
»Ja, der Loisl hat eine Hand für die Rösser und die anderen Tiere im Stall«, nickte Sebastian. »Aber als künftiger Bauer auf dem Bruckthaler-Hof muß er schließlich auch mit der vierbeinigen Kreatur umgehen können.«
»So ist's«, bestätigte der Schmied, dann griff er neuerlich nach der Nagelzange.
Wieder bemühte Loisl sich, den Wallach so ruhig wie möglich zu halten; nach ungefähr einer Stunde schließlich waren alle vier Eisen aufgebracht. Probeweise wurde der Braune einige Male im Hof auf und ab geführt; nachdem die Männer auf diese Weise festgestellt hatten, daß der neue Beschlag das Pferd nicht behinderte, bezahlte der Knecht des Scharamer Einöders den Handwerker und spannte das Roß wieder vor den Leiterwagen.
Die Sonne stand bereits tief über den Bergen im Westen, als Sebastian und Loisl heimkehrten. Kaum war der Wallach ausgeschirrt, getränkt und gefüttert, erklang von Maria Eck herunter das Vesperläuten. Aus diesem Grund war es dem Buben heute nicht mehr möglich, das auszuführen, was er sich im stillen wünschte: mit dem gegabelten Zweig, den er mit nach Hause gebracht hatte, zum Feenstein hinaufzulaufen. Doch er nahm sich vor, das Experiment gleich morgen nachzuholen.

Tatsächlich wurde am folgenden Nachmittag wahr, was der Siebenjährige intuitiv erwartet hatte. Sobald er sich dem rissigen Felsblock näherte und eine gewisse Distanz unterschritt, schlug die Erlenrute noch stärker als auf der Uferwiese hinter der Siegsdorfer Schmiede aus. Wäre er durch seine Erfahrung – vor allem mit dem Zaundraht, den er zwei Jahre zuvor bei seinem ersten diesbezüglichen Kontakt mit dem Menhir in der Hand gehalten hatte – nicht vorgewarnt gewesen, hätten die heftigen Vibrationen, die seinen Körper schüttelten, ihn wohl abermals von den Beinen gefegt. So aber vermochte er die Macht, die im Feenstein verborgen war und jetzt mit nie gekannter Kraft auf den Gabelzweig reagierte, zu meistern.
Mehr noch: Bald lernte Loisl, die Grenzen dieser Macht genau auszuloten. Es war ein erregendes Abenteuer für ihn, den Felsen wieder und wieder zu umrunden und so den Bannkreis zu bestimmen, den die unsichtbaren Wesen offenbar nicht überschreiten konnten. Wagte er sich dann einmal mehr über die magische Linie, spürte er sofort das feine Kitzeln auf seiner Haut; das Kitzeln, das sich schon einen einzigen Schritt weiter zum erregenden Prickeln steigerte. Und wiederum ein kleines Stück näher zum Menhir schienen gespenstische Fäuste nach dem Zweig zu greifen, um seine eben noch waagrecht nach vorne ragende Spitze mit unwiderstehlicher Kraft gen Himmel zu biegen; so vehement, daß der Bub anfangs fürchtete, das Holz könnte zerbrechen. Am seltsamsten freilich war das Phänomen, das sich zeigte, wenn Loisl ganz an den Feenstein herantrat. Dann nämlich hatte er das Gefühl, als strömte etwas Irisierendes aus der vertikal vibrierenden Rute: ein Zauber, der – jetzt unvermittelt völlig schwerelos – bis zum Firmament reichte und ihn ebenfalls emporheben wollte.
So jedenfalls empfand der Siebenjährige es und konnte vielleicht auch deswegen an diesem Nachmittag nicht genug von seinem Spiel bekommen. Erst als wiederum das Vesperläuten vom Turm der nahen Wallfahrtskirche erscholl, kehrte er zum Hof zurück. Auf die Fragen der Erwachsenen, wo er sich so lange herumgetrieben habe, antwortete er ausweichend und blieb für den Rest des Abends in sich gekehrt.
Am nächsten Tag zog er neuerlich los, begnügte sich aber dies-

mal nicht damit, das Areal um den Menhir zu erkunden, sondern lief mit seinem Erlenzweig kreuz und quer durch die Gegend. Er begann in Maria Eck, wo er an bestimmten Stellen, besonders an der Apsis des Sakralbaus, ebenfalls deutliche Rutenausschläge registrierte. Nicht anders war es im Bergwald jenseits der Wallfahrtskirche; hier entdeckte er mehrere Plätze, die nach außen hin völlig unscheinbar wirkten, den gegabelten Sproß jedoch abermals, wenn auch schwächer zucken ließen. Als Loisl dem Phänomen, das ihm mittlerweile fast schon wie etwas Vertrautes vorkam, weiter nachspürte und sich von der Rute über Stock und Stein führen ließ, stieß er tief im Forst auf eine Quelle. Zwischen Felstrümmern und Farnwedeln sprudelte sie aus der Erde, und der Zweig war heftig hochgeschnellt, noch ehe der Bub den Born tatsächlich erblickt hatte.
»Wieder das Wasser«, murmelte er. Allerdings machte ihm diese Erkenntnis nun einen Widerspruch bewußt, und er setzte nachdenklich hinzu: »Aber wenn es das Wasser ist, warum dreht sich das Holz dann auch beim Feenstein und bei der Kirche?«
Darauf fand er zunächst keine Antwort; schließlich jedoch vermutete er, wie schon an der Traun, die Wesen, die den Zauber verursachten, müßten eben sowohl in Felsen oder besonderen Gebäuden als auch in den Gewässern verborgen sein.
Damit gab er sich zufrieden; in der Nacht nach seiner Entdeckungsreise, als er unruhig in der Dachkammer des Bruckthaler-Anwesens schlief, erschienen ihm die geheimnisvollen Geschöpfe im Traum. Winzig waren sie und strahlten dennoch eine Macht aus, die alles Menschliche übertraf. Obwohl ihre Gesichter und selbst ihre Gestalten im ungewissen blieben und sie wie hinter feinen Schleiern, Nebelschwaden oder durchscheinenden Kristallen zu vibrieren schienen, war das blendende, sprühende Licht, welches sie wie eine Aura umgab, so intensiv, daß es in den Augen schmerzte und der träumende Bub den Blick rasch wieder abwenden mußte. Als er die Wesen, nachdem er wie durch einen betäubenden Wirbel getrieben war, von neuem zu schauen versuchte, waren sie verschwunden.
Die Enttäuschung darüber ließ den Siebenjährigen im Schlaf aufstöhnen. Gleich darauf erwachte er und starrte verstört in

das Dunkel der Kammer, während die Erinnerung an das, was er gesehen hatte, jetzt in Sekundenschnelle wich und nichts zurückließ als quälende Leere: das Wissen um eine fast schon greifbar gewesene Einsicht, die ihm nun, wie zum Hohn, wieder verwehrt war.

Als Loisl am Nachmittag darauf erneut zum Feenstein lief, erlebte er eine weitere Enttäuschung. Der Erlenzweig, der gestern noch so kraftvoll ausgeschlagen hatte, zeigte diesmal keine Reaktion, obwohl der Bub selbst nach wie vor das Kitzeln und Prickeln auf seiner Haut spürte. Wieder grübelte der Siebenjährige; dann wurde ihm bewußt, daß der Zweig ausgetrocknet war, und daraus gewann er eine weitere wichtige Erkenntnis. Probeweise nämlich suchte er nach einem frischen Sproß, fand ihn in einem Haselstrauch, der nahe der Wallfahrtskirche wuchs – und erlebte das Phänomen wie zuvor. Nach einigem Nachdenken zog er daraufhin den einzig logischen Schluß und formulierte ihn in Gedanken so: Mit dem toten Holz klappt's nicht; leben muß es und im Saft stehen ...

***

Im Verlauf der folgenden Monate fand der Bub diese Erfahrung vielfach bestätigt. Während der Burenkrieg in Südafrika sich hinzog, bis das Blatt sich erneut zugunsten der holländischen Siedler wendete und es im Mai 1902 zum Friedensschluß mit dem Britischen Empire und zur Errichtung der weitgehend unabhängigen Territorien des Oranje-Freistaates und Transvaals kam, spürte Loisl mit wachsender Faszination den Rutenausschlägen nach. Immer ausufernder zog er seine Kreise um den Einödhof, den Weiler Scharam oder die Kirche Maria Eck und wurde dabei fast regelmäßig fündig. Er entdeckte weitere Steinformationen, wo die geheimnisvollen Kräfte vibrierten; machte tief im Walddickicht Quellen und Rinnsale ausfindig, zu denen sich sonst höchstens einmal ein Jäger verirrte. Nach jedem derartigen Erlebnis empfand er ein tiefes Glücksgefühl; so, als befände er sich in innigem Einklang mit etwas, das er nicht zu benennen vermochte, das ihn aber – ungeachtet alles Rätselhaften – gleich einer zutiefst mütterlichen Ausstrahlung berührte.

Natürlich konnte dieses Tun den Erwachsenen auf dem Bruck-

thaler-Anwesen nicht verborgen bleiben. Noch im Spätherbst 1901 hatte deswegen am Tisch in der Küchenstube eine Aussprache stattgefunden. Nachdem der Bauer seinen Sprößling zur Rede gestellt und Loisl davon berichtet hatte, wie ihm die besonderen Eigenschaften des Gabelzweiges am Ufer der Traun erstmals bewußt geworden waren, äußerte Anna Irlmaier: »Ein Onkel väterlicherseits von mir, Gott hab ihn selig, hat die seltene Gabe ebenfalls besessen. Seiner Lebtag lang ist er mit der Wünschelrute unterwegs gewesen.«
»Dann sieht es ganz so aus, als hätte unser Bub die Fähigkeit geerbt«, fiel die Großmutter ein. »Es ist von deinem Vatersbruder auf ihn gekommen, und man weiß ja schließlich auch, daß solch ein besonderes Talent, das man mit dem Verstand nicht erklären kann, meistens eine Generation überspringt.«
»Etwas Böses ist auf jeden Fall nicht dran«, nahm nunmehr der grauhaarige Austrägler das Wort. »Ganz im Gegenteil waren diejenigen, die das Muten beherrscht haben, zu allen Zeiten hoch angesehen.«
»Warum?« wollte der Siebenjährige wissen.
»Weil sie zum Beispiel helfen konnten, wenn auf einem Hof ein Brunnen versiegt war und ein neuer gegraben werden mußte«, erklärte sein Vater.
Die Augen des Buben leuchteten auf. »Glaubst du, das könnte ich auch lernen?«
»Vielleicht später einmal«, beschied ihn die Mutter. »Vorerst ist's wichtiger, daß du in der Schule etwas lernst! Aber wenn du in deiner freien Zeit mit der Wünschelrute herumlaufen willst, haben wir nichts dagegen.«
So war es im Spätherbst 1901 besprochen worden, und in der Folge hatte sich die getroffene Regelung eingespielt. In der Dorfschule von Eisenärzt leistete der aufgeweckte Sohn des Einödbauern mehr als die meisten anderen Kinder; zudem ging er seinem Vater oder dem Knecht nach Kräften bei der Arbeit im Stall und auf den Feldern zur Hand. Doch wann immer seine Zeit es erlaubte, suchte er sich einen Gabelsproß und ließ sich von seinem Instinkt treiben, bis er einmal mehr einen der außergewöhnlichen Plätze ausfindig gemacht hatte, wo die Rute plötzlich lebendig zu werden schien.

Das ganze Jahr 1902 und weiter bis zum Hochsommer 1903 ging das so; dann hatte der nunmehr neunjährige Loisl eine Begegnung, die sein künftiges Dasein entscheidend prägen sollte.

Die Ruine

Die Hügelkuppe lag eineinhalb Gehstunden von Scharam entfernt auf den Hochfelln zu, doch noch immer ein beträchtliches Stück unterhalb dieses Berggipfels. Der Neunjährige war durch Mischwald aufgestiegen; jetzt befand er sich bereits in der Zone der Nadelbäume. Als er eine nur noch mit Latschenkiefern bewachsene Schneise erreichte, erblickte er jenseits einer kleinen Klamm das seltsam abgeplattete, nach Süden hin leicht ansteigende Plateau, das an einer Stelle in einen jäh aufragenden Felssporn auslief. Aber nicht allein die ungewöhnliche Topographie der Erhebung ließ ihn stutzen; es war vor allem sein Instinkt, der ihm sagte, daß er dort drüben mit der Rute fündig werden könnte.

Wenig später allerdings, nachdem er sich durch die Schlucht gekämpft und die gegenüberliegende Hügelflanke erklettert hatte, erlebte er eine Überraschung völlig anderer Art. Denn im Zentrum der abgeflachten Kuppe stieß er auf Mauerreste: von Ginstergestrüpp und Moos überwucherte Bruchsteingefüge, die offenbar vor sehr langer Zeit das Fundament eines größeren Gebäudes gebildet hatten. Als er das Areal genauer untersuchte, fand er unter Laub und Humus eine langgestreckte schmale Fläche, die noch immer mit Steinplatten belegt war. Ohne Zweifel handelte es sich um einen Flez, wie es ihn auch im Bruckthaler-Anwesen gab; einen Korridor, der sich einstmals durch das ganze Haus gezogen und den Zugang zu den links und rechts liegenden Wohnräumen und Stallgewölben ermöglicht hatte. Seither freilich, Loisl spürte es genau, mußten Jahrhunderte verstrichen sein; viele Menschenalter, in denen der Platz zur Wüstung geworden und die Natur allmählich wieder zu ihrem Recht gekommen war.

»Ein Bauernhof ist das früher gewesen«, murmelte der Bub. »Ein schöner Hof, aber heute erinnert sich wahrscheinlich niemand mehr an ihn ...«
Die Vorstellung hatte etwas Erregendes; es war ein Gefühl, als hätte er verbotenes oder verschollenes Land betreten. Und dieses Terrain galt es jetzt auf der Stelle zu erforschen: mit dem Gabelzweig, der unter Umständen noch mehr ans Tageslicht bringen konnte, als es durch das bloße Abschreiten der verwitterten Mauerzüge, das Betasten der grob behauenen Steine und das Stochern in der Erde möglich war.
Der Neunjährige zog die Wünschelrute aus dem Hosenbund, nahm die Sprossen lose in beide Hände und begann den Ort scheinbar ziellos zu begehen. Mehrmals kreuzte er den Flez, umkreiste anschließend langsam die Reste der Außenmauern des abgegangenen Anwesens. Zunächst zeigte die Rute nicht die mindeste Reaktion – zuletzt jedoch, als der Bub die südwestliche Ecke der Ruine erreicht hatte, erfolgte ein leichter Ausschlag.
Sofort blieb Loisl wie witternd stehen, ließ den Zweig prüfend im Bogen wandern und stellte fest, daß der Impuls dem Inneren des ehemaligen Bauernhauses zu stärker wurde. Er stieg über das Bruchsteingefüge, das an dieser Stelle noch etwa hüfthoch war, und befand sich nun in einem engen Geviert von nur wenigen Metern Durchmesser. Kaum stand er dort drinnen, spürte er ein starkes Prickeln auf der Haut; der dünne Ast zuckte, nach einem weiteren tastenden Schritt schnellte die Wünschelrute heftig hoch.
Der Bub grub an der bewußten Stelle; räumte Mulm, Erde und Mauergrus weg. Dann, als er eine künstlich geglättete Felsplatte freilegte und sie ein Stück zur Seite zerrte, begriff er das ganze Ausmaß seiner Entdeckung. Ein Brunnenschacht führte hier in die Tiefe: eine rund gemauerte Röhre, von deren Grund feuchter, modriger Dunst emporstieg. Loisl nahm einen Kiesel auf und ließ ihn hinunterfallen; es dauerte eine ganze Weile, ehe er das gedämpfte Plätschern hörte.
»Mindestens dreißig Fuß«, flüsterte er; im nächsten Moment wurde der Drang, den Schacht näher zu erkunden, übermächtig. Er sprang auf, setzte über den Mauerrest zurück ins Freie,

blickte sich kurz um und rannte auf eine abgestorbene Föhre zu. Dort riß er einen der dürren Äste ab, brachte ihn zurück zur Ruine und suchte in seinen Hosentaschen nach den Streichhölzern, die er zu Hause entwendet hatte. Gleich darauf flammten die vertrockneten Zweige auf; rasch griff das Feuer auf das stärkere Holz über. Loisl wartete ab, bis der Ast in voller Lohe stand, dann warf er ihn in den Brunnen. Die stürzende Fackel tauchte den uralten Schacht in rötlich flackerndes Licht; bevor sie jedoch unten ankam, sperrte sie sich in der engen Röhre und blieb in halber Höhe hängen.
Zunächst war der Neunjährige deswegen enttäuscht, denn er hatte sich gewünscht, den Grund auszuloten. Ein paar Herzschläge später allerdings wurde er auf eine Weise entschädigt, die er sich nicht hätte träumen lassen. Der brennende Ast nämlich beleuchtete nicht nur die von schleimigem Bewuchs überzogene Wand des Brunnenschachtes – sondern zudem eine mannshohe und offensichtlich sehr tiefe Nische einige Meter unterhalb der Stelle, wo die Felsplatte gelegen hatte.
Im ersten Augenblick starrte Loisl verdutzt, dann begriff er und schnappte: »Ein Geheimgang! Genau so einer, wie es sie früher in den Burgen gegeben hat ...«
Unmittelbar nachdem er das Unerhörte ausgesprochen hatte, beherrschte ihn nur noch ein einziger Gedanke: in die Tiefe zu klettern und in den Stollen, der ihn jetzt wie mit magischer Gewalt anzog, einzudringen. Noch einmal sprang er über die Mauer, hastete zu der toten Föhre, versorgte sich mit einigen weiteren Ästen, rannte zum Ruinengelände zurück und entzündete eine zweite Fackel. Danach zwängte er die übrigen Hölzer, die ihm als Reserve dienen sollten, unter seine Joppe, ließ sich neben dem Schacht nieder und machte Anstalten, sich hinabzulassen. Schon hangelte sein Fuß nach einer Spalte in der glitschigen Röhre, rutschte ab, fand gleich darauf doch eine kleine Einkerbung, die ihm Halt zu gewähren schien. Gehetzt atmete Loisl noch einmal durch, dann glitt er, in der einen Hand den Feuerbrand haltend und sich mit der anderen an die beiseite geschobene Steinplatte klammernd, tiefer. Als er jedoch zur Hälfte im Brunnen verschwunden war, drang ein entsetzter Schrei aus seiner Kehle.

Der harte Griff, den er plötzlich an der Schulter spürte, war schuld daran; die brutal zupackenden Fäuste und ebenso das wilde Antlitz, das ihm unvermittelt so nahe war, daß er jeden einzelnen der wüsten Bartwirbel und jede der tief eingekerbten Falten auf der Stirn und um die glühenden Augen erkennen konnte. Wieder schrie er; diesmal freilich endete der Laut in einem würgenden Ächzen, denn im nächsten Moment, während die Fackel in den Abgrund wirbelte, wurde er heftig hochgerissen und landete unsanft auf dem Boden neben dem Brunnenschacht. Benommen versuchte er auf die Beine zu kommen und zu fliehen; ehe er es jedoch schaffte, schnellte der Arm des anderen erneut vor und packte zu. Gleichzeitig hörte er die mit rauher Stimme hervorgestoßenen Worte: »Nicht so eilig, Bürschchen! Brauchst keine Angst vor mir zu haben, auch wenn du zweifellos einen Denkzettel verdient hättest!«
Erst jetzt begriff Loisl, daß er es nicht mit einem Waldschrat, sondern mit einem Menschen zu tun hatte; einem Kerl allerdings, der höchst seltsam aussah. Der Mann mochte zwischen fünfzig und sechzig Jahre zählen; seine dunkle Haarmähne und sein wild wuchernder Vollbart waren bereits an vielen Stellen von grauen Strähnen durchschossen. Die Augen unter den buschigen Brauen lagen tief in ihren Höhlen; die Schatten schienen den durchdringenden Ausdruck dieser braunen und um die Pupillen lohfarben geflammten Augen noch zu verstärken. Das Ungewöhnlichste an dem Fremden aber war dessen Kleidung: eine Art Räuberkluft, die aus einem groben, vielfach geflickten Rupfenkittel, ledernen Hosen und verschlissenen Stiefeln bestand; zusätzlich trug der Bärtige einen archaisch wirkenden Schaffellumhang.
Als er nun bemerkte, daß der Bub seinen Schrecken zu überwinden begann, deutete er auf einen Mauerrest und forderte den Neunjährigen auf: »Setz dich! Und dann möchte ich von dir wissen, wie du heißt, wo du zu Hause bist und wie du auf den Brunnenschacht gestoßen bist, in dem du dir um ein Haar den Hals gebrochen hättest.«
Loisl, der seinen Leichtsinn allmählich einsah, kauerte sich an der angegebenen Stelle nieder, gab dem Mann die verlangten Auskünfte und gestand anschließend kleinlaut: »Die Rute hat

mir das Wasser unter der Steinplatte angezeigt. Aber ich wäre ganz bestimmt nicht auf die Idee gekommen, hinunterzusteigen, wenn ich nicht das Loch in der Brunnenwand gesehen hätte ...«

»Habe ich richtig gehört? Du bist wirklich mit einer Wünschelrute über den Platz gegangen?« unterbrach ihn der seltsame Mann.

Der Bub nickte, zog den Gabelzweig aus dem Hosenbund und zeigte ihn dem anderen.

»Tatsächlich, ein schöner Sproß vom Haselstrauch«, versetzte der Bärtige überrascht. Plötzlich lächelte er und bat: »Sei so nett und mach mir's einmal vor, wie du dich beim Muten anstellst.«

Loisl sprang auf, nahm die Rute in beide Hände und tat zwei, drei Schritte auf den gähnenden Schlund zu. Sofort schlug der Zweig scharf nach oben aus.

»Donnerwetter, du hast es ja wahrhaftig im Blut!« ließ sich der Mann im Schafspelz vernehmen.

»Ach was, das war leicht«, antwortete Loisl, der seine Scheu mittlerweile verloren hatte. »Ich wußte ja, in welche Richtung ich gehen mußte.« Er besann sich. »Aber von irgendwoher muß das Wasser doch in den Brunnen laufen, und das habe ich bis jetzt noch nicht herausgefunden.«

»Du meinst im Ernst, du könntest auch den Quellstrom entdecken?« erkundigte sich der Bärtige verblüfft.

»Warum nicht?« gab der Bub zurück.

Gleich darauf kletterte er einmal mehr über die Ruinenmauer nach draußen und begann die Reste der Kammer, in der sich der Schacht befand, in einigem Abstand zu umkreisen. Genau an der südwestlichen Ecke des ehemaligen Bauernhauses, wo er schon unmittelbar vor dem Auffinden der verborgenen Brunnenröhre jenen schwachen Impuls gefühlt hatte, erfolgte auch diesmal eine entsprechende Reaktion.

Der Bärtige, der Loisl gefolgt war, nickte wortlos und beobachtete den Buben anschließend noch gespannter als ohnehin schon. Der Neunjährige wiederum spähte kurz zurück zu dem Platz, wo er den Brunnen wußte, und lief dann mit vorgestrecktem Haselzweig auf der Verlängerung dieser gedachten

Linie weiter. Als er nicht fündig wurde, fing er abermals an, im Kreis zu gehen – und schon nach wenigen Schritten zuckte die Wünschelrute zum dritten Mal.

»Das Wasser macht einen Bogen«, murmelte Loisl, während er neuerlich die Richtung peilte; wenig später hatte er wiederum Erfolg. Im Verlauf der folgenden Viertelstunde schaffte er es mittels der beschriebenen Methode, dem unterirdischen Strom bis zu seinem Ausgangspunkt nachzuspüren: einer versteckt sprudelnden Quelle im Fundament des Felssporns am südlichen Rand des Hügelplateaus, wo der Born aus einer Spalte trat und kaum einen Meter weiter wieder in der Erde versickerte.

»Wenn ich es nicht mit eigenen Augen gesehen hätte, würde ich es nicht für möglich halten!« sagte der Bärtige fassungslos. »Gib's zu, irgend jemand, der eine Menge davon versteht, hat dir das Muten beigebracht!«

»Nein, ich bin immer nur allein mit der Wünschelrute losgegangen«, erklärte der Bub.

»Und seit wann machst du das schon?« wollte der andere wissen.

»Vor zwei Jahren ungefähr hat's angefangen«, lautete die Antwort. »Kurz nachdem ich in die Schule gekommen bin.«

»Dann wird es höchste Zeit, daß sich ein erfahrener Rutengänger um dich kümmert«, versetzte der Mann. »Du besitzt ein Talent, wie man es nur alle hundert Jahre einmal findet, aber Hilfe brauchst du trotzdem. Und wenn du magst, bekommst du sie von mir. Ich heiße Jakob, und die Leute aus den Dörfern hier in der Gegend kennen mich als den Einsiedler vom Hochfelln ...«

»Jetzt verstehe ich, warum du so seltsam aussiehst«, platzte Loisl heraus. »Und wahrscheinlich wohnst du in einer Höhle, oder?«

»Die Blockhütte, die ich mir tief im Wald gebaut habe, tut's auch«, erwiderte Jakob lächelnd. »Doch was ist nun? Wäre es dir recht, wenn ich dich in meine Obhut nähme und dir all das weitergäbe, was ich selbst über das Muten weiß?«

»Freilich!« nickte Loisl. »Bloß müßtest du vorher meine Eltern fragen.«

»Ich werde mit ihnen reden«, versprach der Eremit. »In den nächsten Tagen komme ich zu euch auf den Hof.«

»Aber von dem Brunnen erzählst du lieber nichts, gell?!« entfuhr es dem Buben.
»Das bleibt unter uns«, versicherte Jakob. »Allerdings nur unter der Bedingung, daß du in Zukunft nie wieder so leichtsinnig bist!«
»Ich werde mir's merken«, beteuerte Loisl. »Und ich hätte wirklich nicht versucht, hineinzuklettern, wenn ich nicht den Schlupf dort drinnen gesehen hätte. – Ich schwör's dir, Jakob, da unten gibt es einen unterirdischen Gang!«
»Ich weiß!« entgegnete der Einsiedler bedeutungsvoll.
»Du ... du weißt es?« stotterte der Bub.
»Ja, und ich kenne auch einen Weg dort hinein, den man gefahrlos begehen kann«, erklärte Jakob.
»Zeigst du ihn mir? Bitte, tu's!« rief Loisl erregt.
»Komm mit!« Damit führte der Eremit seinen Schützling entlang eines schmalen, kaum sichtbaren Wildwechsels um den Felssporn herum.
An seiner gegenüberliegenden Flanke war der Steinturm zerklüftet, und zwischen mächtigen Blöcken gab es einen schmalen Durchstieg, der in eine natürliche Kammer führte. Die Felsen bildeten dort einen dreieckigen, doppelt mannshohen Raum; an einer Stelle schienen archaische Stufen nach oben zu führen: zu einem breiten Riß, durch den das Sonnenlicht fingerte. Doch Jakob lenkte seine Schritte nicht dorthin, sondern zu einem Winkel ganz im Hintergrund der etwa fünf Meter tiefen Kaverne. Hier kragte der Sockel eines der Monolithen knapp über dem Boden ein Stück weit aus – und als Loisl sich auf einen Wink des Bärtigen hin niederkauerte, sah er den kreisrunden Schlupf, der sich unter der Felsnase verbarg.
Der Einsiedler zog eine kleine Laterne unter seinem Umhang hervor, entzündete den Kerzenstumpf und ordnete an: »Ich gehe voran. Wenn ich dir das Signal gebe, kommst du nach und machst alles genauso, wie du es von mir siehst.«
Gleich darauf legte er sich vor dem Erdloch auf den Bauch und robbte, die Füße voran, ein Stück unter den Steinsockel; im nächsten Moment verschwand sein ganzer Körper mit einer einzigen fließenden Bewegung in dem Schlupf.
Loisl wartete, bis aus der Tiefe der gedämpfte Ruf ertönte,

dann ließ auch er sich in das Erdloch gleiten. Der enge Stollen führte zunächst in steiler Neigung nach unten; ehe der Bub jedoch allzu schnell ins Rutschen geraten konnte, wurde die Biegung flacher und mündete in der nächsten Sekunde in einer kleinen Höhle. Sie war gerade hoch genug, daß Jakob gebückt darin stehen konnte; im Laternenlicht erkannte Loisl die Spuren der Werkzeuge, mit deren Hilfe die Kaverne in den Mergel gegraben worden war.
Ehe es ihm freilich möglich war, eine diesbezügliche Frage zu stellen, deutete der Erwachsene auf einen Schlupf, der sich gegenüber des Eingangs befand, und raunte: »Hier geht's weiter.«
Diesmal kroch der Bärtige auf Ellenbogen und Knien in den Durchlaß. Abermals folgte Loisl ihm und stellte nach ungefähr drei Metern fest, daß der Tunnel geräumiger wurde. Er richtete sich auf, tappte die nächsten Schritte gebückt dahin; nach einer scharfen Biegung fand er sich in einem schmalen, nach oben spitzbogig zulaufenden Gang wieder. Erneut bemerkte er an den Wänden links und rechts die regelmäßigen Spuren von Hauwerkzeugen, die geheimnisvolle Muster zu bilden schienen. Ansonsten setzte sich der Stollen, der fast genau die Breite von Jakobs Schultern besaß, nun eine ganze Weile schnurgerade und mit leichter Neigung nach unten fort, bis er in einer zweiten kuppelförmigen Erdhöhle endete.
Hier konnte der Bub nicht mehr an sich halten. »Befinden wir uns vielleicht in einem Bergwerk?« platzte er heraus.
Mit rätselhaftem Lächeln schüttelte der Einsiedler den Kopf und erwiderte leise: »Später erkläre ich dir alles. Aber jetzt sollten wir nicht darüber reden. Achte einfach auf das, was die Erde dir sagt – falls du fühlst, daß sie zu dir spricht ...«
Damit mußte Loisl sich zufriedengeben. Mehr noch: Er nahm die Aufforderung an und konzentrierte sich, weil nun auch der Eremit stumm verharrte, auf die Stille der aus dem Mergel gearbeiteten Kaverne. Zunächst empfand er das tiefe Schweigen als bedrückend und beinahe bedrohlich; nach einer Weile indessen entspannte er sich. Wiederum einige Minuten später war es ihm, als vernähme er aus der Tonlosigkeit heraus ein unendlich zartes Wispern, das sich allmählich zu einem melodisch pulsen-

den Summen steigerte. Zu einem Summen und Rauschen, welches von einer ganz bestimmten Stelle der Höhle kam – und jetzt unvermittelt so intensiv wurde, daß Loisl sich wie in Trance darauf zubewegen mußte.
»Sehr gut!« hörte er in seinem Rücken die Stimme Jakobs, gleichzeitig sah er in der Höhlenwand den neuen Schlupf.
Das runde Loch verbarg sich hinter einer Erdfalte und lag in Hüfthöhe; diesmal verschwand der Bärtige gleich einem Taucher darin. Wieder folgte der Bub dem schwachen Lichtschein, rutschte entlang der mäßigen Schräge einige Meter abwärts und kroch schließlich aus dem ebenen Endstück des Tunnels in einen Gang, der mit seiner spitzbogigen Form jenem anderen ähnelte, den er bereits kannte. Nunmehr allerdings verlief der Stollen in scheinbar regellosen Windungen; er senkte sich, stieg wieder und wand sich endlich in einer weiten Spirale nach unten. Und dieser Abschnitt war es, der in den Gliedmaßen des Neunjährigen eine Reaktion auslöste, die zwar unverhofft kam, ihm aber nicht fremd war: ein elektrisierendes Prickeln, wie er es schon so oft im Bannkreis des Feensteins oder an anderen besonderen Plätzen mit Hilfe der Wünschelrute erspürt hatte.
Kaum hatte es ihn erfaßt, wandte der dicht vor ihm gehende Einsiedler sich um, musterte ihn eindringlich und stellte zufrieden fest: »Es ist ganz so, als wärst du beim Muten auf einen sehr starken Wasserlauf gestoßen, stimmt's?«
Verwirrt nickte Loisl; inständig wünschte er sich, der Eremit würde ihm mehr sagen. Doch Jakob zwinkerte ihm über die Laterne hinweg lediglich zu und setzte seinen Weg fort. Das Kitzeln und Vibrieren hielt mit unveränderter Intensität an, bis der unterirdische Gang wieder geradeaus führte und dann jäh vor einer Mergelwand endete. Als der Bärtige dort die Arme hob und der Neunjährige der Bewegung mit den Augen folgte, sah er den Ausstieg über der Barriere in der Decke; fast mit demselben Lidschlag erblickte er auch die Trittsteine, die aus der Wand ragten. Geschickt zogen der Eremit und der Bub sich empor; im gleichen Moment, da Loisl durch das runde Loch in die darüberliegende Höhle gelangte, schien etwas von ihm abzufallen. Es war, als bliebe das Prickeln in einem sanften Ver-

löschen zurück und als schlüpfe er selbst wieder in seine alte, vertraute Haut.
Von der Kaverne oberhalb des Durchstiegs setzte sich der Stollen nach zwei verschiedenen Richtungen fort. Heftig sog der Bub die feuchte, leicht modrige Luft ein, die aus der keilförmigen Öffnung zur Linken wehte, und stieß hervor: »Der Brunnen, nicht wahr?«
»Ja, wir befinden uns jetzt unter der Ruine des Bauernhauses«, bestätigte der Einsiedler. »Ungefähr fünf Meter weiter mündet der Gang in den gemauerten Schacht, den du entdeckt hast. Doch diese Stelle ist nicht unser Ziel, wir werden vielmehr dem anderen Weg folgen.«
Nach diesen Worten schritt er abermals voran und betrat den Stollenabschnitt zur Rechten. Anfangs zeigten die eng zusammenstehenden Mergelwände das mittlerweile vertraute Bild: die verwirrenden Muster der Werkzeugspuren und knapp über dem Kopf des Erwachsenen den keilförmigen Grat. Bald jedoch begann der unterirdische Gang sich neuerlich spiralig in die Tiefe zu winden, wobei seine Decke sich so weit absenkte, daß Jakob und Loisl mühsam kriechen mußten.
Eine Art Klaustrophobie befiel den Neunjährigen; mit jedem Meter, den er vordrang, wurde sie stärker. Sein Atem ging jetzt keuchend, bedrohliche Bilder irrlichterten durch sein Gehirn: Zwangsvorstellungen von ungeheuerlichen Erdmassen, die jeden Augenblick niederbrechen und ihn zermalmen konnten; dann wieder Obsessionen anderer Art: Schlammwasser, das in die ausweglose Mergelröhre flutete und ihn ersäufte. Mit aller Kraft zwang der Bub sich, trotzdem durchzuhalten. Zuletzt, eben als er dachte, er könne den panischen Hilfeschrei unmöglich mehr unterdrücken, hatte er plötzlich das Gefühl, als unterstütze der Stollen seinen Kampf. Ein paar Herzschläge später begriff er, daß er, wenn auch sehr langsam, ins Rutschen geraten war; gleich darauf landete er – halb gleitend, halb fallend – in einer Höhle, deren weites, weiches Rund ihm das Empfinden unendlicher Erleichterung und zugleich nie erlebter Geborgenheit vermittelte.
Jakob fing ihn auf, half ihm auf die Beine und ließ ihm Zeit, sich zu sammeln, ehe er leise sagte: »Wir sind am Ziel. Jetzt kannst

du dich ausruhen und darauf warten, was weiter geschieht ...«
Damit führte er seinen Schützling ein halbes Dutzend Schritte zum gegenüberliegenden Ende der Kaverne, wo sich in einer Nische der Mergelwand eine niedrige Erdbank befand. Loisl ging wie auf Watte; als er sich neben dem Erwachsenen niederkauerte, wurde das Gefühl des grenzenlosen Geborgenseins beinahe übermächtig. Etwas in seinem Inneren weitete sich über die physischen Schranken hinaus; im selben Moment, da es die Muldung der Höhlenwand zu berühren und mit ihr zu verschmelzen schien, kehrte unbeschreibliche Ruhe in den Geist des Neunjährigen ein.

Die Zeit wurde bedeutungslos für ihn. Während Sekunden oder Stunden verstrichen, verinnerlichte er abermals jene grenzenlose Stille, die ihn schon in der zweiten Kaverne umhüllt hatte. Irgendwann vernahm er wiederum das unendlich zarte Wispern, das sich allmählich zu einem melodisch pulsenden Summen steigerte; zu einem Summen und Rauschen, welches jetzt aber ein Vielfaches der bereits erlebten Intensität besaß. Und dann war es, als spräche die Erde zu ihm; spräche mit all der Fülle ihrer Zungen: aus Mergel, Kies, Fels, aus Vergehendem und neu Entstehendem, aus verborgenem feuchtem Geäder und tief im Ewigen rauschenden Wasser- und Kristallströmen heraus.

Sein Geist begann im Rhythmus dieses Chorals zu schwingen; zutiefst hingegeben ließ er sich zum Höhepunkt emportragen und sich danach sanft in seine eigene Dimension zurückführen, bis ihn erneut die Stille der Höhle barg. Zuletzt, als seine Trance langsam von ihm wich, tauchte das Antlitz des Einsiedlers im Lichtkreis der Laterne vor ihm auf, und er vernahm den Satz, der, wie schon einmal, mehr Feststellung als Frage war: »Nun weißt du, wo du dich befindest, nicht wahr?«

»Im Leib der Mutter«, hörte der Bub sich antworten; unmittelbar darauf lauschte er verwundert der eigenen Formulierung nach, als könne er nicht glauben, daß die seltsamen Worte tatsächlich aus seinem Mund gekommen seien.

»So ist es!« bekräftigte der Eremit. »Das Ziel der verschlungenen Wege des Erdtempels ist der Erdmutterschoß, aus dem alles Leben und alles Wissen aufwächst und in den alles heim-

kehrt!« Er ließ Loisl Zeit, die Eröffnung zu verarbeiten, dann fuhr er fort: »Und du hast es gespürt, sonst wäre es dir soeben nicht möglich gewesen, es auszudrücken ...«
»Ja, sie war da ... die Kraft der Erde«, flüsterte Loisl. »Die Gänge, durch die wir kamen ... sie folgen den unsichtbaren Strömen ...«
»Den Strömen, die du auch früher schon oft fühltest, wenn du mit der Wünschelrute unterwegs warst«, fiel Jakob ein. »Aber bis jetzt kanntest du nur das, was hinauf zur Erdoberfläche dringt. Heute hingegen hast du einen Blick ins innere Wesen der Kraft getan.«
Neuerlich saßen der Einsiedler und sein Schützling eine Weile stumm nebeneinander. Loisl dachte über das Gehörte nach und gewann dadurch weitere Klarheit, diesmal auf rationaler Ebene. Auf diese Weise fand er schließlich – auch wenn das andere nicht wirklich verwich – zurück zu seinem Tagbewußtsein und murmelte: »Ich glaube, ich weiß, was du mir sagen wolltest. Nur ein Wort habe ich nicht ganz verstanden: der Erdtempel ...?«
»Was es damit auf sich hat, werde ich dir erklären, sobald wir wieder im Freien sind«, erwiderte Jakob und erhob sich.
Loisl folgte ihm zum Schlupf gegenüber der Mergelbank. Auf dem langen Weg durch das Labyrinth glaubte er die Ausstrahlung der engen Röhren, spitzbogigen Stollen, kreisrunden Durchlässe und Höhlen noch intensiver zu empfinden als beim ersten Mal. Zuletzt, als er in den dreieckigen Raum zwischen den Monolithen kroch und sich aufrichtete, hatte er das Gefühl, auch dieser Platz habe sich verwandelt. Das Sonnenlicht, das nun unter verändertem Winkel durch den breiten Riß in der Kavernendecke flutete, schien wärmer und leuchtender geworden zu sein, obwohl das Gestirn draußen längst schräg stehen mußte. Zudem hielt das Sirren und Summen, welches ihn im Schoß der Erde begleitet hatte, selbst hier an und verflachte erst, als der Eremit zu sprechen begann.
»Der Ort, an dem wir uns befinden, ist seit Jahrtausenden heilig«, sagte der Bärtige. Er setzte sich auf die Auskragung des Felsens, die den Einstieg zum Höhlensystem verbarg, wartete, bis der Bub neben ihm Platz genommen hatte, und fuhr fort:

»In der alten Zeit, ehe in unserem Land die ersten christlichen Kirchen errichtet wurden, kamen die Menschen oft zu diesen Steinen, um ihre Kraft in sich aufzunehmen und sowohl der Sonne als auch der Erde besonders nahe zu sein.« Jakob deutete auf die Kluft über seinem Kopf, durch die das Licht fiel. »Dort oben legten sie ihre Opfergaben nieder: Korn und Früchte für die strahlende Göttin. Der dreifache Felsen ist also ein Sonnentempel, ebenso stellt er aber den Zugang zu dem zweiten Heiligtum dar, das dieser besondere Bergrücken behütet.«
»Du meinst die unterirdischen Gänge und Höhlen?« fragte Loisl.
»Ich bezeichnete sie als Erdtempel, weil auch sie für den Dienst an einer Gottheit da sind«, erläuterte Jakob. »Du hast den Namen dieser Göttin heute bereits vernommen. Es ist die Erdmutter, welche in jedem Frühjahr neu von der Sonne befruchtet wird, im Sommer ihre Gaben hervorbringt, sich im Herbst zur Ruhe begibt, den Winter über schlafend frische Kräfte sammelt und im nächsten Frühling wieder erwacht, um so den ewigen Kreislauf des Lebens zu bewahren. Aus ihrem Schoß entspringen ferner die Quellen, die alles pflanzliche, tierische und menschliche Dasein erst ermöglichen. Dazu weben in ihrem Leib die anderen, feineren und gerade deswegen oft um so mächtigeren Ströme, welche den Gabelzweig in deinen Händen ausschlagen lassen, wenn du dich ihnen näherst. In Wahrheit freilich berühren sie dein Fleisch, dein Blut und deinen Geist, sobald du mit ihnen in Berührung kommst ...«
»Und tief im Erdtempel spüre ich das noch stärker als an der Oberfläche!« unterbrach Loisl.
»Denn du besitzt die Gabe«, nickte der Einsiedler. »Dir wird vieles offenbar, was gewöhnlichen Menschen verborgen bleibt. Obwohl du beinahe noch ein Kind bist, ist die Fähigkeit in dir bereits jetzt außergewöhnlich stark. Sofern du sie hegst und weiterentwickelst, werden dir eines Tages Erkenntnisse möglich werden, von denen du derzeit noch nicht einmal etwas ahnst ...«
In Loisls Antlitz arbeitete es, dann stieß er hervor: »Warum bin ich nicht so wie die anderen?«
»Weil du so bist, wie du bist«, lautete die Erwiderung.

Diesmal blickte der Bub lange versonnen ins Leere, endlich schien er sich mit der orakelhaften Antwort zufriedenzugeben und wollte wissen: »Sind denn alle Leute, die früher hierher kamen, so gewesen wie ich?«
Der Eremit schüttelte den Kopf. »Es waren niemals viele, die das Unsichtbare zu erkennen vermochten; stets nur die weisesten Frauen und Männer. Den Erdtempel unter den Sonnensteinen betraten jedoch auch zahlreiche andere. Sie spürten dann freilich nicht unbedingt dasselbe wie du oder ich, aber sie konnten in der Tiefe des Erdmutterschoßes ihre Seelen reinigen und kamen danach wie neugeboren wieder ans Tageslicht.«
»Ganz zuletzt, ehe wir die Höhle mit der Sitzbank erreichten, war der Tunnel so furchtbar eng, daß ich glaubte, ich müßte sterben«, murmelte Loisl. »Doch gleich darauf, als du mich drinnen auffingst, dachte ich, es könnte gar kein größeres Glück geben.«
»Das war eine der Lehren, die der Erdtempel seit jeher für jeden Menschen bereithält«, erklärte der Bärtige. »Nur wer sich durch das, was ihn einengt, hindurchkämpft und dabei seine Angst überwindet, erfährt die Befreiung und gewinnt dadurch Stärke.«
Abermals sann Loisl über diese Worte nach, schließlich fragte er: »Woher weißt du das alles? Ich meine, wie kannst du von Dingen reden, die vor vielen tausend Jahren hier geschahen?«
»Das Wissen wurde von Generation zu Generation weitergegeben«, erwiderte Jakob leise. »In der alten Zeit taten dies die eingeweihten Frauen und Männer, die hier in den Bergen lebten. Später, als die christlichen Priester kamen und die Anhänger der wahren Götter verfolgten, wurde die Weisheit im verborgenen bewahrt. Während all der Jahrhunderte gab es stets einzelne Menschen oder bestimmte Familien, die nicht vom Heidentum lassen wollten. Dies blieb so bis herauf in unsere Zeit, so daß auch ich eines Tages meinen Lehrer fand – und dieser Mann wiederum war ein Nachkomme derjenigen, die bis vor ungefähr hundertfünfzig Jahren dort gelebt hatten, wo wir uns kennenlernten ...«
»Die Ruine des Bauernhauses?« schnappte der Bub.
Jakob bejahte. »Der Siedelplatz ist außerordentlich alt. Einst

hüteten seine heidnischen Bewohner das Heiligtum, und der Erdtempel besaß damals nur den einen Zugang hier im Inneren der Sonnensteine. Später dann, als die christliche Kirche mächtig wurde und den Menschen verbot, weiterhin die heilige Felsgruppe aufzusuchen und sich von dort aus in den Erdmutterschoß zu begeben, wurde der heimliche Weg gegraben, den du im Brunnen der Ruine entdeckt hast. In seinem Schutz konnten die Anhänger des alten Glaubens noch immer ungesehen zur Steinkammer und in die Höhlen gelangen, während die Priester, beziehungsweise ihre Spione dachten, sie träfen sich lediglich zur Kurzweil auf dem Hof.«
Während er die letzten Worte gesagt hatte, war ein Schmunzeln über Jakobs Lippen geglitten; jetzt grinste auch Loisl und bemerkte: »Aber wir sind wieder ganz offen und frei hergekommen!«
»Seit das Anwesen vor fünf Menschenaltern aufgegeben werden mußte, weil die Besitzer verarmten und sich auch sonst niemand fand, der den Einödhof übernehmen wollte, ist das Wissen um die heidnische Tempelanlage fast ganz in Vergessenheit geraten«, äußerte der Eremit. »Nur ich besuche den ehrwürdigen Platz manchmal noch ...«
»Und ich – darf ich auch ein andermal wieder mitgehen?« drängte Loisl.
»Ich habe dir bereits angeboten, dich in meine Obhut zu nehmen und dich alles zu lehren, was ich selbst weiß«, entgegnete Jakob. »Nur solltest du darüber Stillschweigen bewahren, vor allem gegenüber den besonders Frommen. Sie würden nichts begreifen, so daß es besser ist, wir beschäftigen uns nach außen hin allein mit dem Rutengehen.«
»Die Großmutter ist so eine«, überlegte der Bub laut. »Ich hab' sie lieb, aber sie geht jeden Tag nach Maria Eck hinauf, und wenn sie wüßte, wo ich heute war ...«
»Ich sehe schon, du hast mich verstanden«, lächelte Jakob. »Doch jetzt wird es Zeit, daß wir uns für heute verabschieden, sonst kommst du vor dem Dunkelwerden nicht mehr heim nach Scharam. Mach's gut – und ich lasse mich in den nächsten Tagen einmal bei euch sehen, so wie ich es dir versprochen habe.«

Als der Einsiedler seine Hand drückte, hatte Loisl das Gefühl, sich von einem alten Freund zu trennen. Um so rascher rannte er den Hang hinunter; einmal noch, auf der Höhe der Ruinenmauern, wandte er sich um und sah den Bärtigen in seinem Schaffellumhang reglos wie ein Wesen aus einer anderen Zeit bei den Sonnensteinen stehen.

Der Rutengänger

In der Abenddämmerung kam Loisl auf dem Bruckthaler-Hof an. Die Erwachsenen, welche sich längst an seine Streifzüge gewöhnt hatten, begnügten sich mit der unverfänglichen Auskunft, die er ihnen auf ihre eher beiläufigen Fragen hin gab: Daß er im Wald einen erfahrenen Wünschelrutengänger kennengelernt habe, der sich in Zukunft seiner annehmen wolle.
»Ich kann mir den Mann ja einmal ansehen«, äußerte sein Vater. »Nachdem du das Talent zweifellos besitzt, wäre es gar nicht so dumm, etwas daraus zu machen. So mancher verdient sich mit dem Gabelzweig ein schönes Zubrot.«
Dann wandte der Scharamer Bauer sich wieder seiner Frau zu, die soeben den Säugling aus der Wiege im Ofeneck der Küchenstube hob: ihren zweiten Sohn Hansl, der vor wenigen Monaten, am 15. Mai dieses Jahres 1903, geboren worden war.
»Heute nachmittag hat es gar nicht gut getrunken, das arme Wurm«, murmelte Anna Irlmaier, während sie den Kleinen zum Herrgottswinkel trug und sich setzte. Sie öffnete die Bluse, legte das Wickelkind an ihre Brust und atmete erleichtert auf, als Hansl sofort nach der Warze suchte und hingebungsvoll zu saugen begann.
»Ich hab's dir gleich gesagt, daß du dich umsonst gesorgt hast«, kam es von der Austragsbäuerin. »Es war nichts weiter als eine Blähung, die ihm vorhin den Appetit verdarb. Jetzt hat ihm der Fencheltee geholfen, den wir ihm aufgegossen haben.«
»Man macht sich halt als Mutter immer gleich Gedanken«, erwiderte die Stillende. »Es kann so viel passieren mit einem

Säugling; brauchst bloß die Engelecke auf dem Siegsdorfer Friedhof anzuschauen ...«

»Du bringst den Buben schon hoch, genauso wie den Loisl«, ermutigte ihr Gatte sie. »Schließlich ist er nicht das achte oder gar zehnte Kind, wie anderswo auf den Höfen, und du bist nicht ausgelaugt wie die Frauen sonst oft ...«

Anna schenkte ihm einen dankbaren Blick, dann gab sie sich dem Gefühl des innigen Einsseins mit ihrem drei Monate alten Sohn ganz hin und malte sich aus, wie es sein würde, wenn er erst so groß wie ihr Ältester wäre.

***

Während der folgenden Jahre war es Anna Irlmaier und den anderen Familienmitgliedern vergönnt, den Zweitgeborenen gesund heranwachsen zu sehen.

Außerhalb des abgelegenen Gebirgstales freilich herrschten weniger friedliche Zustände. Im Mai 1904 beispielsweise, als Hansl das Laufen lernte, kam es zum Kriegsausbruch zwischen Japan und Rußland. Durch einen überraschenden Angriff japanischer Torpedoboote auf den Hafen Port Arthur wurde der größte Teil der zaristischen Pazifikflotte versenkt. Truppen des Gottkaisers von Nippon landeten daraufhin in Korea und stießen von dort in die Mandschurei vor. Anfang 1905 weiteten die Kämpfe sich auf Vietnam aus, im Juli besetzten die Japaner die Insel Sachalin. Erst im September erfolgte der Friedensschluß, der das Zarenreich zwang, Korea und einige weitere südostasiatische Territorien als japanische Interessengebiete anzuerkennen.

Als die Waffenstillstandsurkunden unterzeichnet wurden, zählte Hansl fast zweieinhalb und sein älterer Bruder elf Jahre. Während der folgenden Monate, im Winter von 1905 auf 1906, zeigten sich bei Loisl die ersten Anzeichen der Pubertät. Mit dem beginnenden Frühling setzte ein rapider Wachstumsschub ein, gleichzeitig begann der künftige Erbe des Bruckthaler-Anwesens jetzt unter teils sehr heftigen Stimmungsschwankungen zu leiden. Die physischen und psychischen Veränderungen schienen ihn stärker zu peinigen als andere Heranwachsende;

tagelang kapselte der fast Zwölfjährige sich scheu ab, dann wieder verfiel er in beinahe manische Aktivität. In solchen Phasen gab er sich der Bauernarbeit, die – zusätzlich zum Schulbesuch in Eisenärzt – längst zu einem festen Bestandteil seiner Pflichten geworden war, bis an die Grenzen seiner Leistungsfähigkeit hin. Bisweilen mußten sein Vater oder Sebastian, der Knecht, ihn bremsen, da er sonst womöglich bis zum Zusammenbrechen geschuftet hätte.
Vorübergehende innere Ruhe fand der Pubertierende allein im Umgang mit Jakob. Seit jener ersten Begegnung am Nordhang des Hochfelln bestand der Kontakt fort. Schon wenige Tage später hatte sich der Einsiedler damals auf dem Hof eingefunden und sich, nachdem vor allem Anna Irlmaiers anfängliche Bedenken dem seltsamen Kauz gegenüber ausgeräumt waren, mit den Eltern Loisls ins Einvernehmen gesetzt. Per Handschlag war verabredet worden, daß der Eremit den ältesten Sohn des Paares zum vollwertigen Rutengänger ausbilden sollte, und von da an hatten sich der Bärtige und sein Schützling regelmäßig getroffen. Nun, da ihm sein außer Rand und Band geratener Körper und mehr noch die psychischen Heimsuchungen dermaßen zu schaffen machten, sah Loisl in dem Einsiedler den einzigen Menschen, der ihn trotz allem verstand. Dank dieser Freundschaft gewann er die nötigen Ruhepausen im pubertären Hinundhergerissensein; zudem wußte Jakob den Ausnahmezustand des ihm Anvertrauten durchaus positiv zu nutzen, wenn es um das Muten ging.
»Das, was dich scheinbar quält, will dir in Wahrheit bei deiner Entwicklung helfen«, sagte der Bärtige einmal, als die beiden mit dem Gabelzweig beim Feenstein übten. »Die Natur formt dich nicht nur äußerlich zu einem Mann um, sondern sie schenkt dir auch im Hinblick auf deine Gabe zusätzliche Möglichkeiten.«
»Die Kraft in mir scheint tatsächlich manchmal stärker als früher zu sein«, gab der magere Bursche mit den dunklen, fast schwarzen Augen nach einigem Nachsinnen zu. »Aber oft schreckt sie mich jetzt auch. Zum Beispiel gerade vorhin wieder, als ich mich dem Felsen mit der Wünschelrute näherte und die Adern an meinen Händen so gräßlich aufschwollen. Der

Zweig schlug zwar aus wie immer, doch das ... andere ist mir bisher noch nie passiert!«
»Nimm es an, dann wird es dir jetzt und in Zukunft hilfreich sein«, riet Jakob. »Versuche es und geh noch einmal hinüber zum Stein. Aber laß die Rute diesmal hier und probiere es allein mit deinen ausgestreckten Armen.«
Loisl gehorchte. Kaum befand er sich in der kritischen Distanz zu dem sagenumwobenen Monolithen, zeigte sich das Phänomen, das ihn zuvor geschreckt hatte, abermals. Gleich dunkelblauen Schnüren traten die Blutgefäße auf seinen Handrücken hervor, und das Prickeln, das von ihnen ausging, schien sich tief in seinen Körper hinein fortzusetzen.
»Begreifst du es?« hörte er in seinem Rücken die Stimme des Eremiten. »Du benötigst nicht einmal mehr den Gabelzweig, um den energetischen Strom zweifelsfrei zu erspüren und darüber hinaus seine Auswirkungen sichtbar an dir selbst zu erkennen. Und das ist so, weil du aufgrund der Veränderungen, die in dir vorgehen, höhere Sensibilität gewonnen hast.«
Der Bursche kehrte zu seinem erwachsenen Freund zurück; mit jedem Schritt, den er sich vom Feenstein entfernte, wurde der Aufruhr in seinem Blut schwächer. Plötzlich erschien ihm die heftige Körperreaktion auch nicht mehr abstoßend; er lächelte jetzt sogar und wollte wissen: »Kann ich etwa von nun an immer ohne Wünschelrute muten?«
»Durchaus denkbar«, nickte Jakob. »Mehr freilich erreichst du sicherlich, wenn du sowohl die eine als auch die andere deiner Fähigkeiten nutzt. Die aufschwellenden Adern zeigen dir eine Wasserader an, auch wenn du keinen Zweig bei dir hast; unter Zuhilfenahme der Rute wiederum vermagst du die Eigenschaften des verborgenen Stromes sodann in allen Einzelheiten zu bestimmen.« Er gab Loisl den Haselzweig zurück und setzte hinzu: »Letzteres wollen wir jetzt gleich noch einmal üben.«
Sie wanderten weiter in den Bergwald jenseits von Maria Eck, wo der Sohn des Einödbauern bei seinen allerersten Experimenten mit der Wünschelrute einst die versteckte Quelle entdeckt hatte, deren verschiedene unterirdische Ausläufer sich in Richtung der Wallfahrtskirche zogen. Ohne Mühe fand der Bursche eines dieser Rinnsale wieder auf, sodann verlangte Ja-

kob: »Versuche festzustellen, wie tief der Strom verläuft, und halte dir dabei vor Augen, was ich dir hinsichtlich der Vorgehensweise schon früher erklärt habe.«

Loisl begann von neuem zu muten: schritt das Areal mehrmals hintereinander so ab, daß er die Wasserader in regelmäßigen Abständen kreuzte. Seine Lider waren dabei fast geschlossen; auf diese Weise fiel es ihm leichter, sich auf das zu konzentrieren, was nun wichtiger als die Rute oder das Pochen in seinen wiederum dick hervortretenden Blutgefäßen war. Indem er sich in eine Art von halbwachem Zustand versetzte, wurde es ihm möglich, das Unsichtbare auch mental zu erspüren: in den ganz besonderen Kontakt mit dem Erdreich und dessen Innenleben zu treten.

Anfangs empfand er die Materie unter dem Nadelteppich des Waldbodens lediglich als unermeßlich große und neutrale Masse. Bald jedoch schien etwas wie sanfte Wärme aus ihr aufzusteigen und um ihn zu weben, und dies – er fühlte es instinktiv – war der Moment, in dem die Erde sich bereit zeigte, seine Bitte anzunehmen. Er bemühte sich, seinen Geist in Einklang mit ihr zu bringen; aus dem Kopf und ebenso dem Herzen heraus formulierte er sein Anliegen: Zeige mir dein Geheimnis ... Sag mir, wo in dir es verborgen liegt ... Teile mir mit, ob das Pulsende meinen Füßen fern ist oder nahe ...

Nach einer Weile, wobei er sich jetzt sehr langsam und zunehmend wie in Trance bewegte, erhielt er die Antwort. In Bildern stieg sie entlang einer dünnen, in glühenden und dennoch zarten Farben changierenden Doppellinie aus dem Dunkel empor und fing sich in den Enden des gegabelten Zweiges. Er erblickte den atmenden Leib der Erdmutter: ihre Humushaut, das dichtere Gewebe darunter, schließlich ihr kristallines Gebein. In ihrem Geäder raunte der Strom, den er suchte; jetzt berührte und umhüllte das Rauschen ihn. Zuletzt – ohne daß er es bemerkt hatte, war er weit in die Tiefe gesunken – trug die weiche Kraft ihn wieder an die Oberfläche: vier-, fünfmal so hoch, wie sein Körper groß war.

Er kam zu sich, dankte der Erde, löste sich behutsam aus ihrer Umarmung. Ein paar Schritte entfernt sah er den Einsiedler stehen und hörte sich sagen: »Die Wasserader liegt hier ungefähr sieben Meter unter der Oberfläche.«

»Dann wollen wir einmal sehen, ob du dich nicht getäuscht hast«, erwiderte Jakob.
Damit hob er die eigene Wünschelrute, fand den Kontakt und spürte dem unsichtbaren Strom in ähnlicher Versunkenheit wie vor ihm der Halbwüchsige nach. Gespannt beobachtete Loisl jede seiner Bewegungen; endlich, als der Bärtige das Kraftfeld verließ, den Zweig senkte und sich umwandte, bekam er Gewißheit. »Sieben Meter«, bestätigte der Eremit. »Außerdem führt die Ader ungefähr drei Liter in der Minute und verläuft an dieser Stelle über einer Felsbank.«
Das Antlitz des Burschen, dem eben noch die Freude über den gelungenen Versuch anzusehen gewesen war, verspannte sich. »Die Tiefe konnte ich orten«, murmelte er. »Doch das andere hätte ich nicht herausgefunden.«
»Wenn du auch dazu schon imstande wärst, bräuchtest du keinen Lehrer mehr«, versetzte der Erwachsene. »Du darfst nicht alles auf einmal wollen. Dein Können muß wachsen gleich einer Pflanze: heute ein Sproß und morgen abermals einer.«
Loisl dachte über diese Worte nach, dann gab er zu: »Ich weiß ja selbst, daß ich manchmal zu ungeduldig bin.«
»Das bist du – und es ist ganz natürlich für dein Alter. Daher solltest du dir keine Vorwürfe deswegen machen«, erwiderte Jakob. »Du mußt nur eines begreifen: Am besten fährst du, wenn du dich einfach so annimmst, wie es deinem Wesen entspricht. Das gilt für das Muten und ebenso für das Leben allgemein.«
»Mich annehmen ... so wie mich vorhin die Erdmutter angenommen hat«, flüsterte Loisl. »Meinst du es so?«
»Jetzt hast du wiederum etwas sehr Wichtiges begriffen«, nickte der Bärtige. »Und damit wollen wir es für heute genug sein lassen. Ich muß zurück zu meiner Blockhütte, und du hast sicher noch einiges auf eurem Hof zu tun.«
»Aber nächste Woche treffen wir uns wieder, nicht wahr?« stellte Loisl sicher.
»Selbstverständlich«, versprach Jakob. »Inzwischen übst du allein weiter mit der Rute und versuchst auch anderswo, die Tiefe bestimmter Wasseradern festzustellen. Später dann werden wir uns um ihre Stärken und sonstigen Eigenheiten kümmern ...«

Als Loisl im Juni 1907 sein dreizehntes Lebensjahr vollendete, hatte er in der Tat weitere Fortschritte als Rutengänger gemacht. Mehr und mehr entschlüsselte sich ihm das Geheimnis der verborgenen Ströme, wenn er mit Hilfe des Gabelzweiges die mentale Verbindung zu ihnen herstellte. Ebenso wie der Eremit vermochte jetzt auch er die Stärke eines unterirdischen Rinnsals zu bestimmen und anzugeben, ob die Ader – falls man graben würde – schwer oder leicht anzuschneiden sei. Doch das war noch immer nicht alles, was ein Eingeweihter wissen mußte. Einige Monate später führte der Bärtige ihn auch in das größte Mysterium ein: das rätselhafte Zusammenspiel zwischen den Kräften von Wasser, Erdreich und Mond.
Einmal mehr hatten Jakob und sein Schüler sich an diesem Sonntagnachmittag im September auf dem Hügel am nördlichen Ausläufer des Hochfelln getroffen. Diesmal freilich verweilten die beiden nur kurz bei den Sonnensteinen. Schon bald erhob der Einsiedler sich wieder von der Felsbank über dem versteckten Schlupf und führte den Halbwüchsigen höher auf das Bergmassiv, bis sie nach etwa einer Stunde Gehzeit einen kleinen schluchtartigen Einschnitt unweit des Gipfels erreichten. Sie kämpften sich durch ein Gewirr von Latschenkiefern, das vor dem nur wenige Meter breiten Zugang wucherte und sich drinnen noch ein Stück fortsetzte. Bald aber wurde der Pflanzenbewuchs dünner, und nach ein paar Dutzend Schritten trat der an einer Stelle kesselförmig eingetiefte Boden der winzigen Klamm zutage.
Jakob blieb stehen, legte die Hand auf Loisls Schulter und forderte ihn auf: »Betrachte diesen Ort genau, dann sage mir, was dir auffällt.«
Langsam ließ der Dreizehnjährige den Blick über das unebene, von den Wänden der Kluft verschattete Areal wandern. Zunächst sah er nichts weiter als scheinbar unberührte Natur: von dünnen Grasbüscheln bedeckte Erdinseln, dazwischen moosbewachsene steinerne Runsen und Buckel. Nach einer Weile allerdings veränderte sich dieser Eindruck. Jetzt glaubte der Bursche, an einer Stelle der Klause eine Besonderheit in der Art und Anordnung der Felstrümmer wahrzunehmen – und zwar dort, wo der Grund sich in einem etwas unregelmäßigen

Rund absenkte. Die Blöcke sahen hier glatter aus; ganz so, als seien sie grob behauen worden – und fast im selben Moment, da er dies erkannte, wurde ihm auch bewußt, daß sie dem Rand der dolinenartigen Vertiefung folgten.
»Ein Kreis aus Steinen«, murmelte Loisl. »Es sieht aus, als seien sie von jemandem hier aufgestellt worden.«
»Richtig«, bestätigte Jakob. »Aber das ist noch nicht alles ...«
Erneut konzentrierte sich Loisl auf das archaische Bild, das ihm nun immer greifbarer vor Augen zu stehen schien; nach einer Weile verfiel er darauf, die gedrungenen, nur knie- bis hüfthohen Monolithen zu zählen. »Es sind dreizehn«, erklärte er zuletzt. »Und wahrscheinlich hat das eine besondere Bedeutung, nicht wahr?«
»So ist es«, nickte der Bärtige. »Wir haben hier ein uraltes Heiligtum vor uns, das den dreizehn Mondmonaten des Jahres zugeordnet ist. Vor sehr langer Zeit wurde es von denen errichtet, die auch den Erdtempel unterhalb der Sonnensteine gruben. Und ähnlich wie die Schlupfhöhlen hat dieser Platz mit unterirdischen Wasserströmen zu tun, auch wenn das nicht seine einzige Bestimmung ist ...«
»Aber ich spüre keine derartige Ausstrahlung«, unterbrach der Sohn des Einödbauern seinen Lehrer.
»Wenn du näher herangehst, wirst du sie sehr wohl fühlen«, erwiderte Jakob. »Los, versuch es!«
Wie stets hatte der Halbwüchsige auch an diesem Tag eine Wünschelrute bei sich. Er zog den gegabelten Zweig aus dem Hosenbund, nahm ihn in beide Hände und näherte sich dem Steinkreis. Tatsächlich erfolgte eine Reaktion – doch erst dann, als sein Fuß beinahe schon einen der Felsblöcke berührte, und selbst jetzt noch war sie sehr schwach. Auch als der Bursche den Ring umkreiste und ihn anschließend mehrmals diagonal durchschritt, wurden die Ausschläge nicht stärker. Enttäuscht gab Loisl zuletzt auf, kehrte zu dem Eremiten zurück und äußerte wegwerfend: »Dieser Ort mag tatsächlich uralt sein, aber was das Muten angeht, ist er uninteressant.«
»So etwas solltest du nicht leichtfertig sagen«, tadelte ihn der Einsiedler. »Denke vielmehr noch einmal daran, welchem Gestirn der Steinkreis zugeordnet ist, und dann sage mir, welchen Mondstand wir derzeit haben.«

»Neumond«, erwiderte Loisl nach kurzem Nachdenken. »Doch was hat das mit meinem Versuch zu tun?«
»Das wirst du erfahren, wenn wir in zwei Wochen hierher zurückkehren«, belehrte Jakob ihn dunkel.
»In vierzehn Tagen ...«, sagte sein Schüler nachdenklich. Gleich darauf begriff er. »Zu dieser Zeit ist der Mond wieder voll!«
Der Bärtige schmunzelte, äußerte sich aber nicht weiter, sondern wechselte das Thema: »Einst befanden sich die Stämme dieses Landes in tiefem Einklang mit der Gottheit, zu deren Ehre man die dreizehn Monolithen anordnete. Doch später wurde Arianrhod vergessen, und nur noch sehr wenige Menschen bewahrten die alte Weisheit ...«
»Arianrhod?« wiederholte der Halbwüchsige fragend.
»So lautet der Name der Mondgottheit«, erläuterte der Eremit. »Sie wurde oft mit einem silbernen Rad dargestellt, und diejenigen, welche dieses Bild schufen, bezeichneten damit auf sehr poetische Weise den Zauber des über den Nachthimmel ziehenden und sich immerfort verwandelnden Gestirns. Kelten waren es: Angehörige der geheimnisvollsten Völkerschaft, die je in Europa lebte.«
»Erzähle mir mehr von diesen Dingen«, bat der Bauernsohn.
»Das will ich gerne tun«, entgegnete Jakob. »Doch wir können uns dazu ebensogut setzen.« Damit legte er die kurze Entfernung zum Steinkreis zurück, trat zwischen zwei der moosüberwachsenen Felsblöcke und ließ sich auf einem nieder, nachdem er ihn wie streichelnd berührt hatte. Loisl tat es ihm nach; auch er suchte zuerst mit der Hand den Kontakt – und fühlte dabei eine tiefe, aber alles andere als unangenehme Kühle. Zuerst registrierte er sie lediglich mit einiger Verwunderung, doch dann wurde ihm bewußt, daß er noch nie zuvor etwas Ähnliches gespürt hatte: Kälte, die in sich immaterielle Wärme zu bergen schien.
Der Einsiedler, der ihn sehr aufmerksam beobachtet hatte, erriet – nicht zum ersten Mal im Lauf ihrer Freundschaft – seine Gedanken und sprach ihn darauf an: »Steine wie diese sind imstande, den Geist anderer Wesenheiten aufzunehmen. Und weil die Monolithen hier mit Arianrhod verbunden wurden, äußert sich in ihnen auch die Natur der Mondgottheit. Gegenwärtig,

da das Gestirn nicht am Firmament strahlt, empfindest du seine irdischen Vertrauten als kalt. Doch in diesem Zustand ist bereits wieder die sanfte Glut enthalten, die der Mond dann zur Erde sendet, wenn er sich uns in seiner leuchtenden Gestalt zeigt.«
Die Gedanken des Dreizehnjährigen wirbelten. Als Jakob es bemerkte, lächelte er und versprach: »Du wirst dies alles besser verstehen, wenn wir abermals hierher kommen. Vorerst ist nur das wichtig, was du jetzt bereits erkannt hast: Daß nämlich im Mondring noch andere Kräfte als diejenigen wirken, welche dir inzwischen vertraut sind ...«
Er schwieg eine Weile; betrachtete versonnen das Rund der Steine, ehe er fortfuhr: »Wie ich zuvor schon sagte, behüten die Felsblöcke etwas, das Jahrtausende alt ist. Lange bevor Jesus von Nazareth geboren wurde, versammelten sich an diesem heiligen Ort die Angehörigen des keltischen Stammes, der einst diese Berge bewohnte. Im Alltag bewirtschafteten diese Menschen ihre Felder, weideten ihre Herden und gruben im Erdreich nach Metallen. Doch zu bestimmten Jahreszeiten trafen sie hier zusammen, und dann lenkten ihre weisesten Frauen und Männer – man bezeichnete sie als Druiden, als Große Wissende – die Ströme der Kraft, die sich vom Nachthimmel zur Erde senkten: von Arianrhod zu den Monolithen.«
»Also waren es die Kelten, welche den magischen Steinkreis errichteten?« wollte Loisl wissen.
»Möglich«, erwiderte Jakob. »Ebenso ist es aber denkbar, daß der Mondring längst existierte, als sie sich in den Alpen ansiedelten. Denn die keltischen Völker waren nur die letzten Hüter jener Geheimnisse, die bis ins tiefste Dunkel der Menschheitsgeschichte zurückreichen. Es kann daher gut sein, daß die Felsblöcke bereits seit sechs- oder siebentausend Jahren hier stehen.«
Einmal mehr schwirrte dem Halbwüchsigen der Kopf. Er versuchte sich die ungeheure Zeitspanne auszumalen; für einen Augenblick schien es ihm zu gelingen. Er glaubte ein schattenhaftes und dennoch strahlendes Rad vor sich zu sehen, das Leben aus einem ewigen Ozean schöpfte, fremdartige Völkerschaften emportrug ins Leuchten der Zeit und sie dann wieder zurückgleiten ließ in das unendlich tiefe Meer. Einen Herz-

schlag später, als die flüchtige Trance von ihm wich, flüsterte er erschüttert: »So viele – und heute weiß niemand mehr etwas von ihnen ...«

»Die Monolithen haben die Erinnerung bewahrt«, kam es leise von Jakob. »Die Erinnerung, die mit den Strahlen Arianrhods verwoben ist: der stillen, mächtigen Gottheit, die alles schaute, was seit Ewigkeiten geschah.«

»Heißt das ...« Loisl zögerte und setzte neu an. »Heißt das ... der Mondring könnte uns mitteilen, was sich in jenen uralten Zeiten ereignete? Ich meine ... wären wir imstande, die untergegangenen Völker ... und Menschen zu sehen, wenn wir seine Macht rufen würden?«

Für einen Moment wirkte der Eremit erschrocken. Der Blick, den er auf den Dreizehnjährigen schoß, war so scharf, daß dieser zusammenzuckte. Doch dann – eben als der Halbwüchsige jäh hoffte, er würde mehr erfahren – erwiderte Jakob lediglich: »Wer weiß ...«

Anschließend schwieg der Einsiedler lange und starrte dabei wie abwesend. Loisl, der das Gefühl hatte, den älteren Freund verprellt zu haben, nahm es hin; endlich versuchte er den Bärtigen auf andere Gedanken zu bringen: »Woher kennst du den Steinkreis? Wer hat dir von ihm und all den anderen Dingen erzählt?«

Jakob atmete tief durch, entspannte sich und antwortete: »Ich sagte dir früher schon einmal, daß sich ein besonderer Lehrer meiner annahm. Er war ein Nachfahr jener Sippe, die einst den Erdtempel und das Sonnenheiligtum bewachte, und diese Eingeweihten hatten auch das Wissen um den Mondring bewahrt. Sie waren einfache Bauern, später nur noch arme Dienstmägde und Knechte; dennoch oder vielleicht gerade deshalb standen sie den Geheimnissen stets sehr nahe. Und einer von ihnen, der Letzte, gab das, was Jahrtausende gehütet worden war, an mich weiter.«

»Aber wenn du darüber sprichst, hört es sich niemals so an, als würde ein Bauer oder ein Knecht reden«, insistierte Loisl. »Du gebrauchst oft Wörter, die viel eher von einem Schulmeister oder Pfarrer stammen könnten. Ganz so, als ob du selbst ...«

»Du hast das sehr scharf beobachtet«, unterbrach ihn der Ere-

mit. »Doch heute bin ich nicht in der Stimmung, dir mehr darüber zu erzählen. Vielleicht später einmal ...«
Er stand auf und verließ den Bereich der Monolithen, wobei er den Stein, auf dem er gesessen hatte, auf die gleiche Weise wie beim Hereinkommen berührte. Der Halbwüchsige tat es ihm auch jetzt wieder nach; draußen verabschiedete sich Jakob diesmal ungewöhnlich rasch, nachdem die beiden noch vereinbart hatten, sich zwei Wochen später erneut beim Mondring zu treffen.

***

Während diese Frist verstrich, lief der künftige Erbe des Bruckthaler-Hofes, wie schon seit sieben Jahren, täglich den etwa einstündigen Weg zur Volksschule nach Eisenärzt, wo er mittlerweile in die Abschlußklasse vorgerückt war. Der Dorflehrer dort schätzte ihn als aufgeweckten, wenn auch eher stillen Schüler; zwischen den beiden hatte es seit der Zeit, da Loisl ABC-Schütze geworden war, nie ernsthafte Spannungen gegeben.
Anders freilich verhielt es sich mit dem Pfarrer, der dreimal wöchentlich den Religionsunterricht erteilte. Der hatte den Sohn des Einödbauern in der Vergangenheit mehrmals heftig angegangen, wenn diesem in seiner Unschuld und eingedenk der Gespräche mit Jakob gewisse Äußerungen entschlüpft waren, die mit den Dogmen des katholischen Katechismus nicht übereinstimmten. Nachdem der Priester schließlich um des vorgeblich alleinseligmachenden Glaubens willen sogar zum Rohrstock gegriffen und den damals zehnjährigen Buben brutal gezüchtigt hatte, war diesem klargeworden, daß er mit dem, was der Eremit ihm an Wissen vermittelte, besser hinter dem Berg hielt. Seitdem nahm er die christlichen Unterweisungen so hin, wie die Kirche es wünschte: unterwürfig und nach außen hin fromm. Gleichzeitig machte er sich aber nach wie vor seine eigenen, durchaus heidnischen Gedanken, sobald er der Gewalt des Pfarrherrn entronnen und wieder auf das elterliche Anwesen zurückgekehrt war.
Dort wiederum hatte er im Lauf der letzten Jahre mehr und

mehr Pflichten im Rahmen des bäuerlichen Tagewerks übernommen. Jetzt, im Spätsommer nach seinem dreizehnten Geburtstag, war er unentbehrlich bei den Erntearbeiten; jeden Nachmittag half er mit Sense oder Heugabel auf den Feldern und Wiesen mit. An den Abenden ging er seinem Vater und Sebastian im Viehstall zur Hand; fütterte, tränkte und karrte den Dung auf den Misthaufen. Zunehmend wuchs er in die Pflichten eines Kleinknechts hinein und wußte dabei: Dies würde seine Stellung auf dem Bruckthaler-Hof sein, sobald er im kommenden Jahr 1908 die Schule abgeschlossen hätte.
Fast jeder Tag, von Sonnenaufgang bis zur Abenddämmerung, würde mit harter, niedriger Arbeit ausgefüllt sein; egal ob als Hilfs- oder später als Vollknecht. Zumindest solange, bis er eines Tages das Anwesen übernahm, würde dies so bleiben; doch selbst in diesem Fall würde das Fronen nicht enden, er wäre dann lediglich sein eigener Herr. Aber nie kam es ihm in den Sinn, sich etwas anderes zu wünschen – außer dem einen: Daß er in den kommenden Jahren noch immer mit der Wünschelrute durch Wald und Flur streifen und sich auf diese Weise womöglich ein Zubrot verdienen konnte.
Auch an jenem Sonntagnachmittag, als er zum zweiten Mal innerhalb von vierzehn Tagen zum nördlichen Gipfelhang des Hochfelln wanderte, gingen dem Sohn des Einödbauern derartige Gedanken durch den Kopf. Versonnen stieg er bergauf; während er das letzte Stück zurücklegte, sah er oben am Zugang zu der kleinen Kluft bereits den Eremiten warten. Wenig später begrüßte Jakob ihn herzlich; nichts war mehr von der leichten Verstimmung zu spüren, die dem Bärtigen beim Abschied vor zwei Wochen anzumerken gewesen war, als Loisl plötzlich die Frage nach seinem Vorleben gestellt hatte. Vielmehr schien der Einsiedler darauf zu brennen, die damals begonnene Lektion abzuschließen. »Komm!« sagte er jetzt und deutete auf das Dickicht der Latschenkiefern, das vor der Klause wucherte. »Ich bin neugierig, was du diesmal erlebst, wenn du den Mondring mit dem Gabelzweig abschreitest.«
Loisl ließ sich von der Spannung seines Lehrers anstecken und passierte als erster den Felsspalt, der in die Klamm führte. Ein Rabe, der sich auf einem der Blöcke gesonnt hatte, flatterte

hoch, schwirrte zum hinteren Ende der Schlucht – und kehrte unvermittelt zu den Eindringlingen zurück. Mit einem Krächzen, das etwas Erregtes und zugleich Freudiges an sich hatte, umkreiste er die beiden mehrere Male; erst dann schraubte er sich zum Firmament empor und verschwand auf den Gipfel des Hochfelln zu.

»In den alten Zeiten hätten die Menschen das als Zeichen der Götter genommen«, vernahm der Halbwüchsige die leise Stimme seines Freundes, während er selbst, auf seltsame Art berührt, der dunklen Silhouette nachschaute. Nun, da er den Blick erstaunt auf Jakob richtete, erklärte dieser: »Die Raben waren Lug zugeordnet: dem keltischen Gott des Wissens und ebenso der Sehergabe ...«

»Und deshalb erkennen sie die heiligen Orte bis heute? Ist es so?« kam es spontan, ohne daß er seine Worte bedacht hätte, von dem Dreizehnjährigen.

»Möglicherweise nicht nur die Plätze ...«, erwiderte der Einsiedler dunkel, wobei er seinen Schützling scharf musterte. Gleich darauf wandte er sich ab und legte das letzte Stück zu den Monolithen zurück.

Stumm folgte ihm Loisl, einmal mehr wurde er aus dem Verhalten des Älteren nicht klug. Erst als Jakob ihm das Zeichen gab und er den gegabelten Zweig unter der Joppe hervorzog, schwand seine Verwirrung, und er konnte sich wieder auf den eigentlichen Zweck seines Hierseins konzentrieren.

Er stand jetzt nur noch drei, vier Meter vom Rand der dolinenartigen Senke entfernt, die das Zentrum des Mondringes bildete. Mit den Augen verständigte er sich mit dem Bärtigen; als dieser nickte, hob er die Wünschelrute und fing an zu muten. Sofort begann der Zweig in seinen ausgestreckten Händen zu vibrieren, gleichzeitig schwollen seine Adern jäh auf. Kaum hatte er sich dem vordersten der moosüberwachsenen Felsblöcke um einen weiteren Schritt genähert, schlug der Gabelzweig mit einer Heftigkeit aus, die ihn erschrocken stehenbleiben und mit dem nächsten Lidschlag zurückweichen ließ.

»Die Ausstrahlung ist unglaublich stark!« keuchte er. »Noch nie zuvor habe ich sie so wild erlebt!«

»Du fürchtest sie doch nicht etwa?« versetzte der Eremit.

»Nein!« Die Antwort des Dreizehnjährigen kam gepreßt. »Ich war bloß nicht vorbereitet.«
»Dann versuche es nochmals!« forderte Jakob. »Überwinde die Schranke und dringe ins Innere des Kreises vor!«
Der Halbwüchsige gehorchte. Die Blutgefäße auf seinen Handrücken schienen platzen zu wollen, und die Rute hieb förmlich himmelwärts, als er sich neuerlich bemühte, die unsichtbare Schwelle zu passieren. Abermals ergriff ihn Beklemmung, noch stärker als zuvor, doch er bezwang sie und schaffte den Durchbruch. Mit dem folgenden Schritt geschah etwas völlig Unverhofftes: Gleich einer Erlösung wich die metaphysische Bedrohung, und Geborgenheit hüllte ihn ein. Unverändert intensiv spürte er die Macht, aber jetzt war sie nicht mehr gegen ihn gerichtet, nahm ihn vielmehr an und erfüllte ihn nun so kraftvoll, daß er zu schweben glaubte.
Der Mondring gab ihm die Richtung vor, die er nehmen sollte. Entgegen dem Uhrzeigersinn führte er den Dreizehnjährigen um das Rund; jeder einzelne der dreizehn Monolithen schien ihn zu rufen, ihn in seiner Ausstrahlung zu bergen und ihn anschließend weiterzutragen, bis die Kraft des nächststehenden ihn erfaßte. Der gegabelte Zweig wiederum drehte sich immer dann in seinen Händen, wenn er sich direkt bei einem der Felsblöcke befand; auf den kurzen Strecken dazwischen hingegen zuckte seine Spitze dem Firmament entgegen.
Nachdem Loisl den Kreis einmal umschritten hatte, war es ihm, als käme auch tief in seinem Inneren etwas zur Vollendung. Kurz verharrte er und ließ das befriedigende Gefühl auf sich wirken; im selben Moment, da es kulminierte, zog die Rute ihn weiter. Auf dem Pfad der Erdkraft – entlang einer Spirale – lenkte sie ihn zum Mittelpunkt des Ringes. Und dann, im gleichen Augenblick, da er den Platz im Zentrum einnahm, verwandelte sich die Macht, die auf ihn einwirkte, abermals.
Es war, als würde sie sich von der Brücke des Gabelzweiges lösen und den Geist des Halbwüchsigen unmittelbar umweben. Er glaubte ein sehr fernes und dunkles Dröhnen zu vernehmen; plötzlich war irgendwo im Nebel, der ihn nun umgab, erneut das schattenhafte und dennoch strahlende Rad zu sehen, das er

hier beim Mondring schon einmal erblickt hatte. Das Rad, welches Leben aus einem ewigen Ozean schöpfte, fremdartige Völkerschaften emportrug ins Leuchten der Zeit und sie wieder zurückgleiten ließ in das unendlich tiefe Meer. Diesmal jedoch verschwand es nicht sofort wieder, sondern gewann schärfere Konturen – mit dem nächsten Herzschlag sandte die wirbelnde Achse ihm detaillierte Bilder aus dem Abgrund der Jahrtausende entgegen.
Er sah drei Frauen unterschiedlichen Alters in den Steinkreis treten; weiß war das Gewand der Jungen, rot das der Mutter, schwarz dasjenige der Greisin. Sie tanzten den Weg, den auch er gegangen war: das Rund und die Spirale, bis sie sich im Mittelpunkt des Mondringes die Hände reichten. Während dies geschah, erschienen zwölf männliche Stammesmitglieder; auch sie waren je zu einem Drittel jung, erwachsen und alt, mit weißen, roten und schwarzen Körperbemalungen. Ebenso wie die Priesterinnen, die ihnen den heiligen Weg gewiesen hatten, ließen sie sich von der verborgenen Kraft der Erde und des Gestirns ins Zentrum tragen und bildeten zusammen mit den Frauen, die jetzt aber die Göttin in ihrer dreifachen Emanation waren, die Fülle der Dreizehn.
Große befruchtende Macht strömte vom Nachthimmel auf das Land hernieder. Im Erdreich regten sich die Samen der Zukunft und pflanzten sich von Millennium zu Millennium fort, bis der jüngste Grashalm einer unendlich langen Fruchtfolge aus der Erde sproß und den Fuß dessen berührte, der wie in Trance im Mondring stand.
Der leise, kaum fühlbare Kontakt brach den Bann; Loisl schreckte aus seiner Erstarrung auf. Im nächsten Moment wurde er gewahr, daß die Wünschelrute ihm entfallen war; soeben hob sein Lehrer, der sich ihm unbemerkt genähert hatte, den Haselzweig auf. Gleich darauf führte der Eremit seinen Schützling aus dem Rund der Monolithen und brachte ihn dazu, sich am Rand der Kluft auf eine von der Sonne durchwärmte Felsrunse zu setzen.
Allmählich wich der beinahe traumatische Zustand, welcher den Burschen nach seiner Vision befallen hatte. Jakob spürte es und redete ihn an: »Ich denke, du hast nun das Wesen dieses

Steinkreises, welcher der Gottheit Arianrhod zugeeignet ist, in seiner Gesamtheit erkannt, nicht wahr?«

»Damals, als wir das erste Mal hier waren, schlief er«, erwiderte Loisl. »Doch heute, da wir Vollmond haben, ist seine Kraft ungeheuer groß. So stark, wie ich es nie zuvor erlebt habe!«

»Und der Gabelzweig reagiert entsprechend darauf«, nickte der Bärtige. »Denn die Ausstrahlung der Wasseradern, die sich im Erdboden unter den Felsblöcken vielfach kreuzen, wird ihrerseits wieder von den veränderlichen Phasen des Nachtgestirns beeinflußt.«

»Warum ist das so?« wollte der Halbwüchsige wissen.

»Aus demselben Grund, aus dem die Frauen vom Mond abhängig sind«, erklärte der Einsiedler. »Aber auch bei den Pflanzen, deren Saft je nach dem Stand des Gestirns steigt oder ruht, beobachten wir dieses Phänomen. Nicht anders verhält es sich mit dem Meer, selbst Flut und Ebbe der Ozeane unseres Planeten werden vom Mond beeinflußt.«

»Frauen und Pflanzen, Meere und Wasseradern ...«, sagte Loisl versonnen. »Hängt denn all das in Wahrheit zusammen?«

»Diese Erscheinungsformen des Daseins sowie unendlich viele weitere«, bestätigte Jakob. »Und sie alle wiederum sind verknüpft mit den Kräften des Kosmos, von denen Arianrhod diejenige ist, die wir Menschen am leichtesten zu erkennen vermögen.«

»Wenn es so wäre, dann würde nichts auf der Welt für sich allein leben«, murmelte der Dreizehnjährige. »In Wahrheit wäre vielmehr alles eins ...«

»Du hast es begriffen!« bekräftigte der Eremit. »Alles was hier auf diesem Planeten oder draußen im All existiert, ist Teil des ewigen und unsterblichen Seins. Dies gilt für das Kleinste ebenso wie für das Größte, für das scheinbar Minderwertige nicht weniger als für das Erhabene. Erde, Wasser und Luft; Pflanzen, Tiere und Menschen; dazu die Himmelskörper, die möglicherweise zahllose weitere Spielarten des Lebens hervorbringen, sind allesamt Ausformungen eines einzigen, allumfassenden Wesens: des Göttlichen.«

Er ließ seinem Schüler Zeit, das Gehörte zu verarbeiten, dann fuhr er fort: »Ganz wie du sagtest, ist alles eins und innig miteinander verknüpft. Hier im Mondring sind es vor allem die Wasseradern und die sich immerfort verändernde Gestalt des Nachtgestirns, und wenn du die Zeichen der Wünschelrute wahrhaft erkennen willst, muß dir dies von jetzt an stets bewußt sein.«

Abermals dachte Loisl nach, schließlich äußerte er: »Falls ich also beispielsweise hier im Steinkreis zur Zeit des Vollmondes einen Brunnen gegraben hätte, wäre er bei Neumond wieder versiegt, oder?«

»Ganz ohne Zweifel«, bejahte Jakob. Augenzwinkernd setzte er hinzu: »Aber ich hoffe, du würdest nicht wirklich darauf verfallen, an einem Ort wie diesem die Schaufel anzusetzen!«

»Um Gottes willen!« entfuhr es dem Halbwüchsigen. »Der Platz ist heilig! Die Bilder, die ich gesehen habe ...«

»Was hast du?!« Scharf kam die Frage des Bärtigen.

»Es war nur ein kurzer Moment«, erwiderte der Bursche erschrocken. »Ganz am Ende, als ich in der Mitte stand. Da erblickte ich plötzlich die drei Frauen ...«

»Schildere mir in allen Einzelheiten, was du sahst!« forderte der Einsiedler.

Loisl gehorchte; stockend und immer wieder nach Worten ringend, berichtete er von seiner Vision. Als er geendet hatte, blieb Jakob lange stumm und starrte auf den Ring der Monolithen. Endlich besann er sich und wandte sich seinem Schüler wieder zu, doch die Aufklärung, auf die Loisl gehofft hatte, kam nicht. Mit belegter Stimme äußerte sein Lehrer lediglich: »Es gibt Kräfte, die weit über das hinausgehen, was uns der Gabelzweig anzeigt. Manchmal manifestieren sie sich unverhofft, wir sollten sie aber auf gar keinen Fall suchen! Was dich angeht, so befindest du dich in einer Entwicklungsphase, in der du – wie manch anderer, der die Gabe besitzt – besonders anfällig bist. Später, so hoffe ich, wird es sich wieder legen; vielleicht war es heute auch schon das erste und letzte Mal ...«

Unwillkürlich dachte Loisl an die Schauung, die er, wenn auch sehr flüchtig, gehabt hatte, als sie zwei Wochen zuvor beim Mondring gewesen waren. Doch er schwieg, und auch der Bärtige hatte offenbar kein Interesse, dem Gesagten noch etwas hinzuzufügen. Vielmehr kam er auffällig rasch wieder auf das

Muten und die Einflüsse des Mondes auf die Wasseradern und damit den Gabelzweig zu sprechen, und der Sohn des Einödbauern lauschte ihm, bis es Zeit wurde, den Heimweg anzutreten.
Bald war die Vision nur noch schemenhafte Erinnerung für den Burschen; dies auch deswegen, weil Jakob ihn im Verlauf der folgenden Monate mehr denn je anderweitig forderte. Jetzt lernte Loisl, wie die Wünschelrute in Harmonie mit den Mondphasen genutzt werden konnte; zudem führte der Eremit ihn in die letzten Geheimnisse der gitter- oder rautenförmigen Energiefelder ein, wie sie von zahlreichen Wasseradern gebildet wurden. Zwar hatte der Halbwüchsige diese verborgenen geometrischen Muster schon oft gemutet, hatte sie aber bislang noch nicht völlig auszuloten gewußt. Nun, da er sich sowohl mit dem Gabelzweig als auch mental in ihre Strukturen vortastete, entschlüsselten sich ihm jene Gesetze, die es ihm erlaubten, ganze Berghänge oder Weideflächen radiästhetisch einzuordnen. Auf diese Weise ließen sich die Knotenpunkte der unterirdischen Rinnsale erkennen: jene Plätze, wo – sofern auch die übrigen Voraussetzungen stimmten – bei Bedarf nach Quellen gegraben werden konnte.
Nachdem im Frühling 1908 der Schnee geschmolzen war, kam der Zeitpunkt, wo der Einsiedler seinem Schüler eröffnete: »Jetzt weißt du genug, um dich im Lauf der Jahre zu einem erfahrenen Rutengänger zu entwickeln. Mehr kann ich dir nicht beibringen; es liegt nun an dir, deine Gabe durch weiteres ständiges Üben und Nachdenken zu vervollkommnen.«
Obwohl er sich über die Worte Jakobs freute, fühlte Loisl einen Stich. »Aber wir werden uns doch weiterhin sehen?!« entfuhr es ihm.
»Wir sind Freunde, und du kannst immer auf mich zählen«, beruhigte ihn der Bärtige. »Doch andererseits sollte dir bewußt sein, daß du von jetzt an deinen eigenen Weg gehen mußt, denn nur so kannst du erwachsen werden.«
Wie so oft schon, wenn der Eremit derartige Dinge zu ihm gesagt hatte, sann der Halbwüchsige intensiv darüber nach; in der Folgezeit bemühte er sich, den guten Rat in die Tat umzusetzen.

Mit Anstand brachte er die letzten Monate seiner Volksschulzeit hinter sich. Stolz stand er im Sommer dieses Jahres 1908, kurz nach seinem vierzehnten Geburtstag, in der Gruppe der übrigen Absolventen vor der Plattenkamera des Siegsdorfer Fotografen, der eigens zu diesem Zweck nach Eisenärzt gekommen war.
Vom folgenden Tag an fand er sich auf dem Bruckthaler-Anwesen in seine Pflichten als Kleinknecht hinein, die er nun von früh bis spät zu erfüllen hatte. Nach Kräften entlastete er seinen Vater und Sebastian; besonders letzterer zeigte sich dankbar dafür, denn er stand mittlerweile bereits jenseits der Fünfzig und litt nach den Jahrzehnten harter Bauernarbeit zuzeiten unter heftigen Rückenschmerzen. Gerade jetzt, da die Ernte einzubringen war, mußte Loisl daher ebensoviel leisten wie die erwachsenen Männer; todmüde fiel er jeden Abend ins Bett, doch am nächsten Morgen ging er stets mit frischem Mut an das neue Tagewerk.
Ende August schließlich war die letzte Garbe in die Scheune eingefahren, und Anfang September rollte die Dreschmaschine auf den Hofplatz. Ein Doppelgespann schwerer Kaltblüter zog den Wagen mit seinem meterhohen Aufbau, der jährlich die Runde durch das Tal von Scharam machte. Bald war der Dampfkessel in Betrieb gesetzt, und die ledernen Treibriemen um die Schwungräder begannen zu singen. Fuder um Fuder Getreide verschwand im trichterförmigen Schlund ganz oben auf der Maschine, unten rieselte der goldene Strom des Korns in die Säcke. Zwei volle Tage dauerte das Maschinendreschen; am Abend des zweiten ließen die Bruckthaler, die Wanderarbeiter sowie die nächsten Nachbarn es sich beim traditionellen Fest auf der Tenne gutgehen. Ein Faß Bier wurde angezapft; es gab Geräuchertes, Würste, Käse und frisches Brot, soviel jeder haben wollte. Bis spät in die Nacht hinein feierte man; ausgelassen saß Loisl bei den Maschinisten, die so manchen fröhlichen Schwank zum besten gaben – gegen Mittag des nächsten Tages dann erlebte er eine weitere Freude.
Ein Landwirt aus Wagenau, einem Dorf drei Stunden östlich von Scharam, kam mit seinem Einspänner auf das Anwesen gefahren. Nachdem er sich mit dem Einöder über Ernte und

Viehstand ausgetauscht hatte, erkundigte er sich nach dessen Sohn. Einer aus seiner Gemeinde, der kürzlich mit dem Einsiedler vom Hochfelln zusammengetroffen sei, erklärte er, habe ihm erzählt, daß der Bursche sich sehr geschickt beim Muten anstelle. Er selbst wiederum müsse einen neuen Brunnen für seine Almhütte graben lassen, deshalb habe er gedacht, der junge Bruckthaler könnte sich bei Gelegenheit einmal in Wagenau sehen lassen.
Der Scharamer Bauer forderte den anderen auf, mit ins Haus zu kommen. Am Tisch in der Küchenstube, auf den Anna Irlmaier wenig später die dampfenden Schüsseln mit dem Kraut und den Kartoffeln stellte, wurden die Einzelheiten besprochen. Nach einer Weile war man sich einig; Loisl sagte zu, bereits am folgenden Sonntag nach einer geeigneten Wasserader auf der Hochweide zu suchen.
Zu Fuß lief er die fünfzehn Kilometer bis Wagenau, wurde auf dem dortigen Hof seinerseits zum Essen eingeladen und stieg sodann in Begleitung seines Auftraggebers weitere eineinhalb Stunden zu den bewußten Almwiesen hinauf. Bei der Sennhütte inspizierte er die alte Brunnenröhre, welche beinahe völlig versiegt war. Mit Hilfe der Wünschelrute folgte er dem unterirdischen Rinnsal, das sie bisher gespeist hatte, dessen Hauptstrom jetzt aber offenbar seine Richtung geändert hatte. Etwa dreihundert Meter oberhalb der Alm entdeckte er die Anzeichen eines kleinen Erdrutsches; der Landwirt berichtete, daß die Mure hier im vergangenen Frühjahr abgegangen war. Erneut mutete der Vierzehnjährige und fand schnell heraus, wohin sich die Wasserader jenseits der Verschüttung verlagert hatte.
Daraufhin folgte er dem neuen Strom wieder hangabwärts, blieb an einer Stelle ungefähr fünfzig Schritte seitlich und knapp oberhalb der Sennhütte stehen, legte ein paar Steine als Markierung aus und sagte: »Wenn du hier gräbst, wirst du unter dem Humus auf eine Felsspalte stoßen. Sie ist knapp einen Meter tief und ganz unten breit ausgewaschen. Dort sammelt sich der Quellstrom, und da der Platz ein wenig höher als die Hütte liegt, kannst du einfach eine Röhre zu ihr hinüber führen und hast wieder reichlich Wasser.«

»Falls das zuträfe, bräuchte ich ja gar keinen neuen Brunnen zu graben«, freute sich der Bauer.
»Es ist so, kannst mir's glauben!« versetzte der Halbwüchsige. Dann steckte er den Gabelzweig weg und machte sich ohne ein weiteres Wort an den Abstieg.
Zwei Wochen später kam der Wagenauer Landwirt abermals auf den Scharamer Einödhof, bedankte sich überschwenglich bei dem Burschen mit den ungewöhnlich dunklen Augen, drückte ihm seinen Lohn in die Hand und versprach: »Ich werde dich weiterempfehlen, denn du besitzt ein besseres Gespür für die Wasseradern als mancher erwachsene Rutengänger!«
Der junge Alois Irlmaier verwahrte die drei Mark, die er bekommen hatte, im Hängeschränkchen seiner Kammer, wo auch sein Taufgulden und die Firmungsuhr lagen. In der Folge kam so manche Münze hinzu, denn nach dem ersten holten immer mehr Landwirte aus der Gegend den Rat des Ältesten vom Bruckthaler-Hof ein.

Der Weltkrieg

»Schon wieder Unruhen in Bosnien und der Herzegowina!« äußerte der Scharamer Einödbauer mit zusammengepreßten Lippen. Einmal mehr saß er mit dem Journal im Herrgottswinkel; der Kalender über seinem Kopf zeigte einen der letzten Oktobertage des Jahres 1909 an. Jetzt warf er die Zeitung auf den Tisch und setzte hinzu: »Ein Wunder ist's, bei Gott, nicht! Nachdem Österreich vergangenen Herbst die beiden Länder annektiert hat, war zu erwarten, daß der Balkan rebellisch wird! Besonders die Serben versuchen jetzt ärger denn je gegen den habsburgischen Stachel zu löcken.«
»Weil sie die falsche Religion haben!« fiel die Austragsbäuerin ein. »Weil sie nicht an den Papst in Rom glauben, sondern an die orthodoxe Irrlehre.«
»Christen sind sie trotzdem«, kam es vom Spülstein her, wo

Anna Irlmaier, den mittlerweile sechsjährigen Hansl am Rockzipfel, hantierte.

»Der Kaiser in Wien wird sie schon noch katholisch machen!« versetzte feixend ihr Schwiegervater. »Oder was meinst du, Loisl?« Verschwörerisch zwinkerte er seinem Enkel zu.

Der Halbwüchsige freilich schien die Frage nicht gehört zu haben; wie abwesend starrte er auf das Journal, dessen Blätter, wie von Geisterhand bewegt, in einem leichten Luftzug flatterten.

»Wenn der Franz Josef die Serben allzu sehr reizt, kann's zum Krieg kommen«, antwortete an seiner Stelle der Bauer. »Und falls das passiert, trifft es uns auch. Denn das Deutsche Reich ist im Bund mit den Habsburgern; marschiert Österreich, marschieren wir mit!«

Da besann sich der Austrägler, musterte seinen Enkel nun plötzlich nachdenklich und sagte mit belegter Stimme: »Auf jeden Fall ist's gut, daß unser Bub erst in drei Jahren zum Militär muß.«

Der Hausherr nickte. Gleich darauf erhob er sich und gab damit auch seinem Sohn das Zeichen, wieder an das gemeinsame Tagewerk zu gehen. Zusammen verschwanden der Einödbauer und der künftige Hoferbe nach draußen, wo Sebastian bereits auf dem Dunghaufen stand und die schweren, feuchten Fladen auf den Mistwagen gabelte. Der Bauer und der Halbwüchsige griffen mit zu; etwa eine Stunde später polterte das Ochsenfuhrwerk davon. Bis zum Abend dann breitete der Fünfzehnjährige zusammen mit den beiden Männern den Dünger auf dem Kornacker hinter dem Anwesen aus, damit dort auch im folgenden Sommer wieder die Saat gedeihen konnte.

Während der Herbstregen und dann der Schnee auf die Felder fielen, verschärften sich die Spannungen zwischen dem Erzhaus Österreich und dem Balkan. Zum Krieg indessen kam es letztlich nicht, weil auf dem Höhepunkt der Krise der deutsche Kaiser vermittelte. Das Jahr 1910 verlief daher weitgehend ruhig; unbelastet konnten die Menschen auf dem Einödhof ihrer harten Arbeit nachgehen.

Loisl, der nach seiner Schulzeit körperlich bedeutend kräftiger geworden war, leistete seinen Anteil. An den Sonntagen war er

zudem oft mit der Wünschelrute unterwegs und verdiente sich damit ein nicht zu verachtendes Zubrot über den kargen Knechtslohn hinaus, den sein Vater ihm bezahlte. Dann und wann traf er sich mit Jakob: bei den Sonnensteinen oder im Mondring. Manchmal auch bestiegen die beiden ungleichen und sich dennoch so ähnlichen Freunde ganz einfach einen Berg, um dort oben der unberührten Natur nahe zu sein.
Anno 1911 wurde der Friede neuerlich brüchig. Im Mai besetzten französische Kolonialtruppen die marokkanische Hauptstadt Fez. Nachdem das Deutsche Reich vergeblich dagegen protestiert hatte, entsandte Kaiser Wilhelm II. im Juli das Kanonenboot »Panther« nach Nordafrika. Das Kriegsschiff näherte sich der Hafenstadt Agadir bis auf Schußweite, worauf die französische Regierung einlenkte und sich zu Verhandlungen bereit erklärte. Kaum war der deutsch-französischen Krise damit die Spitze genommen, brach im Norden des Schwarzen Kontinents ein bewaffneter Konflikt zwischen Italien und der Türkei aus, weil die Hohe Pforte ein römisches Ultimatum zum Truppenabzug aus ihrer letzten nordafrikanischen Provinz Tripolitanien ignoriert hatte. Italienische Heereseinheiten attackierten daraufhin die genannte libysche Küstenregion westlich der Großen Syrte. Im November 1911 wiederum erhielt das Deutsche Reich zum Ausgleich für seine Anerkennung des französischen Protektorats Marokko ausgedehnte Gebiete in Kamerun; während Anfang des neuen Jahres dort die kaiserlichen Fahnen gehißt wurden, eroberten die Italiener Tripolis. Zu allem Überfluß brodelte es jetzt auch auf dem Balkan wieder, wo Serbien, Montenegro, Bulgarien und Griechenland sich gegen die ohnehin schon geschwächte Türkei verbündet hatten. Zuletzt, im Sommer 1912, deutete alles darauf hin, daß es schon sehr bald zum Krieg zwischen dem Balkanbund und der Hohen Pforte kommen würde.
Am 8. Juni dieses explosiven Jahres vollendete der junge Alois Irlmaier sein achtzehntes Lebensjahr. Der Geburtstag freilich wurde durch einen Brief getrübt, den der Postbote gegen Mittag auf den Einödhof brachte, wobei er darauf bestand, ihn dem jungen Mann persönlich auszuhändigen.
»Amtlich sieht's aus, und das bedeutet nie etwas Gutes«, ora-

kelte der Großvater, während sein Enkel das Kuvert aufschlitzte. Dann las der Bursche stockend die wenigen Sätze vor, die das Schreiben enthielt: »Im Namen seiner Königlichen Hoheit, des Prinzregenten Luitpold, wird der Bauernsohn Alois Irlmaier, polizeilich gemeldet auf dem Bruckthaler-Anwesen zu Scharam, aufgefordert, seinen Wehrdienst abzuleisten. Garnisonsort ist die Jägerkaserne in Freising, Oberbayern. Angesichts der Tatsache, daß der Wehrpflichtige auf dem elterlichen Hof als Knecht tätig ist, wird der Dienstantritt auf den 1. Oktober 1912 festgesetzt.«

»Wenigstens holen sie dich nicht während der Ernte zum Militär«, kommentierte der Vater des künftigen Rekruten mit belegter Stimme.

»Trotzdem ist es eine Schande, ihn überhaupt einzuziehen, wo wir ihn so dringend daheim brauchen würden«, preßte die Bäuerin heraus und hatte dabei sichtlich Mühe, das Schluchzen zu unterdrücken.

»Er ist nicht der einzige, den es trifft«, versuchte der Austrägler sie zu beruhigen.

Anna Irlmaier jedoch ging nicht darauf ein. »Gerade jetzt, wo es überall auf der Welt sowieso schon drunter und drüber geht!« jammerte sie.

»Sei ruhig! Mach den Buben nicht verrückt!« wies ihr Gemahl sie zurecht. »Freilich ist's schwer für ihn und für uns, aber geschadet hat der Militärdienst noch keinem.«

»Außer denen, die aus den Kriegen nicht wieder heimgekommen sind«, murmelte im Hintergrund die Großmutter.

»Ich muß ja schließlich nicht in den Krieg, und nach Freising sind es bloß ein paar Stunden mit der Eisenbahn«, nahm nun der Achtzehnjährige das Wort. Dann zwang er sich zu einem kläglichen Grinsen und setzte hinzu: »Außerdem bleibe ich ja noch bis zum Herbst da ...«

»Ein schneidiger Soldat wird aus dir werden, das weiß ich schon jetzt«, fiel der Austragsbauer ein. »So, und jetzt trinken wir einen Schnaps. Auf deinen Geburtstag und darauf, daß sie bei den Jägern einen richtigen Mann aus dir machen!«

***

Der erste Eindruck, den Alois knapp vier Monate später von Freising gewann, war bedrückend. Der Bahnhof, die Straßenzüge und selbst die Kaserne schienen sich unter der Wucht der alles beherrschenden Bischofsresidenz auf dem Domberg zu ducken. Hinzu kamen unangenehmer Nieselregen und frostige Windstöße, die für die Jahreszeit zu kalt waren. Verloren stand das Häuflein der aus Richtung München angekommenen Rekruten auf dem Perron, bis aus der Unterführung heraus ein Sergeant auftauchte. Mit zynischem Feixen musterte er die beinahe noch Halbwüchsigen, von denen die meisten ebenso wie Alois Irlmaier Bauernsöhne waren. Schließlich raunzte er: »In Reih und Glied aufstellen, ihr Hammelherde, und dann ohne Tritt marsch!«
Während der folgenden Tage und Wochen wurden der junge Scharamer und seine Kameraden von früh bis spät auf ähnlich rüde Weise angeschnauzt. Unmißverständlich machten die Gefreiten und Unteroffiziere ihnen klar, welche Stellung sie innerhalb der Hackordnung der Kaserne einnahmen: die des Abschaums. Von morgens bis abends wurden sie getriezt, gedrillt und ohne erkennbaren Sinn herumgehetzt. Todmüde fiel Alois jede Nacht in eines der acht Betten, die – jeweils zwei übereinander – in der miefigen Kasernenstube standen.
Ende des Monats, als sie soweit gebrochen waren, daß sie blindlings jeden Befehl ausführten, nur um nicht bestraft zu werden, bekamen sie erstmals Waffen zugeteilt: schwere Karabiner, dazu die Bajonette. Nun mußten sie, die Gewehre vorerst noch ungeladen, bis zum Umfallen exerzieren und zwischendurch auf irgendeinem Sturzacker den Infanterieangriff üben; die Kommandos »Hinlegen!« und »Sprung auf! Marsch, marsch!« verfolgten sie noch im Schlaf. Bald kamen das Scharfschießen und die Bajonettangriffe auf Strohpuppen hinzu. Die Rekruten lernten, auf Kopf oder Brust der vogelscheuchenartigen Gebilde zu feuern; rammten sie bei anderer Gelegenheit die Klingen in die mit Uniformfetzen bedeckten Rupfensäcke, so pflegte der Korporal freudig zu brüllen: »Das Bajonett drehen, wenn's im Wanst steckt! Dann die Waffe zurückreißen! So erledigt man den Feind vorschriftsmäßig!«
Bis Jahresende dauerte diese körperliche und seelische Tortur,

die im militärischen Jargon als Grundausbildung bezeichnet wurde. Kein einziges Mal in dieser Zeit bekam Alois Irlmaier Ausgang; die Stadt Freising blieb ihm fremd – abgesehen von der Bischofsresidenz, die auch von der Kaserne aus zu erblicken war und nach wie vor gleich einem bedrohlichen Fanal unter dem Herbsthimmel aufzuragen schien. Monatelang waren der Scharamer und seine Kameraden vom bürgerlichen Leben draußen abgeschnitten; Nachrichten drangen kaum zu ihnen vor. Nur gerüchteweise hörten sie vom Ausbruch des Balkankrieges: vom Einfall der Serben, Bulgaren und Griechen auf türkisches Territorium im Oktober und November dieses Jahres 1912. Gezielt wurden ihnen zudem Informationen über den Internationalen Sozialistenkongreß vorenthalten, der in jenen Wochen in Basel tagte und die Aggression der Südosteuropäer gegen den Islam anprangerte.
Den Weihnachtsabend verbrachte der Achtzehnjährige zusammen mit seinen sieben Leidensgenossen in der miefigen Stube. Auf dem Tisch stand eine dürftige, kaum meterhohe Jungfichte; immerhin hatte der Küchenfeldwebel reichlich Alkohol an die Rekruten ausgeben lassen. Erstmals in seinem Leben wurde Alois in dieser Nacht betrunken; mit rebellierendem Magen saß er später in einer der hinteren Bänke der Garnisonskirche, nachdem ein ebenfalls nicht mehr nüchterner Sergeant ihn und die anderen lautstark zur Christmette abkommandiert hatte. Zu Neujahr freilich war ihm, zumindest für drei Tage, so etwas wie Erlösung vergönnt. Der Wehrpflichtige aus Scharam erhielt einen kurzen Urlaub und ein Militärbillett für die Eisenbahn, die ihn heim ins Gebirge brachte. Als er von der Siegsdorfer Station zur Einöde wanderte und endlich wieder die Landschaft seiner Kindheit und Jugend sah, kämpfte er mehrmals mit den Tränen. Auf dem Bruckthaler-Anwesen dann blieb er in sich gekehrt, bis es Zeit wurde, nach Freising zurückzufahren.
Im Verlauf des Jahres 1913 fügte er sich zunehmend in den Kasernenbetrieb ein. Wie die meisten anderen Rekruten auch versuchte er, beim Dienst möglichst nicht aufzufallen und damit den jederzeit drohenden Disziplinarstrafen zu entgehen. Ansonsten ließ sich jetzt, da Alois Irlmaier die Grundausbil-

dung hinter sich hatte, das militärische Dasein etwas leichter ertragen. Mehr oder weniger regelmäßig gab es nun abendlichen Ausgang; einmal vierteljährlich hatten die Soldaten Anspruch auf ein Wochenende, das sie zur Heimfahrt nutzen konnten. Der Drill selbst verlagerte sich zunehmend vom Kasernenhof ins Gelände. Zwar waren zuzeiten auch die Gewaltmärsche, Nachtübungen und im November 1913 sowie im Frühling 1914 die traditionell zu diesen Jahreszeiten stattfindenden Manöver brutal, doch der Sohn des Einödbauern, der von seinen frühesten Jahren an im oft unwegsamen Gebirge unterwegs gewesen war, hatte wenigstens körperlich keine Schwierigkeiten, den Anforderungen zu genügen.
Der psychische Druck hingegen, der auf den Soldaten lastete, wuchs beinahe ins Unerträgliche, als sich am späten Abend des 28. Juni 1914 die Nachricht in der Kaserne verbreitete, daß es in der bosnischen Hauptstadt Sarajewo zu einem Attentat auf den habsburgischen Thronfolger Franz Ferdinand und seine Gemahlin Sophie gekommen war. Im Verlauf der beklemmenden Nacht wurde dem mittlerweile zwanzigjährigen Alois Irlmaier klar, was das bedeutete: Die Kriegserklärung Österreichs an die Serben; an das Volk, dem der nationalistische Meuchelmörder Princip entstammte, konnte nur noch eine Frage der Zeit sein.
In der Tat überstürzten sich von da an die Ereignisse. Am 23. Juli, nachdem offenkundig geworden war, daß die serbische Regierung die Drahtzieher des Anschlags schützte, richtete Kaiser Franz Josef die ultimative Forderung an Belgrad, österreichische Polizeiorgane an den Ermittlungen zu beteiligen. Serbien lehnte ab, worauf in Wien immer mehr Stimmen zum Krieg drängten. Der Monarch hielt dagegen, ein derartiger Schritt müsse ganz Europa in den Abgrund reißen, was er nicht verantworten könne. Daraufhin griff, beinahe schon von seinem Sterbebett aus, Papst Pius X. ein und beschwor den Kaiser in mehreren Telegrammen, militärisch gegen Serbien vorzugehen, da sonst der Untergang des Hauses Habsburg zu befürchten sei. Diese Intervention des vorgeblichen Stellvertreters Gottes auf Erden gab den Ausschlag; am 28. Juli unterzeichnete Franz Josef die Kriegserklärung.

Zwei Tage später, am 30. Juli, befahl der russische Zar aufgrund seiner Verpflichtungen gegenüber Serbien die Generalmobilmachung, worauf das mit Österreich verbündete Deutsche Reich am 1. August den Kriegszustand mit Rußland und am 3. August mit Frankreich, das wiederum einen Beistandspakt mit dem Zarenreich zu erfüllen hatte, verkündete. Bereits am 4. August marschierten deutsche Truppen in Belgien ein, um auf diese Weise die französische Armee in die Zange zu nehmen, was zur Kriegserklärung Englands an Deutschland und seine Verbündeten führte. Damit noch immer nicht genug, trat am 23. August Japan an der Seite Frankreichs und Englands in den Krieg ein, fast gleichzeitig machte die Türkei erneut gegen Serbien und jetzt auch das Zarenreich mobil. Einzig Italien blieb vorerst noch neutral; jedoch gewannen auch dort allmählich die Kriegshetzer, welche zum Angriff auf Österreich rieten, die Oberhand.
Bereits Anfang September standen sich deutsche und französisch-britische Armeen im Raum zwischen Paris und Verdun gegenüber. Eine weitere Front hatte sich vor Nancy und an der Meurthe gebildet, und aus dieser Situation heraus kam es Mitte des Monats zum ersten Massensterben des Weltkrieges: der Marneschlacht. Während dort die Landser und Poilous tausendfach in den Schützengräben und Stacheldrahtverhauen verbluteten, prallten im Osten, in der Region der Masurischen Seen, preußische und russische Divisionen aufeinander. Eine österreichische Offensive richtete sich etwa zur gleichen Zeit gegen Serbien und Galizien – und an dieser militärischen Operation waren nicht nur habsburgische, sondern auch bayerische Truppenverbände beteiligt.
Schon Anfang September war ein Vorauskommando der Freisinger Garnison in Richtung Osten abgerückt. Die Schützenkompanie, der Alois Irlmaier angehörte, blieb jedoch vorerst vom Marschbefehl verschont. Die Offiziere ließen freilich keinen Zweifel daran aufkommen, daß die Einheit noch vor Jahresende zum Einsatz kommen würde; für den Scharamer Bauernsohn war dies um so schlimmer, als seine reguläre Dienstzeit zum 1. Oktober beendet gewesen wäre. Jetzt aber konnte er lediglich auf einen letzten Heimaturlaub hoffen, ehe

der Krieg ihn irgendwohin an die Front verschlug – und in der Tat hatte er Glück, denn nachdem er am 30. September 1914 zum Gefreiten befördert worden war, händigte der Hauptfeldwebel ihm einen Urlaubsschein für eine Woche aus.

***

Wie stets, wenn er während der beiden vergangenen Jahre nach Hause gekommen war, ging Alois Irlmaier den langen Weg vom Siegsdorfer Bahnhof bis zum Bruckthaler-Hof zu Fuß. Der Anblick der zu dieser Jahreszeit bereits abgeernteten Felder und vom Vieh verlassenen Weideflächen schmerzte ihn; noch schlimmer wurde es, als er das elterliche Anwesen vor sich am Berghang liegen sah. Obwohl er doch heimkehrte, hatte er das Gefühl, mit jedem Schritt, den er zurücklegte, ein weiteres Stück Heimat zu verlieren. Ganz schlimm wurde es, als ihm zuletzt im Hausgang die Mutter entgegenkam und bei seinem Anblick unvermittelt in Tränen ausbrach.
»Bub, wir hätten nicht geglaubt, daß wir dich noch einmal bei uns haben können, bevor du ins Feld mußt ...« sagte sein Vater drinnen in der Küchenstube rauh, brach ab und kämpfte ebenfalls mit dem Schluchzen. Auch die Großeltern konnten ihren Schmerz kaum verbergen; selbst der mittlerweile elfjährige Bruder des Gefreiten, der gewöhnlich ein Wildfang war, blieb im Verlauf des bedrückenden Wiedersehens auffällig still.
Erst als Alois die Uniform ablegte und sein altes Knechtsgewand überzog, wich die beklommene Stimmung ein wenig. Allmählich vermochten die Hofleute und ihr Sohn unbefangener miteinander zu reden; am Abend, bei der gemeinsamen Stallarbeit, äußerte der Bauer: »Du bist nicht der erste junge Mann von unserem Hof, der in den Krieg zieht. Immer wieder, all die Generationen hindurch, hat es den einen oder anderen getroffen. Das Leid wird damals das gleiche gewesen sein wie heute – aber die meisten sind zurückgekommen, sonst gäbe es unsere Familie auf dem Bruckthaler Anwesen längst nicht mehr. Daran mußt du denken, Bub, wenn du draußen an der Front bist! Daß es die anderen geschafft haben, und daß deshalb auch du wieder heimkommen wirst!«

»Ich verspreche es dir«, antwortete der Zwanzigjährige. »Und den Helden versuche ich bestimmt nicht zu spielen, das weißt du.«
Sein Vater nickte. Sebastian, der in der Nähe stand, machte ebenfalls eine zustimmende Geste und meinte mit schiefem Grinsen: »Außerdem heißt's ja sowieso, der Krieg wäre in ein paar Monaten vorbei. Uns kann das nur recht sein, weil es mit meinem Rücken heuer noch ärger geworden ist und wir dich daher nötiger denn je hier brauchen!«
»Wir sind aber nicht die einzigen, die darauf hoffen, dich bald wiederzusehen«, setzte der Bauer hinzu. »Auch der Einsiedler hat dich nicht vergessen und erst kürzlich gefragt, wie es dir geht. Vielleicht solltest du ihn in den nächsten Tagen einmal besuchen. Jedenfalls läßt er dir ausrichten, du wüßtest ja, wo seine Hütte steht ...«
»Jakob?« unterbrach Alois. »Natürlich gehe ich hinauf zu ihm auf den Hochfelln.« Dann, während die anderen sich wieder ihrer Arbeit zuwandten, murmelte er wie im Selbstgespräch: »Denn ich muß noch etwas sehr Wichtiges von ihm erfahren ...«

***

Schon am übernächsten Morgen machte der junge Irlmaier sich auf den Weg. Der Oktobertag war klar, die Luft rein und frisch; von den Flanken und Graten der Salzburger Alpen schimmerten bereits Schneefelder herüber. Nach ungefähr eineinhalb Stunden erreichte der magere, aber muskulöse Zwanzigjährige, der auch heute wieder Zivil trug, die Sonnensteine. Er rastete bei dem neolithischen Tempel und erinnerte sich daran, wie der Eremit ihm einst das Geheimnis dieses Ortes offenbart hatte. Nach einer Weile wanderte er weiter, umrundete das Massiv des Hochfelln und sah am späten Vormittag die Kerbe in der Bergflanke vor sich, die sein Ziel war.
Die Blockhütte stand im Schutz dreier Föhren auf einem natürlichen Absatz des Tälchens; ein Stück tiefer sprudelte über einer flachen Felsplatte eine Quelle aus dem Hang. Alois beugte sich nieder, schöpfte das Naß mit der hohlen Hand und trank ein paar Schlucke. Eben als er sich wieder aufrichtete, vernahm

er von den Nadelbäumen her ein Geräusch; es kam von dem mittlerweile etwa fünfundsechzigjährigen Einsiedler, der in der Tür seiner Behausung erschien.

Gleich darauf standen die beiden Männer, der junge und der betagte, sich gegenüber. Jakobs Stimme klang bewegt, als er sagte: »Lange haben wir uns nicht mehr gesehen ...«

»Seit dem Herbst 1912«, erwiderte Alois. Er räusperte sich die Kehle frei und fügte hinzu: »Aber du weißt ja, wie es beim Militär zugeht. Als Rekruten halten sie einen nicht viel besser als im Gefängnis. Und die paar Male, wo ich hab' heimfahren dürfen, sind halt die Angehörigen am wichtigsten gewesen ...«

»Mußt dich nicht entschuldigen«, versicherte der Einsiedler. »Hauptsache, daß du heute den Weg zu mir gefunden hast.« Damit legte er den Arm um die Schultern des Scharamers und führte seinen Gast in die Hütte.

Das kleine Blockhaus war einfach eingerichtet: zwischen den beiden Fensteröffnungen an der Südseite ein selbstgezimmerter Tisch mit einer halb umlaufenden Bank, der Herd aus Bruchsteinen aufgemauert, in den Ecken einige Regalbretter und an Zapfen hängende Kleidungsstücke. Ganz im Hintergrund des Raumes stand die niedrige Bettstatt mit dem Strohsack; zusätzlich gab es dort ein breites Bord, das mit mehreren Dutzend Büchern gefüllt war. Alois nahm das Bild in sich auf, sodann schnallte er seinen Rucksack ab und setzte sich mit dem Rücken zur Bohlenwand, deren Ritzen mit Moos verstopft waren. Jakob stellte zwei Becher und eine Tonflasche mit Enzianschnaps auf den Tisch; während er einschenkte, holte der Bauernsohn die Lebensmittel hervor, die ihm die Mutter eingepackt hatte: einen Laib Brot, Butter und ein Stück Geräuchertes.

Die beiden Männer stießen miteinander an, begannen dann bedächtig zu essen. In den Pausen zwischen den einzelnen Bissen tauschten sie Fragen und Antworten. Behutsam vermied der Eremit es zunächst, über den Kriegsausbruch zu sprechen. Erst als der Soldat das Thema von sich aus anschnitt, äußerte sich Jakob ähnlich wie der Einödbauer am Abend nach der Heimkehr des Gefreiten: »Du mußt dir von ganzem Herzen wünschen, den Wahnsinn zu überstehen, damit du in deinem späteren Leben das tun kannst, wozu du berufen bist!«

»Es wäre wirklich so sinnlos, wenn ich ...«, kam es leise von dem Zwanzigjährigen.
»Du sagst es«, antwortete der Einsiedler. »Und wer dieses Bewußtsein besitzt und es auch draußen im Feld bewahrt, wird ... behütet sein!«
Lange sann Alois diesen dunklen Worten nach. Endlich atmete er tief durch und versprach: »Ich werde immer daran denken, und ich danke dir für deinen Rat – auch wenn ich nicht genau begreife, was du zuletzt meintest ...«
»Tief in deinem Inneren begreifst du es durchaus«, antwortete der Graubärtige. Durchdringend blickte er den anderen an; in seinen braunen Augen stand dabei ein Wille, der den Jüngeren in seinen Bann zu zwingen schien. Gleich darauf spürte Alois Irlmaier in der Tat, daß er den Eremiten nun verstand; wenn auch auf einer Ebene, die mehr mit dem Muten als mit rationalem Denken zu tun hatte. Wieder sog er die Luft tief ein; auf unerklärliche Weise war seine Beklemmung plötzlich wie weggewischt. Und jetzt war er auch fähig, die Frage zu stellen, um derentwillen er – von seiner Freundschaft zu dem Einsiedler abgesehen – an diesem Tag zum Hochfelln gewandert war.
»Wer bist du in Wahrheit, Jakob?« stieß er hervor. »Seit mehr als zehn Jahren kennen wir uns nun schon, aber nie hast du wirklich über dich selbst geredet. Ich weiß von dir nur, daß du einen besonderen Lehrer hattest, der dich in gewisse Geheimnisse einweihte, und daß du manchmal – wie auch eben wieder – von Dingen sprichst und Ausdrücke benutzt, wie sie den Menschen, die hier geboren sind, nicht über die Lippen kommen würden. Schon früher habe ich dich darauf angesprochen, doch du bist mir ausgewichen. Jetzt aber, da wir uns wohl für lange Zeit zum letzten Mal sehen ...«
»Du hast recht«, unterbrach der Eremit. »Dies ist die richtige Stunde, um dir einiges aus meinem Leben zu erzählen.«
Noch einmal schenkte er die Becher voll, trank einen Schluck, blickte eine Weile versonnen vor sich hin und begann: »Deine Vermutung, wonach ich nicht aus der hiesigen Gegend stamme, stimmt. Ich kam vielmehr Anno 1848 in Regensburg, der uralten Reichsstadt an der Donau, zur Welt. Mein Vater betrieb dort eine gutgehende Steinmetzwerkstätte, die der Dombau-

hütte zuarbeitete, und mein älterer Bruder sollte später seine Nachfolge antreten. Mich hingegen, als den Zweitgeborenen, hatten meine Eltern für den geistlichen Beruf bestimmt; vielleicht, um dem Domkapitel ihre Dankbarkeit für die lukrativen Aufträge zu beweisen. Deshalb besuchte ich die Lateinschule und kam anschließend aufs Priesterseminar. Das war 1866; die folgenden vier Jahre studierte ich Theologie, war dabei jedoch alles andere als glücklich. Je mehr ich mich mit den Dogmen des katholischen Glaubens beschäftigte, desto weiter entfernte ich mich von dem, was andererseits mein Herz, meine Sinne und mein Verstand als göttlich erkennen wollten ...«

Unwillkürlich erinnerte Alois sich an den Pfarrer von Eisenärzt, der ihn einst zur Strafe für eine Reihe unschuldiger Äußerungen im Religionsunterricht derart mit dem Rohrstock geschlagen hatte, daß die blutunterlaufenen Striemen noch wochenlang zu sehen gewesen waren.

Jakob berichtete weiter: »1870, als meine seelische Krise ihren Höhepunkt erreicht hatte, brach der Krieg zwischen Deutschland und Frankreich aus. Mir wurde klar, dies war die Chance, dem Priesterseminar zu entrinnen. Bezeichnenderweise legten die Prälaten mir nichts in den Weg, nachdem ich sie um Beurlaubung gebeten hatte. Sie ermunterten mich vielmehr noch, meine Pflicht für das Vaterland zu tun, wie sie es ausdrückten. Ich wiederum konnte jetzt nur noch an eins denken: weg von den Hörsälen, die ich abgrundtief zu hassen gelernt hatte. Ein Gutteil Abenteuerlust kam hinzu, und so hatte ich mich schon wenige Tage später als Freiwilliger bei einem der Regensburger Regimenter dienstverpflichtet. Im August 1870 zog ich ins Feld, allerdings nicht mit der Waffe in der Hand, sondern als Hilfssanitäter.«

Er schwieg einen Moment, schien mit sich zu kämpfen, legte dann seine Hand auf den Unterarm des Gefreiten und sagte beschwörend: »Bitte laß dich von dem, was du nun hören wirst, nicht in Panik versetzen! Aber ich kann auch nicht schweigen, denn es gehört zu meiner Geschichte ...«

Als Alois nickte, fuhr er fort: »Schon kurze Zeit später lernte ich, was Krieg in Wahrheit bedeutet. Er ist das Gegenteil von dem, was in den Geschichtsbüchern steht, was die Priester von den Kanzeln predigen oder die Fürsten und Generäle in ihren salbungsvollen Reden behaupten. Der Krieg ist das schlimmste Verbrechen, das die Menschheit begehen kann; er ist Blut, Eiter, Dreck, äußerste Verzweiflung und extremste Erniedrigung derjenigen, die von Kriminellen an die Fronten gehetzt werden. Die Fratze des Krieges ist widergöttlich; das begriff ich, mehr als einmal dem Selbstmord nahe, in jenem Feldlazarett, wo ich eingesetzt war. Hunderte junger Menschen, die meisten von ihnen entsetzlich verstümmelt, sah ich in jenen wenigen Monaten bis zum Waffenstillstand im Februar 1871 sterben, und nie werde ich das Grauen vergessen können!«

Mit zitternder Hand griff der Zwanzigjährige nach seinem Becher, hob ihn an, hielt dann inne und stellte das Gefäß zurück. Denn plötzlich hatte er verstanden, was der Freund ihm über seine eigene Lebensgeschichte hinaus vermitteln wollte: Er, der Soldat des gegenwärtigen Krieges, sollte sich gegenüber dem Unausweichlichen wappnen können.

Eben als dies dem Bauernsohn durch den Kopf schoß, sprach Jakob weiter: »Etwas Positives jedoch hatten die furchtbaren Erfahrungen, die ich machte. Als ich heimkehrte, war mir für immer bewußt geworden, wie wertvoll und wunderbar ein Leben in Frieden ist. Ein Dasein, in dem das Stille und nicht das Laute zählt, das behutsame Wort und nicht das Gebrüll, die zärtliche Berührung und nicht die Gewalt.«

»Deshalb wurdest du zum Einsiedler, jetzt begreife ich«, sagte Alois.

»Das war der Grund«, bestätigte Jakob. »Denn einzig in der Natur vermochte ich das, was ich suchte, ohne Einschränkung zu finden. Natürlich benötigte ich einige Zeit, bis ich diese Gewißheit erlangt hatte. Aber ein Jahr nach dem Ende des Krieges – ich verbrachte diese zwölf Monate als Knecht auf einem Bauernhof an der deutsch-französischen Grenze, dort wo kurz zuvor noch der Krieg getobt hatte – war es soweit. Nachdem ich nach Regensburg zurückgekehrt war und mich mit meinen Eltern ausgesprochen hatte, zahlten sie mir mein Erbteil aus. Mit Hilfe dieses Geldes war es mir möglich, hier am Hochfelln ein Stück Land zu erwerben und meine Hütte darauf zu errichten. Was ich sonst zum Leben brauchte, verdiente ich mir als Gelegenheitsarbeiter auf den Höfen in der Nähe ...«

»Du bist damals nicht mit der Wünschelrute unterwegs gewesen?« warf Alois Irlmaier ein.
»Zu Anfang hatte ich keine Ahnung, daß ich die Gabe besaß«, antwortete der Eremit. »Dies wurde mir erst klar, als ich meinen Lehrer fand: jenen Nachfahren der Familie auf dem abgegangenen Anwesen in der Nähe der Sonnensteine, von dem ich dir früher schon erzählte. Er war es, der mein Talent erkannte und mir half, es auszubilden. Außerdem brachte er mir das uralte Wissen um das wahrhaft Göttliche sowie so manch anderes Geheimnis nahe, und nur dank seiner Hilfe wurde ich zu dem, der ich heute bin.«
»Zu einem Weisen, der wiederum mir den Weg zeigte.« Diesmal hob der Scharamer Bauernsohn den Becher langsam und mit Bedacht, stieß mit seinem Gegenüber an und fuhr fort: »Deine Lebensgeschichte hat mich tief berührt. Und fast ist mir so, als hätte ich einiges von dem, was du erzähltest, bereits vorher gewußt ...«
Nachdenklich musterte Jakob den Zwanzigjährigen, forschte in dessen Antlitz mit der scharf vorspringenden Nase, dem kantigen Kinn, dem sensiblen Mund und den dunklen, fast schwarzen Augen. Nach einer Weile nickte er versonnen und äußerte: »Das wundert mich nicht. Über das Muten hinaus scheinst du noch eine weitere Gabe zu besitzen ...« Er zögerte, gab sich einen Ruck und setzte hinzu: »Nämlich die mentale Kraft, Visionen zu erleben ...«
»Nein! So meinte ich es nicht!« verwahrte sich Alois erschrocken. »Ich wollte nur sagen, daß ich mir einiges zusammenreimte.«
»Und was erschautest du im Mondring, als du ihn vor sieben Jahren mit dem Gabelzweig umschritten hast?« beharrte der Einsiedler. »Erblicktest du nicht die drei Frauen? Die Weiße, die Rote und die Schwarze, die zuletzt wieder zu einer einzigen Gestalt wurden? Und dazu die anderen Tänzer?«
»Ich sah sie«, murmelte der Bauernsohn. »Du freilich schienst meinem ... Erlebnis an jenem Tag nicht allzuviel Bedeutung beizumessen. Du meintest, es hänge mit meiner Entwicklung zusammen und werde sich wohl nicht wiederholen.«
»Ich sagte das, weil ich mir damals selbst nicht sicher war«, ge-

stand der Graubärtige. »Doch inzwischen bin ich es und behaupte: Du hattest weitere derartige Visionen, bereits vorher – und auch später wieder!«
»Aber keine war so deutlich wie jene eine im Mondring«, entfuhr es Alois. Dann, weil ihn die braunen Augen Jakobs nicht losließen, setzte er hinzu: »Die anderen Male, bei drei oder vier Gelegenheiten, handelte es sich nur um flüchtige Bilder ... Wie Schatten oder Schemen, die sich nicht greifen lassen wollen. So, als würde etwas kurz vor meinen Augen flirren, um sich jäh wieder aufzulösen ...«
Der Eremit nickte wissend und wechselte scheinbar das Thema: »Als ich dich einst in den unterirdischen Tempel nahe der Sonnensteine führte, erkanntest du die Erdmutter. Später, bei den Mondmonolithen, erzählte ich dir von Arianrhod. Dort erschautest du auch die drei Frauen: die Junge, wiederum die Mutter und die Greisin, die zusammen den sich ständig erneuernden Kreis des Lebens bilden. Und heute erkläre ich dir: Sie alle – die Erdmutter, Arianrhod und die Trias – sind eins. In welcher Gestalt auch immer du sie erahnst oder erblickst, stets sind sie Emanationen der Großen Göttin und bilden das heilige Geflecht, welches unendlich weit über jene Zeitspanne hinausreicht, die dir oder mir in unserem gegenwärtigen Dasein zugemessen ist. Sie sind das Göttliche in jener Gestalt, in der wir Irdischen seine unendliche Größe erahnen können. Diese ewige, liebevolle Kraft aber wird dich, schon vorhin deutete ich es an, behüten. Sie wird es tun, weil sie dir für dein späteres Leben eine Aufgabe zugedacht hat, welche dich hoch über andere Menschen erheben soll. Aus diesem Grund zeigte die Dreifache Göttin sich dir im Ring der Steine, und deshalb spürtest du auch in den folgenden Jahren dann und wann wieder ihre geheimnisvolle Ausstrahlung.«
Nach dem letzten Satz Jakobs schwiegen beide Männer lange. Erst als der Einsiedler spürte, daß sein Schützling das Gehörte verarbeitet hatte, brachte er das Gespräch behutsam wieder auf alltäglichere Dinge.
Später unternahmen die Freunde einen Spaziergang durch den Herbstwald, zwischen dessen Bäumen der milde Schein der Nachmittagssonne leuchtete. Zuletzt begleitete Alois den Grau-

bärtigen wieder zu seiner Hütte und verabschiedete sich dort von ihm. Tief in Gedanken versunken legte der Zwanzigjährige sodann den stundenlangen Weg nach Scharam zurück. Erst nach Einbruch der Abenddämmerung traf er dort ein; beim Anblick des Einödhofes wurde ihm jäh und schmerzhaft bewußt, daß ihm nur noch drei weitere Tage in der Heimat blieben.

***

Anfang November 1914, kurz nach dem Allerheiligenfest, wurde das gesamte Freisinger Jägerregiment, dem auch der Gefreite Alois Irlmaier angehörte, an die Ostfront in Marsch gesetzt. Die Viehwaggons, in denen die Soldaten zusammengepfercht waren, rollten zunächst über Passau, Budweis und Brünn nach Mährisch-Ostrau. Von dort aus führte der Transport, die nördlichen Ausläufer der Karpaten überquerend, weiter Richtung Krakau und schließlich zum östlich davon gelegenen Fluß Dunajec, der die Grenze zu Galizien bildete. Hier lagen sich die russischen und österreichisch-bayerischen Armeekorps seit Oktober gegenüber, nachdem die unter habsburgischem Oberbefehl stehenden Divisionen im August und September bereits bis Lemberg und Warschau vorgestoßen, dann aber von den zaristischen Truppen wieder zurückgetrieben worden waren.

Nebelschwaden hingen über dem Strom, als die Kompanie Irlmaiers in ihre Stellungen einrückte: eine Reihe primitiver, aus Balken und Lehm errichteter Unterstände am westlichen Abhang des Flußtales. So weit das Auge reichte, wirkte das Land geschändet; Dörfer und Gehöfte waren zerschossen, die Auwälder von unzähligen Granateinschlägen umgepflügt. Dazwischen verliefen, gleich schwärenden Wunden, die der Krieg in die Erde gerissen hatte, kreuz und quer die Schützengräben und Stacheldrahtverhaue. Noch während der Gefreite zusammen mit seiner Korporalschaft den Bunker bezog, begannen die Kanonen, deren Grollen schon Dutzende von Kilometern entfernt zu vernehmen gewesen war, erneut zu feuern. Die krepierenden russischen Geschosse schleuderten Lehm- und Schlammfontänen hoch; unmittelbar darauf antwortete die österreichische Artillerie.

Der Soldat, der sich neben dem Bauernsohn aus Scharam an die glitschige Wand des Unterstandes preßte, gab dem allgemeinen Empfinden Ausdruck, als er fluchte: »Kreuzkruzifix! Wir sind in der allerdicksten Scheiße gelandet!« Damit sollte er recht behalten, denn kaum eine Stunde nach der Ankunft des Freisinger Regiments waren bereits mehrere Tote und Verwundete zu beklagen.

Tagelang hielten die Artillerieduelle an, Mitte November dann kam es zu einer breit angelegten Offensive Richtung Osten. Unter schwerem Beschuß setzte auch Irlmaiers Einheit über den Dunajec und stieß während der beiden folgenden Wochen tief nach Galizien hinein vor. In den ersten Dezembertagen jedoch wendete sich das Blatt. Jetzt formierten sich die zaristischen Truppen zum Gegenangriff und drängten das Jägerregiment samt der Division, deren Befehl es unterstand, zu den nördlichen Ausläufern der Karpaten zurück. Dort verschanzten sich die bayerischen Kompanien Ende Dezember 1914 abermals – damit begann, ebenso wie an der Westfront in Frankreich, der Stellungskrieg.

Gleich seinen Kameraden wurde auch der Gefreite Irlmaier zum »Grabenschwein«, wie es im Militärjargon hieß. Tag und Nacht harrten die Soldaten in den Schützengräben und Erdbunkern aus. Wenn von irgendwoher ein Alarmruf gellte, begannen sie zu schießen und Handgranaten zu werfen; dann wieder gingen sie selbst vor, bis sie ins Feuer des Gegners rannten oder sich in verbissene Nahkämpfe mit Karabiner, Bajonett und sogar dem kurzen Schanzspaten verwickelt sahen. Die Gefallenen wurden, wenn möglich, notdürftig verscharrt; vorne im Niemandsland blieben die Toten einfach in den Stacheldrahtverhauen hängen. Dort mästeten sich die Leichenratten an den Kadavern, vermehrten sich bald explosionsartig und wurden in den Unterständen zu einer zusätzlichen Plage. Seuchen wie Ruhr und Typhus brachen aus; zeitweise vermochten die primitiven Feldlazarette die Infizierten und dazu die vielen Verwundeten nicht mehr zu fassen, so daß die fiebernden und blutenden Männer unter freiem Himmel lagen.

Angesichts all dessen empfand so mancher Landser es beinahe wie eine Erlösung, als im Sommer 1915 eine weitere Offensive anlief. Die österreichisch-bayerischen Truppen nahmen Lemberg ein, auf der Höhe dieser Stadt erstarrte die Front jedoch erneut. Wieder kam es zu monatelangen Grabenkämpfen – und im Oktober des genannten Jahres wurde auch Alois Irlmaier zu einem der zahllosen Opfer des Krieges.

Seine Korporalschaft hatte den Befehl bekommen, ein Spähtruppunternehmen bis unmittelbar an den gegenüberliegenden feindlichen Frontabschnitt durchzuführen. In der dunkelsten Stunde der Herbstnacht krochen die zehn Soldaten und der Unteroffizier aus dem Schützengraben und robbten, jede Deckung ausnützend, vor bis zum Niemandsland. Das erste Stück drangen sie relativ ungehindert in den vielfach zerschossenen Stacheldrahtverhau ein, nach einer Weile jedoch mußten sie die Drahtscheren einsetzen. Mit angehaltenem Atem arbeiteten die vordersten Männer, einer von ihnen war der Gefreite aus Scharam. Sein Puls raste, während die scharfen Backen des Werkzeugs einen verrosteten Metallstrang nach dem anderen durchtrennten; immer wenn er in den kurzen Pausen dazwischen sicherte und er sich des süßlichen Leichengeruchs bewußt wurde, glaubte er den Tod hautnah zu spüren. Doch nichts passierte; weiter und weiter arbeiteten sie sich vor – bis plötzlich links von Irlmaier eine kurze, scharfe Detonation erfolgte und eine grelle Feuerflamme gen Himmel stach.

Während die Druckwelle ihn mehrere Meter zur Seite schleuderte, begriff der Einundzwanzigjährige, daß sein Kamerad auf eine Mine getreten war. Im nächsten Moment setzte sein Denken aus, denn jetzt brach unvermittelt das Inferno los. Von mehreren Seiten feuerten Maschinengewehre, Handgranaten explodierten, dazwischen knallten in wildem Stakkato Dutzende von Karabinerschüssen. Irgendwo schrie ein Mensch wie ein Tier; im gleichen Augenblick, da der Gefreite den grauenhaften Laut registrierte, traf ihn selbst eine Kugel. Der glühend heiße Stich fuhr tief in seine Brust, instinktiv verkrampfte Alois die Hand über der Wunde. Einen Herzschlag später war nur noch abgrundtiefe Finsternis um ihn: ein pechschwarzer Wirbel, der das Leben aus ihm zu saugen schien.

Stunden später, als Irlmaier wieder zu sich kam, wurde ihm allmählich klar, daß er in einem Lazarettzelt liegen mußte. Um ihn

herum war das Stöhnen und Röcheln der anderen Verwundeten; schwer hing der Dunst nach Karbol, Blut und Eiter in der Luft. In seiner immer noch halb ohnmächtigen Schwäche benötigte er Minuten, um den Arm zu bewegen und seinen Oberkörper zu betasten. Endlich fühlte er den durchfeuchteten Verband; stückweise glaubte er sich an das zu erinnern, was geschehen war. Doch über die Schwere seiner Verletzung blieb er im ungewissen, bis sich irgendwann ein Sanitäter über ihn beugte. Als der Mann, der in seinem blutbesudelten Kittel einem Schlächter glich, bemerkte, daß der Gefreite ansprechbar war, klärte er ihn auf: »Es ist ein Lungenschuß, du bist aber bereits operiert. Und auch sonst hast du großes Glück gehabt. Obwohl fast die Hälfte eurer Korporalschaft gefallen ist, haben deine überlebenden Kameraden es geschafft, dich aus dem Niemandsland zurückzuschleppen.«
Während der folgenden Tage glühte der Körper des Einundzwanzigjährigen im Wundfieber. Meistens war er wieder besinnungslos; in den wenigen klaren Momenten, die er zwischendurch hatte, befiel ihn panische Angst, er könnte an seinem eigenen Schleim und den Sekreten, die ihm das Atmen fast unmöglich machten, ersticken. Zuletzt indessen besserte sich sein Zustand so weit, daß der Stabsarzt ihn für transportfähig erklärte und ihn hinter die Front verlegen ließ. Beinahe zwei Monate verbrachte er im Divisionslazarett in einer Kleinstadt etwa vierzig Kilometer westlich von Lemberg; als er schließlich zu seiner Kompanie zurückkehrte, war längst der Winter von 1915 auf 1916 hereingebrochen.

***

Neuerlich wurde Alois Irlmaier zum »Grabenschwein« im Stellungskrieg, bis im Juni 1916 der russische General Brussilow eine großangelegte Offensive gegen den Südabschnitt der Front führte, wo zusammen mit seiner Kompanie auch der Scharamer Gefreite lag. Erst im August, nachdem mehr als dreihunderttausend österreichische und deutsche Soldaten in Gefangenschaft geraten und weitere Hunderttausende gefallen oder verwundet waren, konnte der Vormarsch der zaristischen Truppen zum Stehen gebracht werden.

Abermals verlief die Hauptkampflinie nun am Nordrand der Karpaten; bis Anfang Oktober verteidigte die Einheit Irlmaiers unter ständigen blutigen Verlusten den ihr zugeteilten Frontabschnitt: einige hundert Meter des tief gestaffelten Schützengrabensystems mit seinen Stacheldrahtverhauen im Vorfeld. Konnten die Landser sich gelegentlich auf die ein Stück hinter den Gräben liegende Waldlichtung mit den zersplitterten Baumleichen zurückziehen, erschien ihnen dies bereits wie eine Gnade; die fauligen Ausdünstungen der Schlammlöcher dort nahmen sie angesichts des Todes, der weiter vorne allgegenwärtig war, gerne in Kauf.
Doch dann, an einem Tag im frühen Oktober dieses Jahres 1916, schlug der Tod unvermittelt und mit furchtbarer Grausamkeit auch auf der Waldlichtung zu. Der russische Artillerieüberfall erfolgte von einer Sekunde auf die andere; Alois Irlmaier sah, wie ein Infanterist, mit dem er eben noch gesprochen hatte, von einer Granate zerrissen wurde. In Panik, während eine weitere Salve schwerer Geschosse heranorgelte, hastete der Gefreite zum nächstgelegenen Bunker und schaffte es mit knapper Not, in Deckung zu kommen. Hinter ihm hechtete sein Korporal in den Unterstand, in dem sich bereits mehrere andere Soldaten befanden. Zusammengekauert drückten sich die Männer gegen den glitschigen Lehm und hofften, der Erdbunker würde ihnen auch diesmal den Schutz bieten, den sie zum Überleben benötigten.
Wenig später, als sie eben glaubten, das Schlimmste sei überstanden, erschütterte ein Volltreffer den Unterstand. Die Detonation schleuderte eine Lawine aus Lehmbrocken, Gestein und Balkentrümmern gegen den Gefreiten und seine Kameraden; etwas Hartes traf den Schädel Irlmaiers und raubte ihm das Bewußtsein. Irgendwann kam er wieder zu sich und fand sich lebendig begraben: eingequetscht unter einem angekohlten Balken, der sich durch Lehm und Steintrümmer gerammt und dabei einen schmalen Hohlraum gebildet hatte. Stunden rang der Verschüttete nach Luft; Stunden, die sich zu Ewigkeiten dehnten. Einzig ein kaum spürbarer Luftstrom verband ihn fadendünn noch mit dem irdischen Dasein: eine zitternde Nabelschnur, die aus dem verborgenen Geäder der Erde direkt

zu einem winzigen und zugleich grenzenlosen Punkt sehr tief in seinem Gehirn reichte. Und dort, wie von langsam sich wiegenden Wellen getragen, konzentrierte sich nun alles, was das wahre Sein des Agonierenden ausmachte; von hier aus erfolgte zuletzt so etwas wie ein befreiender Ausbruch auf höherer mentaler Ebene.

Er erblickte die geschändete Waldlichtung und sah die frischen Granattrichter neben den alten Schlammlöchern. Er erkannte die Gefallenen seiner eigenen Einheit, zusätzlich aber weiter vorne im Stacheldrahtverhau die Leichen in den feindlichen Uniformen, die vor dem Feuerüberfall noch nicht dagewesen waren. Die Blöße im Forst lag jetzt menschenleer da, in der Ferne allerdings wurde heftig gekämpft. Dort hingen Rauchwolken über dem Boden, explodierten Schrapnells – und dies alles spielte sich unter einer Sonne ab, die sich widernatürlich schnell über einen in wechselnden Farben changierenden Himmel bewegte.

Dann lösten die Konturen des Frontabschnittes sich auf und wurden zu flutendem Nebel; der samtig fließende Dunst trug den Gefreiten zurück nach Scharam und in seine Kindheit. Er führte ihn zum Feenstein und weiter durch die Jahre seines kurzen Lebens, bis er sich in dem zusammengeschossenen Bunker – und gleich darauf erneut draußen auf der Waldlichtung wiederfand. Doch nun bewegten sich Menschen auf dem Gelände: Soldaten mit vertrauten Gesichtern, welche das Waldstück stürmten und dabei auf einzelne fliehende Russen feuerten. Schnell hatte die bayerische Kompanie die Lichtung und das weiter vorne liegende Grabensystem besetzt; nur sporadisch, vom Niemandsland her, waren jetzt noch Schüsse zu hören. Wiederum wenig später näherte sich eine Gruppe von Männern unter Führung eines Sergeanten dem verschütteten Unterstand – und Alois Irlmaier vernahm jedes Wort, das sie wechselten, so deutlich, als befände er sich bei ihnen.

»Vier Tage sind vergangen, seit der Iwan die Front hier eindrückte und der Bunker den Volltreffer abkriegte«, äußerte einer der Landser. »Ausgeschlossen, daß dort unten noch wer am Leben ist.«

Andere stimmten zu; der Sergeant stand nachdenklich dabei, bis

er schließlich entschied: »Die Toten zu bergen, ist wirklich sinnlos. Es genügt, wenn wir ein Kreuz auf die Stelle setzen.«
»Nein! Holt mich hier raus!« Der eben noch metertief unter der Erde liegenden Gefreite war den Kameraden seiner Einheit plötzlich auf Tuchfühlung nahe; verzweifelt schrie er sie an, doch keiner reagierte.
Zumindest glaubte er das, bis der Sergeant, der sich bereits abgewandt hatte, jäh herumfuhr, noch einmal auf den zusammengeschossenen Unterstand starrte und mit seltsam belegter Stimme befahl: »Wir graben doch!«
Verständnislos blickten seine Untergebenen ihn an, endlich nahm einer den kurzen Spaten vom Koppel und machte sich an die Arbeit. Mit mißmutigen Gesichtern folgten die übrigen seinem Beispiel; langsam wurde das Loch in der zusammengebackenen Masse aus Lehm, Steinbrocken und zersplitterten Holztrümmern tiefer. Ungefähr eine halbe Stunde verstrich; unvermittelt dann stieß das Werkzeug eines der Männer in einen Hohlraum und fand nachgiebigen Widerstand. Der Soldat stutzte, einen Herzschlag später glaubte er ein Stöhnen zu hören. Er zog den Spaten zurück, tastete mit der Hand in den Spalt und fühlte zuckendes menschliches Fleisch.
Es dauerte noch geraume Zeit, bis der angekohlte Balken, der den Körper des Verschütteten einklemmte, völlig freigelegt und entfernt war, so daß der Gefreite geborgen werden konnte. Nachdem es gelungen war, knieten der Sergeant und die übrigen bei ihm nieder; einer der Männer sagte rauh: »Der Herrgott hat ein Wunder an ihm getan!«
Die Lippen des Scharamers bewegten sich, mühsam flüsterte er: »Nein, die Erdmutter ...«
Aber die gehauchten Worte waren so schwach, daß die Soldaten sie nicht verstanden; zudem schickten sie sich jetzt bereits an, ihn hochzuheben.
Dann, während er weggetragen wurde, hatte Alois Irlmaier eine Erleuchtung. Er wußte plötzlich mit unverbrüchlicher Sicherheit: Der Krieg würde weitere zwei Jahre dauern und noch einmal Millionen Opfer fordern – auch für ihn selbst würde diese Zeit noch einmal sehr hart werden. Aber zuletzt würde es ihm vergönnt sein, heimzukehren.

Zweites Buch

Die dunkle Madonna

(1918–1939)

Die Heimkehr

In der Freisinger Kaserne hatte ein Korporal, den seine rote Armbinde als Angehörigen des Soldatenrates auswies, die Entlassungspapiere für Alois Irlmaier unterzeichnet und ihm auch den Militärfahrschein für die Eisenbahn ausgestellt. Jetzt, an einem der ersten Dezembertage 1918, saß der entsetzlich abgemagerte Gefreite im Zug, blickte frierend auf die frühwinterliche Landschaft draußen und erinnerte sich an die dramatischen Ereignisse der vergangenen Wochen.

Anfang November war er aus Galizien, wo nach der russischen Oktoberrevolution und trotz des am 3. März 1918 mit der bolschewistischen Regierung geschlossenen Friedens von Brest-Litowsk anarchische Zustände geherrscht hatten, in die Heimat zurückgekehrt. Kaum war er in der Garnisonsstadt eingetroffen, hatte sich wie ein Lauffeuer die Nachricht verbreitet, daß ein Schriftsteller namens Kurt Eisner in München die Revolution ausgerufen, König Ludwig III. verjagt und den Freistaat Bayern proklamiert hatte. Einige Tage später war es in Berlin und Wien ebenfalls zum Umsturz gekommen; Kaiser Wilhelm II. hatte abgedankt und war nach Holland geflohen, der letzte habsburgische Monarch Karl I. in die Schweiz. Schon am 9. November, einen Tag nach dem Volksaufstand in München, hatten die Arbeiter- und Soldatenräte auch in Freising die Macht übernommen und die Offiziere für abgesetzt erklärt. Am 11. des Monats wiederum war im Wald von Compiègne der Waffenstillstand zwischen dem Deutschen Reich und den Alliierten unterzeichnet und damit der Erste Weltkrieg offiziell beendet worden.

Nun, da dem Scharamer Bauernsohn all diese Geschehnisse noch einmal gegenwärtig wurden, verdichteten sich einige davon zu schlaglichtartigen Bildern. Er sah sich selbst die rote Armbinde tragen: als Mitglied der kompaniestarken Abordnung überlebender Frontkämpfer, die in der zweiten Novemberhälfte auf Lastwagen nach München gefahren war, um dem zunächst noch provisorischen Ministerpräsidenten Eisner den Rücken zu stärken. Dann neuerlich Szenen aus Freising: wie er und andere, denen das vieltausendfache Sterben in den Schützengräben die Augen geöffnet hatte, bewaffnet durch die Straßen patrouillierten, um diejenigen einzuschüchtern, welche sich, spießbürgerlich verstockt, gegen die Revolution sträubten. Auch zu einem Marsch hinauf zum Domberg war es gekommen, wo die Prälaten, um ihre eigene wankende Macht fürchtend, Stimmung gegen die neue Regierung zu machen versuchten. Schließlich, als sichergestellt schien, daß die demokratischen Kräfte das Heft in der Hand behalten würden, die Entlassung aus dem Militärdienst: das Papier, welches ihm der zum Soldatenrat gewählte Korporal in die Hand drückte und das ihm, nach sechs Jahren in Uniform, seine Freiheit zurückgab.

Alois Irlmaier warf einen letzten Blick auf die unter dem frühwinterlichen Himmel grau wirkende Silhouette der Garnisonsstadt in der Ferne. Dann lehnte er sich auf der harten Holzbank zurück und schloß die Augen; im nächsten Moment spürte er mit allen Fasern, wie unendlich müde und ausgelaugt er war. Gleich darauf kam der Dämmerschlaf, doch schon bald schreckte der Vierundzwanzigjährige wieder hoch, weil er im Unterbewußtsein das Herannahen der Alpträume fürchtete. Auf diese Weise, hin und her gerissen zwischen Erschöpfung und Angst vor den grauenhaften Bildfetzen, brachte er die stundenlange Fahrt hinter sich. Erst am späten Nachmittag, als der Zug den Siegsdorfer Bahnhof erreichte, wurde sein Kopf klarer, und die Vorfreude auf das Wiedersehen mit seinen Angehörigen verdrängte jetzt auch die Beklemmungen.

Lange nach Einbruch der Dunkelheit überwand er den letzten steilen Anstieg zum Einödhof. Schemenhaft schälten sich die Konturen der Gebäude aus der Finsternis; an einer Stelle leuchteten matt zwei hellere Flecken: die Fenster der Küchenstube. Obwohl der Schneeregen, der fast den ganzen Weg über gefallen war, ihn bis auf die Haut durchnäßt hatte, blieb Alois eine ganze Weile reglos stehen. Mit Tränen in den Augen ließ er das Gefühl, endlich heimgekehrt zu sein, auf sich einwirken; erst als er plötzlich heftig zu frösteln begann, tat er die letzten Schritte. Aus dem Hausflur schlug ihm der vertraute Geruch entgegen, in der nächsten Sekunde öffnete sich die Küchentür.

Auf der Schwelle stand seine Mutter, die ihn zuerst ungläubig anstarrte und ihn dann mit einem erstickten Aufschrei in ihre Arme zog.
Bis tief in die Nacht hinein saß die Familie am großen Tisch im Stubeneck zusammen; der Bauer, der mittlerweile beinahe sechzig Jahre zählte, hatte seinen Sohn für diesmal auf den Ehrenplatz unter dem geschnitzten Kruzifix im Herrgottswinkel genötigt. Zuerst zögernd, nach einem Imbiß und ein paar Schlucken Schnaps mitteilsamer, beantwortete der Erbe des Bruckthaler-Anwesens die Fragen der anderen: der Eltern, des jetzt schon halbwüchsigen Bruders Hans und der Magd Theresia. Die Großeltern freilich fehlten; Alois wußte aus den Briefen, die ihn an der Front erreicht hatten, daß der Austrägler und sein Weib kurz nacheinander schon im Spätwinter 1915 verstorben waren. Auch der Schemel am Tischende, der einst Sebastian gehört hatte, blieb leer. Die Arbeit auf dem Hof war dem betagten Knecht im vergangenen Jahr zu schwer geworden, deshalb war er nun als Pferdepfleger in einer Traunsteiner Brauerei tätig; derjenige, der die Stelle vor ihm innegehabt hatte, lag in einem Massengrab bei Verdun.
Nachdem der entlassene Soldat von seinen Erlebnissen der vergangenen Monate berichtet hatte, hörte er seinerseits, was das Bruckthaler-Anwesen während der letzten Zeit des Krieges an Schicksalsschlägen hatte ertragen müssen. Im Frühjahr waren von Gendarmen begleitete Beamte der staatlichen Ernährungskommission aufgetaucht und hatten angesichts des in den Städten immer ärger grassierenden Hungers einen Teil des Viehbestandes beschlagnahmt. Jeder dritte Stand im Rinderstall war seitdem verwaist, dennoch waren die festgesetzten Milchabgaben unverändert hoch geblieben. Damit nicht genug, war nach einem verregneten Sommer die Ernte extrem schlecht ausgefallen; da die Behörden trotzdem auch Getreide konfisziert hatten, würde für die neue Aussaat wahrscheinlich Korn hinzugekauft werden müssen.
»Aber wir werden es schon schaffen, jetzt wo du wieder daheim bist, Bub«, sagte Anna Irlmaier zuletzt. »Die Madonna von Maria Eck hat dich gesund zurückgebracht, und sie wird auch unseren Hof nicht untergehen lassen.«

»Besonders weil wir jetzt wieder zwei Hände mehr zum Zupacken haben«, setzte der Bauer hinzu.
»Ein paar Wochen Erholung müssen wir dem Alois freilich gönnen, damit er sich erst einmal erholen kann«, warf die Magd Theresia ein. »Bloß noch Haut und Knochen ist er; in der Seele tut's einem weh, wenn man ihn anschaut!«
»Ich kann froh sein, daß ich überhaupt zurückgekommen bin«, murmelte der Vierundzwanzigjährige. »So viele von meinen Kameraden haben weniger Glück gehabt, die sind draußen geblieben im Feld ...«
Taumelnd erhob er sich, schwankte auf einmal vor Müdigkeit und spürte dankbar, wie die Mutter ihn stützte. Als sei er wieder zum Kind geworden, brachte sie ihn nach oben, in seine Kammer. Kaum lag er auf dem Bett, wußte er von nichts mehr; erst in den Morgenstunden kamen abermals die Alpträume.

***

Auch während der folgenden Wochen, in denen er sich von neuem an die Bauernarbeit gewöhnte, verfolgten ihn die Nachtmahre. Insgeheim hatte er gehofft, sie würden verschwinden, sobald er endlich die verhaßte Uniform abgelegt hätte. Doch nach wie vor suchten ihn die beklemmenden Bildfetzen heim: die stets nur kurzen, doch um so grauenhafteren Angstträume, die sich erstmals eingestellt hatten, nachdem er halbtot aus dem verschütteten Unterstand geborgen und ins Lazarett gebracht worden war.
Zunächst hatte er nur gelegentlich unter ihnen gelitten, später häufiger, doch immer glichen sie sich. Anfangs glaubte er sich erneut auf der geschändeten Waldlichtung in Galizien zu sehen: zusammen mit dem Korporal und dem bärtigen Infanteristen, dessen Körper mit dem nächsten Lidschlag von der einschlagenden Granate zerfetzt wurde. Gleich darauf befand er sich im verschütteten Bunker, rang unter Lehmmassen, Steinbrocken und Balkentrümmern wiederum um sein Leben, bis jäh eine unendlich tiefe Schwärze kam, die sein Bewußtsein auslöschte. Bis dahin war alles, wenn auch zeitlich extrem gerafft, so, wie er es auch in der Realität durchgestanden hatte; doch in seinen

Alpträumen erwuchsen nun aus der absoluten Finsternis neue Greuel. Es schien, als stürmten jetzt aus der undurchdringlichen Dunkelheit, die plötzlich wie ein brodelndes und dennoch nicht greifbares Miasma war, Myriaden entsetzlicher Bilder auf ihn ein: die ganze Fülle der Schrecknisse, zu deren Zeugen er während der Kriegsjahre geworden war. Und aus diesem blasphemischen Strudel heraus bildeten sich weitere Mahre: unbeschreiblich gräßliche Visionen, die nichts mehr mit seiner Welt und Zeit zu tun hatten.

Nie vermochte er die höllischen Szenen wirklich zu fassen; sobald er den Blick auf sie zu fixieren versuchte, wichen sie an den Rand seines Gesichtsfeldes zurück. Doch er erahnte sie jenseits einer Schwelle, die am äußersten Ende des gegenwärtig noch jungen Jahrhunderts lag; er spürte sie über eine Erde hereinbrechen, welche nicht mehr die seine, sondern diejenige seiner Enkel oder Urenkel war. Dort, in einer generationenweit entfernten Zukunft, schienen die flirrenden Konturen des Widergöttlichen sich auszuformen: unsäglich abstoßende Bilder, denen er mit einem Teil seines Seins nicht entrinnen konnte, obwohl sie sich ihm nie wirklich entschlüsselten. Zuletzt dann, während er, zwischen Grauen und manischem Erkenntniszwang hin und her gerissen, noch mit den infernalischen Schemen rang, packte ihn Panik. Schweißgebadet und keuchend kam er zu sich, lag mit jagendem Puls noch lange wach und empfand schreckliche Furcht, erneut in jene Bereiche abzugleiten, wo die Alpträume lauerten.

***

Wochenlang, während das alte Jahr endete und das neue begann, litt der Kriegsheimkehrer auf diese Weise. In der zweiten Januarhälfte schließlich beschloß er, Hilfe bei dem einzigen Menschen zu suchen, welchem er das dazu nötige Wissen zutraute: bei Jakob, dem Eremiten. Ohnehin hatte er längst vorgehabt, wieder einmal hinüber zum Hochfelln zu wandern; dann freilich war jedesmal die Arbeit auf dem Hof vorgegangen. Doch jetzt, an einem Sonntagmorgen, nachdem die Rinder im Stall versorgt waren, teilte er den Eltern seine Absicht mit.

Sowohl Anna Irlmaier als auch ihr Gemahl, die sich eben zum Kirchgang hinüber nach Eisenärzt anschickten, blickten ihn überrascht an, dann sagte der Bauer bedeutungsvoll: »Wir legen dir nichts in den Weg. Aber der Einsiedler hat sich nie mehr bei uns sehen lassen, seit du damals in den ersten Kriegstagen zum Abschied bei ihm warst ...«
»Wahrscheinlich wollte er euch nicht zur Last fallen«, erwiderte Alois; das seltsame Gefühl, das ihn bei den Worten seines Vaters unvermittelt beschlichen hatte, verdrängte er.
Wenig später wanderte er nach Maria Eck hinauf, passierte den Feenstein, bog jenseits der Wallfahrtskirche auf einen Waldweg ab und erreichte gegen elf Uhr den südlichen Hang des Hochfelln. Der Schnee knirschte unter seinen Sohlen, und sein Atem zeichnete milchige Fahnen in die Luft, als er das letzte Stück bis zu dem kleinen Tal zurücklegte. Endlich erblickte er den natürlichen Absatz im Hang, auf dem die drei Föhren wuchsen; zwischen den Bäumen stand unverändert die Blockhütte. Zumindest im ersten Moment hatte der Kriegsheimkehrer diesen Eindruck – dann jedoch stutzte er plötzlich. Denn bei genauem Hinsehen fiel ihm auf, daß das Dach des bescheidenen Gebäudes an mehreren Stellen eingesunken war; hinzu kamen die vielfältigen Wildspuren im Firn nahe bei der Hütte.
»Der Platz ist verlassen, seit Jahren schon!« flüsterte er erschrocken. Gleich darauf war er bei der Tür und bemühte sich, sie zu öffnen. Das Holz hatte sich verzogen; nur unter Anwendung von Gewalt gelang es ihm, sich Zugang zu verschaffen. Drinnen bestätigte sich das, was er sowieso schon befürchtet hatte. Der einst so heimelige Raum war bis auf das letzte Möbelstück ausgeräumt; durch die kaputten Dachschindeln war Schnee hereingerieselt und hatte sich auf den Dielen zu Wächten gehäuft.
Lange starrte Alois Irlmaier auf dieses trostlose Bild. Endlich ging er still wieder nach draußen, schloß die Brettertür so gut wie möglich und verließ den Ort, dessen gesamte Ausstrahlung er jetzt als bedrückend empfand. Doch er schlug nicht die Richtung zurück nach Scharam ein, sondern folgte einem Holzweg, der ein Stück tiefer am Berg nach Osten verlief. Der tief eingeschnittene Pfad führte zu einem Einödhof, der gut eine

Stunde entfernt lag und den Alois von früher kannte; dort erfuhr er dann, was er wissen wollte.
»Im Herbst 1916 hat ein Jäger den Einsiedler aufgefunden«, erzählte der Bauer. »Höchstens zwei Stunden, nachdem der Tod eingetreten war.«
»Bei der Quelle unterhalb seiner Behausung ist er gelegen«, fügte sein Weib hinzu. »Und es hat keine Anzeichen dafür gegeben, daß er sich lange hätte quälen müssen.«
Stumm nahm Alois die Kunde vom Tod seines Freundes und Lehrers hin. Für eine Weile war in der Stube nur das langsame Ticken der Wanduhr zu hören. Nach einigen Minuten schien sich der junge Irlmaier unvermittelt auf etwas zu besinnen und erkundigte sich mit rauher Stimme: »Wann genau ist Jakob gestorben? In welchem Monat im Herbst des dritten Kriegsjahres?«
»Anfang Oktober«, erwiderte der Einöder und nannte nach kurzem Besinnen auch das Datum.
In den dunklen Augen des Scharamers malte sich jähes Erschrecken, unmittelbar darauf eine Ahnung von Begreifen. »Galizien«, flüsterte er kaum hörbar. »Derselbe Tag, an dem ich dort ...«
»Was sagst du?« kam es von der Bäuerin.
»Nichts«, stieß Alois hervor. »Ich habe nur ... ich würde bloß noch gerne wissen, wo man den Eremiten begraben hat.«
»Auf dem Ruhpoldinger Friedhof liegt er«, antwortete der Bauer. »Dort hat er ein Armengrab bekommen.«
»Und die Behörden haben sich wohl an dem schadlos gehalten, was die Versteigerung seiner paar Habseligkeiten erbrachte?« fragte Alois Irlmaier.
»So war's«, nickte der Einöder, während sein Weib nun eine Flasche mit Enzianschnaps aus dem Wandschrank holte, damit auf das Andenken des Toten angestoßen werden konnte.
Nachdem dem Brauch Genüge getan war, verabschiedete sich Alois und machte sich wieder auf den Weg. Jenseits des Tales, in dem das einschichtige Anwesen stand, stieß er auf die Landstraße, welche nach dem ungefähr zehn Kilometer entfernten Marktflecken Ruhpolding führte. Er hatte Glück, denn bald hielt ein Viehhändler an, der mit seinem Einspänner in der glei-

chen Richtung unterwegs war, und lud ihn zum Mitfahren ein. Am Nachmittag war der Ort erreicht; wenig später betrat Alois den Kirchhof und erkundigte sich bei einigen alten Frauen, die soeben zur Nachmittagsandacht gingen, nach dem Armengrab, das er suchte.

Der Platz, wo Jakob beigesetzt worden war, lag ganz hinten auf dem Areal. Die meisten der schmalen Grabstätten dort wirkten vernachlässigt und waren lediglich durch Holzkreuze gekennzeichnet. Auf einem davon entdeckte Alois den Vornamen seines Freundes; erstaunt stellte er zudem fest, daß auf dem Erdhügel darunter ein kleines immergrünes Gebinde steckte, das höchstens einige Wochen alt sein konnte.

Irgend jemand kümmert sich um das Grab, dachte er dankbar, während er sich bückte und ein paar Blätter alten Laubs entfernte, die der Wind herangetragen hatte. Die Berührung mit der toten Materie, aus der irgendwann dennoch wieder neues Leben entsprießen würde, tröstete ihn auf seltsame Weise; im nächsten Moment kniete er im dünnen Schnee und raunte: »Alles Dasein ist miteinander verknüpft, so hast du es mich gelehrt, Jakob. Und an jenem Tag Anfang Oktober 1916 hast du es mir bewiesen. An der Quelle unterhalb deiner Hütte bist du damals gestorben, mich aber haben die Kameraden zur gleichen Zeit aus dem verschütteten Unterstand in Galizien geholt, weil du ...«

Er brach ab; im vollen Begreifen des Unbegreiflichen barg er das Antlitz in den Händen – einen Herzschlag später glaubte er die körperlose Stimme des Eremiten zu vernehmen: »Das Geflecht, welches unendlich weit über jene Zeitspanne hinausreicht, die dir oder mir zugemessen ist ... Diese ewige, liebevolle Kraft wird dich behüten ... Weil sie dir für dein späteres Leben eine Aufgabe zugedacht hat ...«

»Ja, das waren deine Worte an jenem Nachmittag, als wir uns zum letzten Mal sahen«, flüsterte Alois Irlmaier. »Damals, ehe ich an die Front mußte ...« Sanft berührte er die Erde, welche den Körper seines Lehrers bedeckte; dann richtete er sich langsam wieder auf.

Reglos und tief in Gedanken versunken stand er da – bis er auf einmal die Gegenwart eines anderen Menschen spürte. Als er den Kopf wandte, erblickte er eine junge Frau, die, von der Kirche kommend, soeben die letzten Schritte bis zur Grabstätte zurücklegte. Sie war mittelgroß, mochte um die zwanzig Jahre alt sein und trug einfache bäuerliche Kleidung. Unter ihrem Kopftuch lugten dunkle, füllige Locken hervor; nun, während sie bei ihm stehenblieb, sah der Erbe des Bruckthaler-Hofes, daß ihre blauen Augen einen erregenden Kontrast zu ihrem brünetten Haar bildeten.

Er schluckte, bemühte sich verwirrt, ein unverfängliches Wort über die Lippen zu bringen; letztlich aber war sie es, die ihn ansprach: »Hast du ihn gekannt, den Jakob?«

Alois nickte, dann gelang es ihm, die Gegenfrage zu stellen: »Und du auch, gell?«

Die Fremde – ihr Gesicht war oval, fast herzförmig, wie er jetzt feststellte – bestätigte es: »Der Einsiedler ist manchmal zu unserem Anwesen im Weiler Obergschwind gekommen. Beim ersten Mal, vor vielen Jahren, hatte mein Vater ihn zum Rutengehen bestellt. Ich war damals ein Kind, aber ich weiß noch gut, wie herzlich er zu mir war. Später haben wir uns angefreundet. Obwohl wir uns nicht sehr oft sahen, ist er immer dagewesen, wenn ich ihn brauchte. Und deswegen kümmere ich mich, seit er hier liegt, so gut wie möglich um sein Grab.«

»Dann ist auch das da von dir, nicht wahr?« erkundigte sich Alois und deutete auf das immergrüne Gesteck. Als die Bauerntochter mit einer Geste bejahte, setzte er, auf einmal gelöster, hinzu: »Das hab' ich mir gleich gedacht, daß es nur von einer Frau stammen kann ... von einer, die ihn ebenso gern gehabt hat wie ich.«

Sie lächelte, und plötzlich schien sie ihm sehr nahe zu sein. Im nächsten Moment hörte er sie leise sagen: »Wenn es so ist, haben wir etwas gemeinsam. Magst du mir von deiner Freundschaft zu ihm erzählen?«

Er tat es; zunächst noch auf dem Friedhof, später bei einem Spaziergang durch Ruhpolding. Erstaunlich schnell wurde er mit der jungen Frau – Maria lautete ihr Name – vertraut; zuletzt, als der Abschied nicht länger hinauszuzögern war, fragte er: »Meinst du, wir könnten uns wiedersehen?«

»Übernächsten Sonntag findet beim Postwirt in Obergschwind

der erste Tanz nach dem Krieg statt«, erwiderte sie. »Und wenn du kommen willst ...«
»Ich verspreche es dir!« sagte er mit aufleuchtenden Augen.
Hand in Hand standen sie danach noch eine Weile auf dem Marktplatz, bis Maria sich sanft von ihm löste und langsam in Richtung einer der Seitengassen ging.
Er hingegen konnte sich erst losreißen, als er sie nicht mehr sah. Aber selbst dann noch, auf dem mehr als zweistündigen Heimweg, hatte er das Gefühl, sie sei noch immer bei ihm.

***

Im Verlauf der folgenden Monate begann der ehemalige Frontsoldat Alois Irlmaier seelisch zu gesunden. Seine Alpträume kamen seltener und verloren an Intensität; schließlich waren sie nur noch wie eine ferne, beklemmende Erinnerung. Der Grund für seine Befreiung vom Trauma des Weltkrieges – so jedenfalls interpretierte er das Verschwinden der schrecklichen Träume – war die zunehmend enger werdende Beziehung zu Maria. Wann immer es seine Zeit erlaubte, traf er sich mit der jungen Frau; bald auch auf dem Hof ihrer Eltern, dem Schießlinger-Anwesen in dem kleinen Flecken Obergschwind gleich hinter Ruhpolding. Anfangs freilich blieb das, was die beiden zueinander zog, mehr oder weniger unausgesprochen, doch im Frühjahr 1919 gestanden sie sich ihre Liebe auch mit Worten.
Dies geschah ungefähr zur selben Zeit, da die Nachwehen des Ersten Weltkrieges anderswo in Deutschland noch einmal zahlreiche Menschenleben forderten. Nachdem zunächst in Berlin blutige Straßenkämpfe zwischen Bürgerlichen und Kommunisten ausgebrochen und auf dem Höhepunkt der Unruhen die Sozialisten Rosa Luxemburg und Karl Liebknecht von Nationalisten ermordet worden waren, kam es im April auch in Teilen Bayerns zum Bruderkrieg.
Es begann mit einem Attentat auf den Ministerpräsidenten Kurt Eisner am 21. Februar; ein gewisser Graf Arco Valley streckte den Politiker, der den Freistaat proklamiert hatte, in München durch mehrere Schüsse auf offener Straße nieder. Daraufhin riefen radikale Revolutionäre eine bayerische Räterepublik aus;

parallel dazu rotteten sich außerhalb der Hauptstadt sogenannte Freikorps zusammen: republikfeindliche, rechtsradikale Truppenverbände. Mitte April versuchten sie die von den Roten besetzte Stadt Dachau zu stürmen, erlitten dort aber eine empfindliche Abfuhr. In den ersten Maitagen allerdings eroberten die Freikorps, nunmehr unterstützt von regulären preußischen und württembergischen Militäreinheiten, München und richteten dort im Zuge der gewaltsamen Zerschlagung der Räterepublik ein Massaker an, dem weit über tausend Gefangene zum Opfer fielen.

Im Voralpenland zwischen Siegsdorf und Ruhpolding indessen blieb es weitgehend ruhig; ohnehin hatten Alois Irlmaier und Maria Schießlinger jetzt andere Dinge als die große und einmal mehr menschenverachtende Politik im Kopf. Ihr zukünftiges gemeinsames Leben zählte nunmehr für sie; schon bald nachdem sie ganz zueinander gefunden hatten, war klar, daß sie mit der Heirat nicht lange warten wollten. An einem Sonntag im Hochsommer dieses Jahres 1919, kurz vor der diesmal vielversprechenden Ernte, fuhren der Scharamer Hoferbe und seine Eltern mit dem Pferdegespann hinüber nach Obergschwind. In der guten Stube des dortigen Anwesens wurden die Modalitäten der Mitgift besprochen und daraufhin die Hochzeit für den folgenden Frühling festgesetzt.

Beim Abschied an diesem Tag, als Alois seine Braut zum ersten Mal vor aller Augen in die Arme nahm, flüsterte er ihr zu: »Irgendwie habe ich das Gefühl, unser Freund, der Eremit, hat aus der anderen Welt heraus dafür gesorgt, daß wir uns damals getroffen haben und nun so glücklich miteinander sein dürfen.«

»Vielleicht ist es wirklich so gewesen«, lächelte die junge Frau verliebt. »Eines aber weiß ich ganz sicher: Du und ich, wir gehören für immer zusammen, und ich werde jeden Tag zählen, bis wir vor dem Traualtar stehen ...«

***

Bis dahin freilich mußte sich das Brautpaar noch ein dreiviertel Jahr gedulden. Im regelmäßigen Gleichmaß der Bauernarbeit zogen die Monate vorüber. Wenn Alois Irlmaier nicht auf den

Feldern und im Stall tätig war oder sich in Obergschwind aufhielt, verdingte er sich jetzt gelegentlich auch wieder als Wünschelrutengänger und verdiente sich auf diese Weise ganz wie vor dem Krieg ein Zubrot. Manchmal hatte er dabei das Gefühl, das Muten fiele ihm noch leichter als früher; mit traumwandlerischer Sicherheit fand er die Wasseradern und bezeichnete den Bauern die Stellen, wo sie graben mußten.
Den Winter über, während die Äcker unter der Schneedecke brachlagen und das Leben auf dem Land auch sonst ruhiger verlief, war die geheimnisvolle Kunst des Kriegsheimkehrers gefragter denn je. Als schließlich das neue Frühjahr kam, in dem er in den Stand der Ehe treten sollte, hatte er mit Hilfe des Gabelzweiges ausreichend Geld zusammengebracht, um bei einem Traunsteiner Juwelier eine schöne silberne Halskette als Morgengabe für seine Braut zu erstehen.
Eine knappe Woche darauf, am 2. Mai 1920, traf der von Obergschwind kommende Kammerwagen in Scharam ein. Mit strahlenden Augen saß Maria neben ihrem Vater auf dem Bock des Fuhrwerks. Auf der Ladefläche des Leiterwagens türmte sich die Mitgift der Bauerntochter: ein breites, mit Schnitzereien verziertes Bett samt Kissen und Plumeaus, eine mit Girlanden bemalte Truhe, ein Kleiderschrank, dessen Türen je einen Lebensbaum zeigten, sowie anderes, kleines Mobiliar. Dem Kammerwagen hinterdrein trottete eine bekränzte Milchkuh; neben ihr lief ein junger Bernhardiner mit gelbem und braunem Fell.
Alois half Maria vom Bock und schloß sie in die Arme, dann deutete er lachend auf den tolpatschigen Rüden und fragte: »Ist das ein besonderer Brauch bei euch in Obergschwind, daß die Braut auch einen Hund mit in die Ehe bringt?«
»Du weißt doch, wie sehr ich an Astor hänge«, erwiderte seine Verlobte. »Der Nachbar wäre letzten Herbst imstande gewesen, ihn als den Schwächsten im Wurf zu ersäufen, wenn wir ihn nicht zu uns genommen hätten. Mit der Flasche habe ich ihn aufgezogen, jetzt soll er hier einen guten Platz bekommen. Es fehlt sowieso schon lange ein Wachhund auf eurem Hof.«
»Das Bruckthaler-Anwesen ist ab morgen auch deine Heimat«, antwortete ihr Bräutigam und strich ihr dabei zärtlich übers

Haar. Verständnisvoll setzte er hinzu: »Aber natürlich wirst du dich eingewöhnen müssen. Und wenn der Bernhardiner dir das erleichtert, dann soll er willkommen sein.«
Maria dankte es ihm mit einem Kuß; gleich darauf, während der verspielte Rüde die neue Umgebung zu erforschen begann, hieß Alois auch seinen künftigen Schwiegervater willkommen. Die Eltern des Bräutigams und dessen mittlerweile fast siebzehnjähriger Bruder Hans gesellten sich dazu; Theresia kam mit einem Tablett voller Schnapsstamperl aus dem Haus. Anschließend wurde das Fuhrwerk entladen; gemeinsam trugen die Männer die Möbel in den Raum, der den jungen Eheleuten als Schlafzimmer dienen sollte. Die Frauen brachten währenddessen die Kuh in den Stall und stellten sie in einen geschmückten Stand. Nachdem all dies erledigt war, versammelte man sich in der guten Stube des Wohnhauses, wo anläßlich der Ankunft des Kammerwagens ein reichhaltiger Imbiß vorbereitet worden war.
Am folgenden Tag – Maria und ihr Vater waren über Nacht noch einmal nach Obergschwind heimgekehrt – trafen sich die beiden Familien zur Hochzeit in Siegsdorf. Das Grauen des Krieges schien unendlich weit entfernt zu sein, als Alois Irlmaier seine hübsche dunkelhaarige Braut in ihrer traditionellen oberbayerischen Tracht zum Altar führte. Mit strahlenden Augen gab sie ihm ihr Jawort; der Pfarrer sprach den lateinischen Segen, dann steckten die beiden sich gegenseitig die Ringe an. Die weltliche Feier war von den Brauteltern beim nahen Kirchenwirt ausgerichtet worden; bis zum Spätnachmittag saßen die Angehörigen und Freunde des Paares dort zusammen und genossen die Kurzweil mit Tanz, Übergabe von kleinen Geschenken oder Geldspenden an das Brautpaar und zwischendurch immer wieder den launigen Einlagen des Hochzeitsladers. Gegen fünf Uhr jedoch wurde es Zeit, den Heimweg anzutreten, weil die bäuerlichen Pflichten auf dem Hof auch heute nicht vernachlässigt werden durften.
Erstmals, und es war wie ein zweites, erdverbundeneres Eheversprechen, arbeiteten Maria und Alois Irlmaier einander in der Abenddämmerung ihres Hochzeitstages im Rinderstall zu: streuten die Stände frisch ein, warfen den Tieren ihr Futter vor

und tränkten sie. Ein Stück von ihnen entfernt war der alte, jetzt bereits einundsechzigjährige Einödbauer zugange; gelegentlich ruhte sein Blick nachdenklich und beinahe prüfend auf dem jungen Paar. Zuletzt, als die Stallarbeit getan war und sie zu dritt hinüber zum Wohnhaus gingen, hatte der frischgebackene Ehegatte das Gefühl, daß sein Vater ihm und Maria zum Abschluß des Tages noch etwas Wichtiges sagen würde.
Zunächst allerdings, während die Familie das Abendessen einnahm, schwieg der Alte. Sinnend saß er da; nur manchmal ließ er sich von Astor, der unruhig in der Küchenstube herumschnüffelte, aus seiner Versunkenheit reißen und steckte dem Bernhardiner dann wohl auch den einen oder anderen Bissen zu. Dann jedoch, als sein Weib Anstalten machte, das Geschirr zum Spülstein zu tragen, hielt er die Bäuerin zurück und äußerte: »Laß das heute einmal Theresia allein machen. Wir beide haben den jungen Leuten etwas mitzuteilen!«
Mit feinem, wissendem Lächeln setzte sich Anna Irlmaier wieder. Ihr Gatte steckte sich umständlich eine Zigarre an, dann eröffnete er dem Brautpaar: »Nächste Woche fahren wir zum Notar nach Traunstein. Anna und ich haben uns entschlossen, euch das Anwesen schon jetzt zu überschreiben, obwohl wir noch rüstig sind. Doch wir wollen es so, damit ihr für etwas arbeiten könnt, das euer Eigen ist; um so fester werdet ihr dann zusammenhalten. Uns wiederum müßt ihr einen anständigen Austrag zugestehen; dafür werden wir nach wie vor zupacken, so gut wir können. Was schließlich Hans angeht, soll sichergestellt sein, daß auch er sein Auskommen auf dem Hof hat, solange er will.«
Mit feuchten Augen drückte Alois die Hand seines Vaters und umarmte anschließend die Mutter. Maria war nicht weniger gerührt als der Mann, den sie an diesem Tag geheiratet hatte; leise sagte sie: »Wir danken euch von Herzen, und ich verspreche, daß ihr es im Austragshaus gut haben sollt. Aber vor allem sollt ihr wissen, daß ich nicht auf das Bruckthaler-Anwesen gekommen bin, um euch an den Rand zu drängen, sondern aus Liebe zu eurem Sohn!«
»Gerade weil wir das von allem Anfang an gespürt haben, ist es uns leichtgefallen, die Entscheidung zu treffen«, erwiderte An-

na Irlmaier. Dann zog sie, ebenso wie zuvor ihren Ältesten, auch ihre Schwiegertochter in die Arme.
Kaum hatten die beiden Frauen sich wieder voneinander gelöst, nahm Hans, der bisher schweigend und in sich gekehrt am Tisch gesessen hatte, das Wort: »Nachdem wir schon einmal dabei sind, möchte ich ebenfalls über mein künftiges Leben mit euch sprechen ...«
»Ich dachte, wir hätten das eben geklärt?« unterbrach ihn der alte Irlmaier verwundert. »Auf vielen Höfen arbeitet der zweitgeborene Sohn als Knecht, so ist's guter alter Brauch.«
»Es ist nicht so, daß ich nicht unter meinem Bruder dienen wollte«, entgegnete Hans. »Oder«, er drehte das schmale, intelligente Antlitz, das große Ähnlichkeit mit dem von Alois aufwies, Maria zu, »daß ich irgend etwas gegen dich hätte. Nur wollte ich halt schon seit dem Ende der Schulzeit meinen eigenen Weg gehen, auch wenn ich darüber schwieg, weil ihr mich auf dem Hof brauchtet. Doch jetzt ist das anders. Ihr schafft die Arbeit ohne mich, und deswegen würde ich gerne in die Stadt ziehen.«
»Was willst du denn dort anfangen, Bub?« entfuhr es der alten Bäuerin.
»Die Krankenpflege erlernen«, antwortete der Halbwüchsige. »Und später ... vielleicht Arzt werden.«
»Dazu müßtest du ja studieren!« kam es entgeistert von seinem Vater. »Und zuvor die Lateinschule besuchen!«
»Das hat mir auch der Doktor in Eisenärzt schon klargemacht«, erwiderte Hans. »Aber er meinte, ich könnte es schaffen, wenn ich mir Mühe gäbe.«
»Ist es denn tatsächlich dein Wunsch? Nicht nur ein Strohfeuer?« erkundigte sich Anna.
»Bestimmt nicht!« beteuerte ihr Zweitgeborener.
»Wenn im Stall eins von den Tieren krank war, hast du tatsächlich schon oft eine gute Hand bewiesen«, lenkte daraufhin der alte Irlmaier ein. Er wandte sich an Alois: »Was hältst du von den Plänen deines Bruders?«
»Vielleicht ist es ähnlich wie mit dem Muten«, murmelte der Fünfundzwanzigjährige. »Es steckt einfach in einem drin, und man kann sich nicht dagegen wehren ...« Er tauschte einen

Blick mit Maria; nachdem er die Zustimmung in ihren Augen gelesen hatte, erklärte er: »Lassen wir es Hans versuchen. Das Anwesen kann es verkraften, wenn wir ihm eine kleine Unterstützung bezahlen, und ein Anrecht auf sein Erbteil hat er schließlich sowieso.« Als der Vater und, wenn auch zögerlich, die Mutter nickten, schlug Alois seinem Bruder vor: »In den nächsten Tagen rechnen wir zusammen einmal alles genau durch. Möglicherweise ergibt sich's dann sogar, daß du gleich auf die Lateinschule gehen kannst.«

»Ich werde euch bestimmt nicht enttäuschen, das schwöre ich!« versicherte der Halbwüchsige mit freudestrahlendem Gesicht. »Eines Tages sollt ihr stolz auf mich sein dürfen!«

»Das sind wir schon jetzt, denn kein anderer aus der Scharamer Gemeinde hat es je gewagt, sich ein solches Ziel zu stecken«, versetzte der alte Einöder.

»So denken auch Alois und ich«, sagte Maria. Mit weichem, fast verträumtem Lächeln fügte sie hinzu: »Außerdem ist es für uns nur recht und billig, dir zu helfen, nachdem wir heute selbst so reich beschenkt wurden ...«

Im ersten Moment glaubte der junge Bauer, seine Braut hätte die Hofübergabe gemeint. Doch gleich darauf, als sie sich an ihn schmiegte, wußte er es besser, und die Sehnsucht nach dem innigen Alleinsein mit ihr wurde plötzlich so stark, daß er sie kaum noch zu bezähmen vermochte.

Eine Stunde später, nachdem die Familie zur Feier des Tages noch eine Flasche Wein geleert hatte, führte Alois die Frau, mit der er von nun an sein Leben teilen würde, nach oben in die gemeinsame Schlafkammer. Auf den Kissen in der mit Schnitzereien verzierten Bettstatt lag ein Gebinde aus Frühlingsblumen; eine kleine, liebevolle Geste der Mutter gegenüber ihrer Schwiegertochter.

Maria nahm den Strauß auf, atmete selbstvergessen den Duft ein; gleich darauf spürte sie die Berührung des Mannes, den sie liebte, an ihrem Haar. Sie barg die Wange in seiner Hand und ließ seine Wärme tief in sich strömen; nach einer Weile fanden sich ihre Lippen. Irgendwann sanken sie aufs Bett und verloren sich völlig aneinander, bis aus der überbrandenden Lust Erfüllung und danach wunschlos glückliche Ermattung wurde. Oh-

ne sich aus ihrer Umarmung zu lösen, schliefen beide ein; das Blumengebinde lag jetzt beim Kleid der jungen Frau auf einem Korbsessel neben dem Ehebett.
Beim Erwachen am nächsten Morgen freilich entdeckte Maria den Strauß abermals dort, wo er am Abend gewesen war: auf ihrem Kissen. Aber zwischen die Blüten war nun die silberne Halskette geflochten, die Alois in Traunstein erstanden hatte. Überrascht zog Maria sie aus dem Gebinde, wandte sich damit ihrem Gatten zu und hörte, während er ihr das Geschmeide um den Nacken legte, seine zärtlichen Worte: »Der Schmuck soll dich immer an unsere erste Nacht erinnern, mein Herz.«
Da suchte die junge Frau, noch schlafwarm, abermals die Vereinigung mit ihm und beschenkte ihn damit reicher als er sie.

***

Rasch und ohne Schwierigkeiten lebte Maria sich im Verlauf der folgenden Monate auf dem Bruckthaler-Anwesen ein. Ihre Gegenwart entschädigte die Eltern, die sich nach der Hofübergabe ins Austragshaus zurückgezogen hatten, für den Weggang des zweiten Sohnes im September.
Hans besuchte nun die Lateinschule in Rosenheim, wo er in einem möblierten Zimmer untergekommen war. Als er zu Weihnachten für ein paar Tage heimkehrte, berichtete er, daß sich einer der Lehrer, selbst ein Bauernsohn, seiner besonders annahm. Unter anderem aus diesem Grund war er zuversichtlich, die Wissenslücken, die er gegenüber den anderen, um Jahre jüngeren Schülern seiner Klasse aufwies, schon bald ausgleichen zu können.
Tatsächlich wurden seine Leistungen bis zum nächsten Sommer so gut, daß er ohne Schwierigkeiten versetzt wurde. Das junge Scharamer Ehepaar wiederum hatte nach der Ernte dieses Jahres 1921 einen zusätzlichen Grund zur Freude. Maria nämlich zeigte die untrüglichen Anzeichen einer Schwangerschaft; im Herbst dann begann ihr Leib sich zu runden. Wann immer der Blick ihres Gatten auf sie fiel, wurde der Ausdruck seiner Augen weich; manchmal konnte er kaum das Glück fassen, das ihm jetzt, nach all den Schrecken des Krieges und den fürchter-

lichen Alpträumen der ersten Friedenszeit, vergönnt war. Nun aber schlief er nachts ruhig und fest; alles was er brauchte, um sich im Leben geborgen zu fühlen, war die Nähe seiner Frau. Weil sie an seiner Seite war, ging ihm die harte Bauernarbeit leicht von der Hand; mit Freude trug er die Verantwortung für den Hof und die Seinen. Zudem war er häufig als Wünschelrutengänger gefragt und sicherte den Lebensunterhalt für seine Familie dadurch zusätzlich.
Getrost konnte Maria ihrer Niederkunft entgegensehen, und am 9. März 1922 war es soweit. Die Hebamme, die aus Eisenärzt gekommen war, entband die junge Bruckthaler-Bäuerin von einem gesunden Mädchen, welches noch am gleichen Tag in Maria Eck auf den Namen der Mutter getauft wurde. Stolz hatte Alois Irlmaier sein erstes Kind am Feenstein vorbei zur Kirche getragen; schon wenige Wochen später freilich schien das Schicksal einen Ausgleich dafür fordern zu wollen.
Aufgelöst erschien die Wehfrau, welche geholfen hatte, die kleine Maria zur Welt zu bringen, auf dem Einödhof und berichtete den Bewohnern von einem schrecklichen Unglücksfall, der sich anderswo in der Gemeinde Eisenärzt zugetragen hatte. Eine alleinstehende junge Tagelöhnerin namens Magdalena Hölzl, die zwei Jahre zuvor einen Sohn geboren und sich danach stets geweigert hatte, den Namen des Vaters anzugeben, war tot in ihrer ärmlichen Kate gefunden worden. »Weinend ist der Bub, Johann heißt er, neben der Leiche gesessen«, erzählte die Hebamme, »und jetzt befindet er sich im Armenhaus von Siegsdorf. Aber dort kann man ihn auf Dauer nicht lassen, wenn er nicht völlig verwahrlosen soll. Deshalb bin ich zu euch heraufgestiegen, um zu fragen, ob ihr vielleicht Rat wißt?«
»Ist es denn gar nicht möglich, irgendwelche Angehörige des Waisenkindes ausfindig zu machen?« fragte der Austragsbauer, der zusammen mit Anna in die Küchenstube herübergekommen war.
Die Wehfrau schüttelte den Kopf. »Niemand weiß, woher seine Mutter stammte. Es ist lediglich bekannt, daß sie Anfang 1920 hochschwanger hier in der Gegend auftauchte. Auf dem einen oder anderen Hof, wo sie nach der Niederkunft aushalf, soll sie allerdings geäußert haben, sie hätte zuvor in einer Stadt gelebt.

Wahrscheinlich ist sie vor ihrem Unglück hierher geflohen und hat ihre Spur bewußt verwischt. Dies ist wohl auch der Grund, warum man keine Papiere oder Briefe bei ihr gefunden hat, die einen Hinweis geben könnten.«
»Wenn es so steht, hat das arme Wurm wirklich niemanden mehr auf der Welt«, flüsterte Maria mitleidig.
»Außer es fände sich eine Familie, die es bei sich aufnehmen würde«, erwiderte die Hebamme leise.
Für eine Weile blieb es still am großen Tisch; nur das Hecheln des Bernhardiners, der im Ofeneck lag, war zu vernehmen. Endlich, nachdem das junge Paar einen langen Blick getauscht hatte, sagte Alois: »Wir werden es uns überlegen.«
»Mehr kann kein Mensch von euch verlangen«, erwiderte die Wehfrau; bald darauf verabschiedete sie sich.
Auch die Bruckthaler gingen vorerst an ihr Tagewerk zurück; am Abend dann besprachen sie sich ausführlich, kamen jedoch zu keinem Ergebnis. Dies vor allem deswegen, weil die beiden Alten der Meinung waren, Maria hätte genug mit dem eigenen, erst wenige Wochen alten Kind zu tun. Andererseits blutete gerade den jungen Eltern das Herz bei dem Gedanken an den Zweijährigen im Armenhaus. Jedes Mal, wenn sie hinüber zur Wiege blickten, wo die kleine Maria schlief, empfanden sie das grausame Los des verwaisten Buben als unerträglich. Letzten Endes vermochten sie sich aber auch den Argumenten der Eltern nicht zu verschließen; ratlos und lange nach der gewöhnlichen Zeit gingen sie zu Bett.
Gegen Mitternacht erwachte Maria. Das gehetzte Murmeln, das von ihrem Gatten kam, hatte sie aus ihrem ohnehin unruhigen Schlaf geweckt. Fast gleichzeitig schrak Alois hoch; im Mondlicht, das die Kammer erfüllte, glaubte die junge Frau, einen seltsam entrückten Ausdruck auf seinem Antlitz zu erkennen. Sanft berührte sie ihn, wie hilfesuchend umklammerte er ihre Hand und begann im nächsten Moment stockend zu sprechen: »Der Vater des kleinen Johann Hölzl ... Ich habe ihn gesehen ... In München, im Mai 1919 ... Die mit den weißen Armbinden an den Uniformen haben ihn erschossen ... Weil er einer von den Roten war ... Ein Arbeiter ... Und die Frau, die sein Kind unter dem Herzen trug, hat's mit ansehen müssen ...

Deswegen ist sie aus der Stadt geflohen, hat bei den Bauern gedient ... Bis sie zusammengebrochen ist, weil sie nicht mehr aus noch ein gewußt hat ...«
Noch während er den letzten Satz hervorstieß, barg Maria ihn in ihren Armen. Sie wartete ab, bis sein Atem wieder ruhig ging, schließlich fragte sie behutsam: »Und wenn du das alles nur geträumt hast ...?«
»Nein!« fiel er ihr ins Wort. »Das war nicht nur irgendein Traum! Das war, als ob ich selbst ... dabeigewesen wäre. Als ob ich all das ... mit den Augen der Toten geschaut hätte ...«
»Jetzt machst du mir aber Angst«, kam es gepreßt von der jungen Frau.
»Das wollte ich nicht, und du mußt dich auch nicht fürchten!« Alois streichelte ihr Haar; gleich darauf war er es, der sie festhielt. »Vielleicht hast du ja recht«, lenkte er ein. »Wahrscheinlich habe ich diese Sachen wirklich nur geträumt. Weil mir halt der elternlose Bub so leid tut ...«
»Mir geht's ja ebenso«, flüsterte Maria. »Wir sind so glücklich, und das bedauernswerte Wurm soll im Armenhaus verkommen ...«
Beide schwiegen eine Weile, endlich sagte die Wöchnerin entschlossen: »Ich glaube, wir könnten es schaffen! Bestimmt würden uns die Eltern nicht im Stich lassen, wenn das Waisenkind erst einmal auf dem Hof wäre.«
»Da kannst du ganz sicher sein«, stimmte ihr Gatte zu. »Sie haben heute nur um deinetwillen gezögert, doch mit dem armen Buben hatten sie nicht weniger Mitleid als wir.«
»Dann sprechen wir morgen noch einmal mit ihnen. Anschließend, wenn wir sie überzeugt haben, gibst du der Hebamme Bescheid«, entschied Maria. Als sie im selben Augenblick den tiefen, erlösten Atemzug ihres Gatten vernahm und gleichzeitig die Erleichterung in ihrem eigenen Herzen spürte, wußte sie, daß sie richtig gehandelt hatte.

***

Schon wenige Tage später fuhren Alois und Maria Irlmaier nach Siegsdorf, erledigten auf dem dortigen Magistrat die For-

malitäten und holten danach den zweijährigen Johann Hölzl aus dem Armenhaus ab. In der ersten Zeit, die er auf dem Bruckthaler-Anwesen verbrachte, war der Waise verschüchtert, weinte oft, trotzte häufig und fragte ständig nach seiner Mutter. Bald jedoch faßte der Bub Vertrauen zu seinen Zieheltern und dem Austragspaar und schien seine traumatischen Erlebnisse allmählich zu vergessen.
Während der Ernte dieses Jahres 1922, zu der auch der Lateinschüler Hans nach Hause gekommen war, tollte der kleine Johann bereits ausgelassen zwischen den Erwachsenen herum. Die Bruckthaler wiederum hatten, als sie im Januar 1923 den dritten Geburtstag des Buben feierten, das Gefühl, als hätte er schon immer zur Familie gehört. Deshalb sah sich Maria auch nicht über Gebühr belastet, als sie im März darauf feststellte, daß sie zum zweiten Mal schwanger war. Vielmehr nahm ihr Ziehsohn, der sich jetzt ausgesprochen erfreulich entwickelte, ihr im Verlauf der Sommermonate, als ihr Leib schwerer wurde, so manchen kleinen Handgriff ab. Am 9. September dann entband die Eisenärzter Wehfrau sie ohne Schwierigkeiten von einem Sohn. Ebenso wie seine Schwester damals wurde er noch am gleichen Tag hinauf zur Wallfahrtskirche Maria Eck getragen; ein Pater dort gab ihm bei der Taufe den Vornamen seines Vaters.
Zusammen mit den beiden anderen Kindern wuchs der kleine Loisl im Verlauf der folgenden Jahre friedlich heran, aber auch anderweitig schien stiller Segen über dem Einödhof und seinen Bewohnern zu hängen. Sie spürten wenig von den Ereignissen draußen in der großen Welt, wo es in dieser Zeit immer wieder zu heftigen Turbulenzen und Schlimmerem kam. Vom gescheiterten Putschversuch Adolf Hitlers etwa, der an der Spitze einer braununiformierten Rotte am 8. November 1923 zur Münchner Feldherrnhalle marschiert war, erfuhren sie erst Tage später aus der Lokalzeitung; das anschließende Verbot der NSDAP kommentierte der Austragsbauer schlicht mit dem kurzen Satz: »Recht geschieht's ihnen, den Narren!« Überhaupt keine Notiz nahmen die Scharamer im April 1924 vom überwältigenden Wahlsieg der italienischen Faschisten unter Benito Mussolini. Ein seltsames Unbehagen allerdings befiel den

mittlerweile dreißigjährigen Alois Irlmaier, als im März 1925 der ehemalige Generalfeldmarschall Paul von Hindenburg zum Deutschen Reichspräsidenten gewählt wurde.
Für einige Tage wirkte der junge Bauer in sich gekehrt und sprach auffällig oft von den Schrecken des Krieges und der Menschenverachtung der Generäle, bis die Pflichten auf dem Hof ihn zuletzt wieder auf andere Gedanken brachten. Er säte das neue Korn aus, hielt die Äcker während der folgenden Monate so gut wie möglich frei vom Unkraut und sah, wie die Feldfrüchte allmählich reiften. Im Sommer schließlich, als sein Bruder Hans wie stets in den Ferien nach Hause kam, um bei der Ernte zu helfen, erlebten Alois und die Seinen eine unverhoffte Freude. Denn der Lateinschüler teilte ihnen mit, daß er bereits ab dem Herbst die Abschlußklasse des Seminars besuchen werde; wegen besonders guter Leistungen dürfe er ein Jahr überspringen.
Tatsächlich packte Hans im nächsten Sommer schon als angehender Studiosus beim Mähen und Einfahren des Getreides mit an und hatte sich für das Wintersemester dieses Jahres bereits an der Münchner Universität eingeschrieben. Ehe er freilich dort erstmals im Hörsaal saß, ereignete sich auf dem Einödhof eine furchtbare Katastrophe.

Die Schreckensnacht

Es war wie bösartiger Hohn. Alois Irlmaier wußte, daß er träumte und nur aufzuwachen brauchte, um dem Gräßlichen zu entfliehen. Doch es gelang ihm nicht; beim besten Willen schaffte er es nicht, sich aus den Fängen des Alptraums zu befreien. Die tiefe Finsternis, hinter deren undurchdringlichen Schleiern die Bedrohung lauerte, hing weiterhin über dem Bruckthaler-Anwesen. Verborgene schwarze Wirbel, die etwas Tückisches und Blasphemisches an sich hatten, schienen dort unsägliches Grauen auszugebären.
Jetzt, während er zu schreien versuchte, aber keinen Ton über

die Lippen brachte, wurden die wabernden Konturen des Abgründigen eine Spur deutlicher. Er glaubte, verzerrte Fratzen zu erkennen, wußte jedoch nicht, ob sie Tieren, Menschen oder Dämonen gehörten. Nur eines begriff er: Daß sie unaufhaltsam näherkamen, ihn und den Hof umschlichen und nach einer Schwachstelle gierten, wo sie eindringen konnten. Eben als er meinte, ihre abstoßende Nähe beinahe schon körperlich zu spüren, erinnerte er sich an den Karabiner, den er aus dem Weltkrieg mitgebracht hatte. Er bemühte sich, seine Erstarrung abzuschütteln: wollte ins Haus rennen und die Waffe aus dem Schrank in der Schlafkammer reißen. Doch seine Glieder waren bleischwer; eine tödliche Lähmung, ähnlich jener anderen damals im verschütteten Bunker, hatte ihn befallen.
Hilflos verharrte er in seiner Paralyse; im selben Moment, da ihm seine Ohnmacht in ihrer absoluten Konsequenz bewußt wurde, zersplitterte die Finsternis in einer lautlosen Explosion. Ein unsäglich grelles Gleißen brach aus der Schwärze und fuhr über den Hof hinweg. Augenblicklich waren die Gebäude und weithin das umliegende Land in eine purpurne Aura getaucht; gleichzeitig erschütterte nun ein wildes Toben die Luft. Die Schreie seiner Angehörigen mischten sich mit dem Brüllen der Elemente; er sah sein Weib, die Kinder, die Eltern, den Bruder und die Magd in Panik rennen und wollte zu ihnen. Zwar war er jetzt wieder in der Lage, sich zu bewegen – aber er war zu langsam; er erreichte die anderen nicht und mußte von ferne mit ansehen, wie das blasphemische Grauen über ihnen zusammenschlug ...
Schweißgebadet kam er zu sich, fuhr im Bett hoch und erschrak vor seinem eigenen keuchenden Atem. Maria, die im Schlaf ein Stück von ihm abgerückt war, murmelte etwas. In der fahlen Dunkelheit, die im Gegensatz zu der aus dem Alptraum nicht undurchdringlich war, erkannte er, wie seine Frau ihre Lage veränderte, den Kopf in der Armbeuge barg und dann wieder ruhig lag. In seiner Beklemmung drängte es ihn dazu, sie zu wecken und sich ihr anzuvertrauen; gerade noch rechtzeitig gewann seine Vernunft die Oberhand über die nur langsam weichende Verwirrung.
Er beherrschte sich, zwang sein Denken völlig zurück in geord-

nete Bahnen – und zermarterte sich das Gehirn über die Ursache des Nachtmahrs, das ihn heute nicht zum ersten Mal heimgesucht hatte. Schließlich, nachdem er mehr als eine Stunde wachgelegen hatte, kam er zum gleichen Ergebnis wie früher schon. Aus irgendeinem Grund, vielleicht weil sie den Hindenburg, den Generalfeldmarschall, zum Reichspräsidenten gemacht haben, verfolgen mich die Kriegserlebnisse wieder, dachte er. Es geht gar nicht real um den Bruckthaler-Hof. Vielmehr ist es die Erinnerung an Galizien: an die vielen Anwesen, die unsere Artillerie dort zusammenschoß. Und weil einer der damaligen Mörder jetzt wieder das Sagen hat und ich die Verbrechen nicht vergessen kann, sucht mich die Vergangenheit heim. Deshalb träume ich davon, daß statt der Fremden meine Angehörigen die Leidtragenden sind ...

Diese Erklärung schien ihm schlüssig zu sein; ein Quentchen Unsicherheit freilich blieb auch diesmal wieder zurück: ein leises, kaum spürbares Nagen tief in seinem Inneren, das sich mit dem Verstand nicht fassen ließ. Aber das Gefühl hielt nur kurz an; gleich darauf befiel den Scharamer Bauern betäubende Müdigkeit, die ihn innerhalb von Sekunden in schweren Schlaf fallen ließ. Beim Erwachen am nächsten Morgen waren die Bilder des Nachtmahrs nicht mehr wirklich greifbar; sie hatten sich auf etwas wie ferne, schemenhafte Beklemmung reduziert.

***

Alois Irlmaier vermied es, mit Maria oder einem anderen Angehörigen seiner Familie darüber zu sprechen; ohnehin hätte er das, was ihn auf so seltsame Weise quälte, nicht wirklich in Worte zu fassen vermocht. Zudem zählten im Tageslicht ganz andere, handfestere Dinge auf dem Hof. Jetzt, in der Septembermitte, da die Ernte dieses Jahres 1926 eingebracht war, mußten die Garben in der Scheune zum Dreschen vorbereitet werden. Kaum war dies geschehen, kamen einmal mehr die Wanderarbeiter und die pferdebespannte Dampfmaschine den steilen Weg zum Bruckthaler-Anwesen herauf. Während der nächsten Tage herrschte von früh bis spät der übliche ausgelassene Betrieb. Dankbar sah der Bauer sich abgelenkt, bei der traditionellen Feier am letzten Abend wirkte er deutlich gelöster als in letzter Zeit. Seit einer Woche schon hatte er nun wieder ruhig geschlafen, und dies blieb auch während der folgenden Nächte so, nachdem die Dreschmaschine zum nächsten Dorf weitergezogen war.

Ende des Monats indessen, der Kalender im Herrgottswinkel der Küchenstube zeigte den 27. September, geriet das kaum wiederhergestellte seelische Gleichgewicht des Einödbauern erneut ins Wanken. In der Abenddämmerung, als er im Rinderstall arbeitete, hörte er draußen seine Gattin mehrmals nach dem Bernhardiner rufen. Der schrille Tonfall, den er von Maria nicht gewohnt war, beunruhigte ihn. Er rammte die Futtergabel in einen Heuhaufen und ging eilig zur Tür, dort kam ihm sein Weib bereits aufgelöst entgegen und stieß hervor: »Astor hat völlig verrückt gespielt! Eben noch lag er friedlich auf seinem Platz neben dem Herd. Plötzlich jaulte er erschrocken auf und hetzte im selben Moment wie von Furien gejagt davon ...«

»Wo ist er denn hin?« unterbrach Alois.

»Dort drüben rennt er«, erwiderte Maria und deutete in Richtung auf die Weideflächen, die sich nach Maria Eck hinaufzogen.

Der Bauer spähte in die einfallende Dunkelheit und erkannte einen sich schnell bewegenden braungelben Fleck auf den Hangmatten. »Das verstehe ich einfach nicht«, sagte er gepreßt. »Der Bernhardiner hat doch noch nie irgendwelche Sperenzchen gemacht, ist immer brav auf dem Hofplatz ...«

»Wenn ihn ein Jäger erwischt, schießt er ihn ab!« fiel ihm die Bäuerin ins Wort. »Du mußt ihm sofort nach und ihn zurückbringen!«

»Ich gehe zusammen mit Hans«, entschied der Bauer. »Du kümmerst dich inzwischen um die Rinder, viel ist sowieso nicht mehr im Stall zu tun.«

Wenig später eilten die beiden Brüder, jeder mit einer Laterne in der Hand, den Fußpfad zur Bergkirche hinauf. Ihre Hoffnung, Astor dort zu finden, wurde enttäuscht; auch auf den Hügelflanken in der Nähe entdeckten sie keine Spur des Bernhardiners. Ebenso verhielt es sich, als sie in den Forst jenseits der

Wallfahrtskirche eindrangen; es war, als hätte der Erdboden den großen Hund verschluckt. Zuletzt gaben sie auf und kehrten, ermüdet von der stundenlangen Suche, heim.

»Wir versuchen es gleich morgen früh noch einmal«, versprach Alois Irlmaier seiner Frau. »Jetzt, in der Dunkelheit, hatten wir ja kaum eine Chance, nachdem Astor auf unsere Rufe nicht reagierte, doch am hellen Tag werden wir ihm schon auf die Schliche kommen.«

Darin hatte der Einödbauer sich freilich geirrt. Der Bernhardiner blieb auch diesmal unauffindbar, obwohl die Männer nicht nur Wald und Flur durchkämmten, sondern sich zudem in den umliegenden Dörfern nach Astor erkundigten. Am Abend mußten die Bewohner des Bruckthaler-Hofes sich mit dem fragwürdigen Trost begnügen, daß der Hund zumindest nicht der Kugel eines Waidmannes zum Opfer gefallen sein konnte, denn so etwas hätte sich in der Gegend schnell herumgesprochen.

»Aber wenn ihn kein Jäger beim Wildern ertappt hat, muß ihm irgendein anderes Unglück zugestoßen sein«, klagte Maria. »Fast habe ich das Gefühl, es ist eine böse Macht dabei im Spiel ...«

»Unsinn!« wies ihr Schwager sie zurecht. »Das bildest du dir bloß ein, weil du besonders an Astor hängst; schließlich hast du ihn mit der Flasche aufgezogen. Doch du darfst dich deshalb nicht selbst verrückt machen. Gewiß gibt es eine rationale Erklärung für das Verschwinden des Bernhardiners, und sicherlich wird er früher oder später auch wieder auftauchen – nicht wahr, Alois?«

»Selbstverständlich«, entgegnete der Bauer. »Bestimmt werden wir ihn ...« Er brach ab, denn jäh war da abermals dieses beklemmende Nagen tief in seinem Inneren; jenes angstvolle Unwohlsein, das er auch früher schon verspürt hatte, wenn er nach einem seiner Alpträume wachgelegen war. Und jetzt wurde es auf einmal stärker denn je; der Druck hinter seinem Brustbein verursachte ihm beinahe schon körperliche Übelkeit.

»Ist dir nicht gut?!« vernahm er, wie von weither, die besorgte Stimme seiner Gattin. »Du siehst ja ganz blaß aus!«

»Nein ... mir fehlt nichts, es ist nur die Müdigkeit«, murmelte

Alois Irlmaier. »Am besten gehe ich früh zu Bett, dann bin ich morgen wieder auf dem Damm.«
Bald darauf zog er sich zurück; als nach ungefähr einer Stunde auch Maria in die Kammer kam, schlief er fest.
Es scheint tatsächlich nichts weiter als Erschöpfung gewesen zu sein, dachte die junge Frau erleichtert. Wenigstens seinetwegen brauche ich mir wohl keine Sorgen mehr zu machen.
Sie schlüpfte zu ihm, suchte Schutz an seinem Rücken und redete sich ein, daß auch im Hinblick auf Astor alles gut werden würde. Nach einer Weile wurden ihre Lider schwer, wenig später ging ihr Atem im ersten Tiefschlaf flach und regelmäßig – und so bemerkte sie nicht, wie ihr Gemahl neuerlich von einem seiner schrecklichen Alpträume heimgesucht wurde.
Beim Frühstück am nächsten Tag, dem 29. September, wirkte der Bauer auf fast schon befremdende Weise in sich gekehrt. Zwischen den einzelnen Bissen starrte er ins Leere; wenn seine Angehörigen ihn ansprachen, gab er kaum Antwort. Als sein Bruder ihn deswegen direkt zur Rede stellte, zuckte er nur schroff die Achseln, griff nach der Zeitung und verkroch sich dahinter. Einige Minuten herrschte betroffene Stille in der Küchenstube, eingeschüchtert drängten sich die drei Kinder in ihrer Ecke aneinander. Plötzlich legte Alois das Journal weg und äußerte mit seltsam flacher Stimme: »In München wird heute eine Landwirtschaftsausstellung eröffnet. Ich nehme den Zug von Siegsdorf aus und sehe sie mir an.«
»Aber du wolltest doch gemeinsam mit Hans noch einmal nach Astor suchen!« kam es entgeistert von Maria.
Der Austrägler, der zusammen mit Anna ebenfalls am Tisch saß, setzte hinzu: »Du kannst nicht einfach Knall auf Fall weg! Gerade jetzt ...«
»Ich fahre, weil ... weil ich fahren muß!« schnitt ihm sein Sohn das Wort ab. Abrupt stand er auf, verließ ohne einen weiteren Ton die Küche und polterte die Treppe zum oberen Stockwerk hinauf.
Seine Frau wollte ihm nach, doch die alte Bäuerin hielt sie zurück, nahm sie in die Arme und sagte begütigend: »Laß ihn! Manchmal sind die Männer eben so, und nachher tut's ihnen leid.«

Kurz darauf erschien Alois Irlmaier im Überrock und mit dem Hut auf dem Kopf noch einmal unter der Tür. Wie geistesabwesend nickte er den anderen zu, drehte sich um und ging stumm nach draußen. Betreten blickten die übrigen Familienmitglieder ihm durch das Fenster nach, bis die Gestalt des Bauern hinter den Bäumen, die den Weg hinunter ins Tal säumten, verschwand.

***

Als der Zug gegen Mittag in den Münchner Hauptbahnhof einlief und mit kreischenden Bremsen zum Stehen kam, fuhr der Einöder aus Scharam jäh hoch und starrte verwirrt hinaus auf den Perron. Im ersten Moment begriff er nicht, wo er war; erst als die krächzende Lautsprecherstimme ertönte, murmelte er: »Die Ausstellung ... Auf der Theresienwiese findet sie statt, so hat's in der Zeitung gestanden ...«
Mehrmals, während er durch die Straßenschluchten lief, rempelte der magere Anfangsdreißiger mit dem Oberlippenbart und den dunklen, fast schwarzen Augen andere Passanten an, entschuldigte sich dann fahrig und hastete weiter. Endlich lag das Ausstellungsgelände vor ihm; kurz blieb sein Blick an der monumentalen Bronzestatue der Bavaria hängen, die das Areal beherrschte, dann betrat er die nächststehende Zelthalle. Im Verlauf der folgenden Stunden ließ er sich mit dem Besucherstrom treiben, nahm jedoch nicht wirklich wahr, was er sah. Die ganze Zeit über zeigte sein kantiges, wettergegerbtes Gesicht denselben abwesenden Ausdruck wie schon am Morgen in der Küchenstube des Bruckthaler-Anwesens; es schien, als würde der Bauer von einer Macht umgetrieben, die ihn zur willenlosen Marionette machte. Erst am Spätnachmittag, als er plötzlich heftigen Hunger verspürte und an einem Imbißstand eine kalte Mahlzeit in sich hineinschlang, fand er in die Realität zurück und erinnerte sich daran, daß er noch einen langen Heimweg vor sich hatte.
Der von München kommende Abendzug traf kurz nach 22 Uhr in Siegsdorf ein. Die ganze Fahrt über war Alois Irlmaier von Gewissensbissen geplagt worden. Jetzt, da sein Verstand

wieder klar arbeitete, war ihm völlig rätselhaft, wieso er sich am Morgen seiner Familie gegenüber so unmöglich verhalten hatte. Wie unter einem seltsamen Zwang und ohne echten Beweggrund war er in die Hauptstadt gefahren; der Besuch der Landwirtschaftsausstellung war nichts weiter als ein Vorwand gewesen, um den Einödhof verlassen zu können. Nun, während der Bauer durch die sternklare Nacht lief, zermarterte er sich nach wie vor den Kopf deswegen; am Ende des zweistündigen Marsches, als er die ersten Häuser des Dorfes Scharam vor sich sah, hatte er freilich ebensowenig eine Erklärung gefunden wie zuvor im Eisenbahnwaggon.

Er passierte die kleine Ansiedlung, bog auf den Pfad ein, der zu seinem höher am Berg liegenden Anwesen führte, und dachte beklommen: Auf jeden Fall muß ich mich bei Maria und den anderen entschuldigen! Und danach sollte ich wohl besser einen Arzt aufsuchen und mich einmal gründlich untersuchen lassen.

Der Gedanke erleichterte ihn etwas. Er ging schneller und erreichte wenig später den Scheitelpunkt des Schotterweges. Von dieser Stelle aus konnte er die schattenhaften Gebäude des Bruckthaler-Hofes bereits erkennen; trotz allem freute er sich jetzt auf die warme Küchenstube und das Ausruhen im Herrgottswinkel. Dann jedoch, als ihm bewußt wurde, daß hinter keinem der Fenster des Wohnhauses mehr Licht brannte, verkehrte sich das eben noch angenehme Gefühl in sein Gegenteil. Jäh befiel ihn abermals jenes angstvolle Unwohlsein hinter seinem Brustbein, das ihn nun periodisch schon wochenlang quälte, und diesmal peinigte es ihn schlimmer denn je. Er keuchte, krümmte sich unter dem Ansturm der Schmerzwellen zusammen; erst nach einer ganzen Weile löste sich der Krampf, und er konnte sich wieder aufrichten. Schwer atmend stand er da, wischte sich mit zitternder Hand den kalten Schweiß von der Stirn – plötzlich weiteten sich seine Augen in äußerstem Entsetzen.

Einer der Sterne am Firmament schien sich unvermittelt von seinem Platz zu lösen, rasend schnell zu wachsen und dabei direkt auf Alois Irlmaier zuzuschießen. Um das dunkelrot glühende Zentrum der Erscheinung irrlichterten hellere karme-

sinfarbene Kaskaden; zudem drang von dort jetzt ein unheimlich wirkendes Knistern und Sirren heran: ein leiser und dennoch ausgesprochen bedrohlicher Laut.
Im ersten Moment war der Einödbauer versucht, vor dem grauenhaften Phantom zu fliehen; einen Herzschlag später jedoch begann er statt dessen in Richtung des Anwesens zu rennen. Denn plötzlich hatte er die wahre Natur des scheinbar überirdischen Phänomens erkannt; hatte begriffen, wo sich der Ursprung des immer noch anwachsenden glutroten Wirbelns tatsächlich befand: genau dort, wo der Giebel des Stallgebäudes knapp unter dem weit herabgezogenen Dach des Wohnhauses an dessen Außenmauer stieß. Er meinte in allen Einzelheiten vor sich zu sehen, wie sich die Lohe an dieser Stelle durch die trockenen Sparren fraß, wie einzelne Holzschindeln explosionsartig aufflammten und wegsplitterten; wie der Brand dadurch weiteren, von Sekunde zu Sekunde gefährlicheren Zug bekam.
»Feuer!« gellte sein verzweifelter Schrei durch die Nacht. »Der Hof brennt!«
Wieder und wieder, während er den Schotterweg entlanghastete, erklangen seine Warnrufe; er hielt nicht inne, obwohl ihm bald die Lungen zu bersten drohten. Aber er war noch an die dreihundert Meter vom Anwesen entfernt gewesen, als er den Glutherd erblickt hatte, so daß die Seinen ihn lange nicht hörten. Erst als er auf den Hofplatz stürzte, glaubte er hinter einem Fenster im rechten Oberstock den schwachen Schein einer Kerze zu erkennen – doch zu diesem Zeitpunkt hatte die Feuersbrunst bereits ein gutes Viertel des Stalldaches sowie die Verplankung der dahinter stehenden Scheune ergriffen; auch eine Ecke des Wohngebäudes stand nun schon lichterloh in Flammen.
Mit beiden Fäusten trommelte Alois Irlmaier gegen die Haustür; an den Schlüssel, den er bei sich hatte, dachte er in seiner Panik nicht. Im nächsten Moment wurde die Tür von drinnen aufgerissen, und der Bauer prallte gegen seinen Bruder. »Die Rinder!« schrie Hans, nachdem er seine Schrecksekunde überwunden und Alois erkannt hatte. »Sie müssen ins Freie, sonst ...«
Erst jetzt registrierte auch der Ältere das infernalische Brüllen,

das durch die Stallfenster weiter links drang. »Treib sie heraus!« herrschte er Hans an. »Ich kümmere mich um Maria und die Kinder!«
Er hetzte zur Treppe, auf halbem Weg kam ihm die Bäuerin entgegen. Sie war im Nachthemd; auf dem Arm trug sie den dreijährigen Loisl, mit der anderen Hand zerrte sie ihre kleine Tochter hinter sich her. »Wo ist Johann?!« stieß Alois hervor, während er sich an ihr vorbeidrängte.
»Theresia wollte ihn ...«, keuchte Maria.
Mehr hörte er nicht, mit einigen hastigen Sprüngen war er oben auf dem Treppenabsatz. Beißender Qualm erfüllte den Flur im ersten Stockwerk; Funkengarben trafen den Bauern, von irgendwoher kam hysterisches Wimmern. Mit angehaltenem Atem kämpfte Alois Irlmaier sich durch den Rauchvorhang, bis er zu der Magd vorgedrungen war, die sich zusammen mit seinem Ziehsohn ganz hinten im Gang unter der Speicherstiege verkrochen hatte. Er packte die betagte Frau, versuchte sie hochzuzerren, aber sie wehrte sich gegen ihn, als sei er ein Feind. Kurz und hart schlug er zu, brachte sie durch die Ohrfeige zur Besinnung und herrschte sie an: »Weg hier! So schnell du kannst!«
Auf allen vieren begann Theresia in Richtung der vorderen Treppe zu kriechen. Der Bauer zog den sechsjährigen Johann hoch und machte ihm mit ein paar hastigen Worten Mut. Sich an ihn klammernd, folgte ihm der Bub die ersten Schritte auf dem Rückweg durch das Inferno; die Magd indessen, als hart neben ihr ein brennender Balken niederkrachte, brach neuerlich zusammen. Alois versetzte dem Sechsjährigen einen Stoß und brachte ihn auf diese Weise dazu, vorauszulaufen; im nächsten Moment hatte er sich gebückt und sich die verstörte Frau mit einem Griff, den er im Krieg gelernt hatte, aufgebuckelt. Die schwere Last auf den Schultern, kämpfte er sich weiter. Er erreichte die Stiege und kam, halb rennend, halb rutschend, unten an – gerade noch rechtzeitig, ehe aus dem oberen Stockwerk ein furchtbarer Krach ertönte und offenbar das ganze stallseitige Gebälk des Daches einstürzte.
Theresia auf dem Rücken und Johann jetzt wieder an der Hand hinter sich her zerrend, taumelte der Einödbauer auf den Hof-

platz hinaus und schleppte seine schwere menschliche Last weiter bis zum Brunnen. Dort kauerten verschüchtert die Kleinkinder, unaufgefordert nahm der Sechsjährige sich ihrer an. Eben kam auch das Austragspaar heran; die beiden Alten hatten Gefäße bei sich, schöpften hastig Wasser und liefen weiter zur Ecke zwischen Hauptgebäude, Rinderstall und Scheune, wo die Feuersbrunst am stärksten wütete. Alois ließ die Magd zu Boden gleiten, füllte einen Tränkeimer, der neben dem Brunnenbecken lag, und spurtete seinen Eltern hinterher. Auf halbem Weg kam ihm Maria, eine leere Milchbütte in den Händen, entgegen und ächzte: »Es ist ... aussichtslos! Wir haben den Brand ... viel zu spät bemerkt!«

»Das Vieh! Wir müssen wenigstens die Tiere retten!« stieß der Bauer hervor, während sein Weib bereits weiterrannte. Gleich darauf entleerte er den Inhalt seines Tränkeimers gegen die Stalltür, die mittlerweile ebenfalls in Flammen stand.

Der Wasserguß verschaffte Hans Luft, der in derselben Sekunde ins Freie kam und eine der Milchkühe mit sich zerrte. Alois drängte sich an dem bockenden Tier vorbei; kaum war er im Stall, taumelte er unter dem fürchterlichen Ansturm der Hitze. Er schützte sich so gut wie möglich, indem er die Arme vor das Gesicht schlug; halb blind drang er weiter vor: zu den Futterbarren, wo die angstvoll brüllenden Rinder angekettet waren. Er befreite die vorderste Kuh und versuchte sie ins Freie zu scheuchen. Für einen Augenblick sah es so aus, als würde das vor Furcht wahnsinnige Tier ihn auf die Hörner nehmen, doch dann preschte es plötzlich davon. Unter ständiger Lebensgefahr löste der Einödbauer weitere Rinder von ihren Ketten und hetzte sie weg; erst nach einer Weile begriff er, daß sein Bruder jetzt ebenfalls wieder im Stall war. Gemeinsam schafften sie es schließlich, auch die letzte Kuh und dazu das ganz hinten stehende Zugpferd nach draußen zu bringen – gerade noch rechtzeitig, denn nur wenige Minuten später schoß über dem zusammenbrechenden Gebäude eine gewaltige Glutfontäne gen Himmel.

Der Wind trieb die Feuersäule über das Wohnhaus und die Scheune hinweg, die ohnehin schon zur Hälfte ein Raub der Flammen geworden waren. Im Handumdrehen glühten jetzt auch jene Teile der Dächer auf, welche die Lohe bislang noch verschont hatte. Die Bewohner des Bruckthaler-Anwesens, die sich in sicherer Entfernung zusammendrängten, konnten nichts weiter mehr tun, als hilflos auf das Inferno zu starren: auf die entfesselte Gewalt, die alles vernichtete, wofür sie ihrer Lebtag lang gearbeitet hatten. Wie gelähmt standen sie da, bis plötzlich vom Weg her, der ins Tal führte, ein Warnruf an ihre Ohren schlug: »Paßt auf! Das Austragshaus!«

Ein Bursche aus Scharam, der an der Spitze einer ganzen Schar weiterer Helfer herbeieilte, hatte den Schrei ausgestoßen. In derselben Sekunde begriffen auch die Bruckthaler, daß der Wind umgeschlagen war und die Feuersbrunst nun selbst noch das letzte intakte Gebäude des Hofes bedrohte.

Zutiefst erschrocken griffen Alois Irlmaier und die Seinen abermals nach den herumliegenden Eimern und Milchbütten, füllten sie am Brunnen und hetzten zu dem kleinen Holzhaus hinüber. Als sie dort ankamen, hatte sich der vom fauchenden Luftzug herangetragene Funkenregen tatsächlich bereits an mehreren Stellen ins Schindeldach gefressen und Brandnester gebildet. Diesmal freilich – auch weil schon in der nächsten Minute die Männer aus Scharam zur Stelle waren – gelang es, die Flammen rechtzeitig zu löschen. Während der folgenden Stunden, in denen das beim besten Willen nicht mehr zu rettende Hauptgebäude des Hofes bis auf die Grundmauern niederbrannte, wurde das Austragshaus durch ununterbrochene Wassergüsse geschützt. Am Ende, als die Feuersbrunst in den Ruinen des Wohnhauses, der Scheune und des Stalles allmählich von selbst in sich zusammenfiel, konnten die Einöder sich sagen, daß sie wenigstens nicht völlig obdachlos geworden waren.

In der grauen Dämmerung des neuen Morgens brachten die beiden Alten die Kinder in ihrer Schlafkammer zu Bett; ebenso kümmerten sie sich um Theresia, welche infolge des Nervenschocks, den sie erlitten hatte, ununterbrochen schluchzte. Alois, sein Bruder und Maria hingegen durften sich noch immer keine Ruhe gönnen. Zusammen mit den Helfern aus Scharam machten sie sich auf die Suche nach den Rindern und dem Pferd, die nach ihrer Befreiung aus der Flammenhölle in alle

Himmelsrichtungen davongeprescht waren. Es wurde Mittag, ehe alle Tiere wieder eingefangen und hinunter ins Dorf getrieben worden waren; dort wurden sie zu zweit oder zu dritt in verschiedenen Stallungen untergebracht.

Auf einem der Höfe nahmen der Einödbauer, sein Weib und Hans auf das Drängen der Bäuerin hin einen Imbiß zu sich. Die fürsorgliche Frau füllte ihnen zudem einen Korb mit Lebensmitteln, so daß die Versorgung der Brandleiderfamilie für die nächsten Tage gesichert war. Darüber hinaus versprach der Scharamer Bürgermeister, der mit in der Küche saß: »Die Dorfgemeinschaft läßt euch nicht im Stich, das sollt ihr wissen! Gleich morgen komme ich mit einer Abordnung zu euch hinauf. Dann besprechen wir, wie wir es mit den Hand- und Spanndiensten beim Wiederaufbau des Bruckthaler-Anwesens halten wollen.«

Mit rauher Stimme bedankte sich Alois Irlmaier für das Angebot, wenig später machten er und seine Angehörigen sich auf den Rückweg zu ihrem zerstörten Hof. Als sie auf dem Hügel anlangten und das rußgeschwärzte Trümmerfeld im hellen Tageslicht sahen, wurde ihnen das ganze Ausmaß ihres Unglücks erst so richtig bewußt. Maria taumelte, fühlte sich von den Armen ihres Gatten aufgefangen und begann heftig zu weinen. Alois konnte nichts weiter tun, als sie festzuhalten und gegen seine eigenen Tränen anzukämpfen. Lange verharrte das Paar so; Hans, der den Korb mit den Lebensmitteln bei sich hatte, war still ein paar Schritte weitergegangen und saß jetzt zusammengekrümmt auf einem von der Zeit rissig gewordenen Stein am Wegrand – bis er auf einmal hochfuhr und dorthin spähte, wo auf der Bergkuppe die Wallfahrtskirche stand.

Ein Geräusch hatte ihn aufgestört, und nun vernahm er es neuerlich: ein entferntes Bellen, das von Maria Eck her kam. Gleich darauf sah er bei einem Feldrain dort oben einen braungelben, sich rasch bewegenden Fleck.

»Astor!« rief er überrascht aus; im nächsten Moment waren sein Bruder und die Bäuerin bei ihm. Sie spähten ebenfalls, dann bestätigte Maria aufgeregt: »Mein Gott, es ist tatsächlich der Bernhardiner!«

Es verging kaum eine Minute, bis der aus Leibeskräften heranhetzende Hund bei ihnen war. Stürmisch und abwechselnd an ihnen hochspringend begrüßte er die junge Bäuerin und die beiden Männer; es dauerte eine ganze Weile, bis er sich soweit beruhigt hatte, daß Alois ihn am Halsband ergreifen und ihn ansprechen konnte: »Wo hast du dich bloß die ganze Zeit herumgetrieben?! Und was, in drei Teufels Namen, hat dich dazu gebracht, vom Anwesen wegzurennen?!«
Kaum hatte er die letzten Worte gesagt, erbleichte er, blickte wie erschrocken auf und setzte hinzu: »Oder ahnte Astor etwa, was passieren würde, und suchte deswegen das Weite ...?!«
Maria und sein Bruder brauchten einen Augenblick, um zu begreifen, dann brach es aus Hans heraus: »Das könnte in der Tat die Lösung des Rätsels sein. Schließlich sagt man den Tieren nicht ohne Grund einen sechsten Sinn nach ...«
»Ja, so muß es gewesen sein«, fiel die Bäuerin ein. In ihrem Gesicht arbeitete es; unvermittelt trat sie ganz nahe an ihren Gatten heran, griff nach seiner Hand und fuhr fort: »Und jetzt weiß ich auch, warum du gestern früh plötzlich unbedingt weg wolltest und niemand dich aufzuhalten vermochte. Du hast es ebenso gefühlt wie der Bernhardiner ... daß unser Hof abbrennen würde.«
»Aber wenn mir das bewußt gewesen wäre, hätte ich euch doch nie im Stich gelassen!« widersprach der Einödbauer entsetzt.
»Du hast uns nicht im Stich gelassen!« entgegnete Maria entschieden. »Ganz im Gegenteil! Denn du bist haargenau in dem Moment zurückgekommen, als wir anderen dich am dringendsten brauchten. Du warst es doch, der uns mit seinen Warnrufen aufstörte. Ganz genau kann ich mich erinnern, wie sie durch das Fenster drangen und mich weckten, so daß ich die Kinder noch rechtzeitig aus ihren Betten reißen konnte.«
»Und auch ich wurde wach, weil ich dich draußen schreien hörte«, pflichtete Hans seiner Schwägerin bei. »Du konntest uns aber nur alarmieren, weil du nach München gefahren warst und erst so spät in der Nacht heimkamst.«
»Normalerweise hätte ich wirklich längst geschlafen ...«, murmelte Alois Irlmaier. »Und den ganzen Tag in der Hauptstadt war ich wie betäubt ... Erst am späten Nachmittag wurde mein

Kopf wieder klar, und ich wußte plötzlich, daß ich unbedingt den letzten Zug nach Siegsdorf erreichen mußte.«
»Da ist noch etwas!« kam es von Maria. »Entsinnst du dich, was du am Morgen sagtest? Kurz bevor du gingst ...«
Alois schüttelte den Kopf.
»Ich fahre, weil ich fahren muß«, klärte ihn die Bäuerin auf. »So lauteten deine Worte.«
»Und du machtest dabei den Eindruck, als stündest du unter irgendeinem Zwang«, fügte Hans hinzu.
»Etwas, gegen das ich mich nicht wehren konnte, trieb mich aus dem Haus«, flüsterte Alois Irlmaier. »Eine Macht ... genauso unwiderstehlich wie jene andere, die den Gabelzweig in meinen Händen ausschlagen läßt, wenn ich unversehens auf eine Wasserader stoße ...«
»Und diesmal brachte die geheimnisvolle Kraft dich dazu, das Anwesen zu verlassen und die Ausstellung in München zu besuchen«, stellte Maria fest. »Der tiefere Sinn dabei war, daß du bei deiner Heimkehr den Ausbruch der Feuersbrunst bemerken solltest.« Sie umklammerte den Arm ihres Mannes. »Je mehr ich darüber nachdenke, Alois, desto klarer werden mir die Zusammenhänge. Du bist das Werkzeug von etwas ... Jenseitigem gewesen! Von etwas, das uns beschützen und unser Leben retten wollte ...«
Reglos, das kantige Antlitz verspannt und die dunklen Augen zusammengekniffen, stand der zweiunddreißigjährige Bauer da; über seiner Nasenwurzel hatte sich eine tiefe Kerbe gebildet, die in ihrer Form an eine Rune erinnerte. Lange währte das Schweigen zwischen den drei Menschen, endlich raunte Alois Irlmaier: »Der Eremit ... Von der Verflechtung aller Dinge sprach er damals, als wir uns zum letzten Mal sahen ... Von einem Wissen, das weit über uns selbst hinausreicht ... Von der ewigen, liebevollen Kraft, die uns, trotz allem, behütet ...«
»Seltsam, ich habe auch gerade an Jakob gedacht«, sagte Maria erschüttert. »Mehr noch: Ich hatte plötzlich das Gefühl, als sei er sehr nahe bei uns ...«
»Das ist er«, antwortete der Bauer. »Er und das andere ...« Sein Körper straffte sich, tief sog er die Luft in die Lungen, dann umarmte er seine Frau und den Bruder und fügte hinzu: »Der

Bruckthaler-Hof ist zwar zerstört, doch wir und unsere Angehörigen sind am Leben! Keinem von uns ist ein Leid geschehen, und wenn wir zusammenhalten, wird es uns auch gelingen, das Anwesen wieder aufzubauen!«
»Ja, wir werden es schaffen!« bekräftigte Maria.
»Noch dazu, wo wir außerdem die Hilfe der Scharamer Landwirte bekommen werden«, versetzte Hans und nahm dabei den Korb auf, den er neben dem uralten Stein am Wegrand abgestellt hatte.
Gleich darauf gingen die drei mit festen Schritten auf den Brandplatz zu; der Bernhardiner hielt sich, nun wieder völlig ruhig, an der Seite der jungen Bäuerin.

***

Ungefähr eine Stunde später jedoch – Alois Irlmaier, sein Bruder und sein Vater waren mittlerweile mit ersten Aufräumungsarbeiten beschäftigt – schlug der große Hund plötzlich warnend an. Als die Männer aufsahen, erblickten sie zwei Gendarmen, die ihre schwarz lackierten Dienstfahrräder den Weg von Scharam herauf schoben.
»Der Sergeant Obermeier und der Korporal Gernreich aus Eisenärzt«, knurrte der Austrägler. »Die haben uns gerade noch gefehlt ...«
Nachdem sie herangekommen waren, lehnten die Polizisten ihre Velozipede gegen einen Mauerrest; dann stellte der Sergeant die Frage, welche die Hofleute bereits erwartet hatten: »Habt ihr eine Erklärung dafür, wie der Brand hat ausbrechen können?«
Unwirsch schüttelte der alte Irlmaier den Kopf. »Keiner von uns kann's begreifen.«
»Aber passiert ist so etwas schnell«, setzte Hans hinzu. »Wenn zum Beispiel ein Futterballen Heu innen feucht ist und gärt, kann er sich entzünden. Ebenso ist es möglich, daß ein Funke aus dem Hauskamin flog und sich unbemerkt ins Stalldach fraß, bis dann irgendwann die Schindeln Feuer fingen.«
»Was meinst du dazu, Bauer?« wandte sich der Korporal an Alois.

Doch dieser reagierte nicht. Seltsam verspannt, die Lippen zusammengepreßt, stand er da und starrte an den Uniformierten vorbei in Richtung der Wallfahrtskirche Maria Eck.
»Kannst du nichts sagen – oder willst du nicht?!« insistierte der Sergeant.
»Weil es unter Umständen gar kein Unglück, sondern Brandstiftung war?!« bohrte der Korporal nach.
»Seid ihr von allen guten Geistern verlassen?!« fuhr der Austrägler wütend auf. »Welchen Grund sollten wir denn gehabt haben, unseren eigenen Hof anzuzünden?!«
»Versicherungsbetrug«, kam es lauernd von dem Sergeanten. »Es wäre nicht das erste Mal, daß ...«
»Wir hatten überhaupt keine Brandversicherung abgeschlossen!« keuchte der Alte außer sich. »Und wenn du dich nicht auf der Stelle für deine Frechheit entschuldigst, Obermeier, dann ...«
Drohend hob er die Faust gegen den erschrocken zurückweichenden Gendarmen; im selben Moment fühlte er den Griff seines Sohnes am Arm und hörte Alois mit rauher Stimme sagen: »Laß gut sein, Vater! Die Polizisten haben gar nicht so unrecht!«
»Was behauptest du da?!« rief der Austragsbauer entsetzt.
»Folgt mir, dann werdet ihr es sehen ...«, lautete die rätselhafte Antwort.
Damit ging Alois Irlmaier langsam zum anderen Ende des Hofplatzes: genau in jene Richtung, in die er zuvor so angespannt gespäht hatte. Er führte die verwirrt dreinblickende kleine Gruppe um den Schutthaufen der niedergebrannten Scheune herum zum unmittelbar angrenzenden Krautgarten des Anwesens, der von einem weitgehend unzerstört gebliebenen Staketenzaun eingefriedet war. Dort verharrte er kurz, bog dann leicht nach links ab und stieg zielstrebig über die bereits eingewinterten Beete hinweg, bis er den hintersten Abschnitt der Umzäunung erreichte. Hier schließlich bückte er sich, drückte die Zweige eines Stachelbeerstrauches beiseite und wies auf ein Loch im Zaun, das ganz augenscheinlich durch das Herausbrechen mehrerer Staketen entstanden war.
»Das ist die Stelle, wo sich der Brandstifter unbemerkt Zugang

zum Winkel zwischen Scheune, Stall und Wohnhaus verschafft hat«, erklärte der Zweiunddreißigjährige.
»Woher wußtest du das?!« schnappte der Korporal.
»Und wieso bist du dir so sicher, daß es ein einziger Verbrecher war und nicht mehrere?!« fragte scharf der Sergeant.
Alois zögerte einen Augenblick, dann erwiderte er stockend: »Vorhin, als ihr anfingt, die Fragen zu stellen ... Da glaubte ich es auf einmal vor mir zu sehen ... Wie es geschah ... Wie der Kerl mit dem geschwärzten Gesicht sich von hinten an den Hof heranschlich ... Wie er hier die Zaunlatten entfernte und durch das Loch schlüpfte ... Und wie er weiterhuschte zum Rinderstall, mit der Kerze in seiner Tasche ...«
»Du meinst, er stellte dort drinnen ein Talglicht auf und brachte sich in Sicherheit, während es herunterbrannte?« stieß Hans hervor.
»Die Kerze steckte halb in einem Strohballen«, bestätigte sein Bruder. »Und es dauerte ungefähr eine Stunde, bis die Flamme übergriff.«
»Du beschreibst das alles so genau, als wärst du selbst dabeigewesen«, äußerte, jetzt ausgesprochen nachdenklich, der Sergeant. »In mehr als zwanzig Dienstjahren ist mir so etwas noch nicht passiert ...« Er wechselte einen Blick mit dem Korporal und fuhr, als er in dessen Augen Zustimmung las, fort: »Aber wir glauben dir, Irlmaier, und nehmen dir die Geschichte ab, so unglaublich sie klingt. Denn du stehst schließlich schon seit längerer Zeit in dem Ruf, mehr zu wissen als gewöhnliche Leute. Die verborgenen Wasseradern, so heißt's von dir, erkennst du auf hundert Meter Entfernung mit verbundenen Augen, deshalb besitzt du vielleicht auch in anderer Hinsicht die hellseherische Gabe. Daß es so etwas geben soll, hat man immerhin schon öfter gehört ...«
»Und die Bresche im Zaun ist zumindest ein Indizienbeweis für das, was du gesagt hast«, fiel der zweite Gendarm ein, der das Loch mittlerweile genau in Augenschein genommen hatte. »Für einen vom Anwesen wäre es völlig sinnlos gewesen, hier mühsam einzudringen. Der Durchbruch muß also tatsächlich von einem Fremden stammen.«
»Außerdem hattet ihr wegen der fehlenden Brandversicherung

überhaupt kein Motiv, das Feuer zu legen«, nahm wieder der Sergeant das Wort. »Damit freilich tappen wir bei der Fahndung nach dem hinterhältigen Brandstifter völlig im dunkeln – außer du hättest ihn ... erkannt, Alois?«

»Nein«, entgegnete dieser leise. »Sein Gesicht war angerußt, den Hut hatte er tief heruntergezogen ....«

»Und sein Alter? Seine Größe?« unterbrach der Korporal. »Oder sonst irgendwelche auffälligen Merkmale?«

Alois Irlmaier zuckte die Achseln; sein Bruder bemerkte, daß er plötzlich vor Erschöpfung schwankte.

»Laßt ihn für heute«, bat er die Gendarmen. »Wenn ihm später noch etwas einfällt, werden wir es euch mitteilen.«

Damit mußten die Polizisten sich zufriedengeben; nachdem sie ein Protokoll aufgenommen hatten, kehrten sie nach Eisenärzt zurück.

Auf dem Bruckthaler-Anwesen wiederum herrschte noch tagelang Verwirrung wegen der Schauung, die Alois gehabt hatte, bis er selbst und seine Angehörigen sich allmählich mit der Tatsache abfanden, daß schlicht etwas Unerklärliches geschehen war, und von da an scheu darüber schwiegen.

***

Während der folgenden Monate, in denen es den Gendarmen nicht gelang, den Brandstifter festzunehmen, fristeten die Bewohner des Einödhofes ihr Dasein unter Verhältnissen, wie Alois Irlmaier sie bislang nur im Krieg kennengelernt hatte. Das kleine Austragshaus, das mit seinen beiden übereinanderliegenden Wohnräumen lediglich für zwei Personen gedacht war, beherbergte jetzt sechs Erwachsene und drei Kinder. Maria, ihre Schwiegermutter, die Magd Theresia sowie die Kleinkinder und der sechsjährige Ziehsohn teilten sich die Schlafkammer oben. Die drei Männer – Hans hatte die Aufnahme seines Studiums vorerst verschoben, um bei den Aufräumungsarbeiten mit zuzupacken – lagen nachts auf Strohsäcken in der beengten Küchenstube im Parterre, wo tagsüber auch gekocht und gegessen werden mußte.

Noch viele Wochen lang drang der beißende Brandgeruch in

die aus allen Nähten platzende Behausung; erst als Mitte November der gröbste Schutt draußen beseitigt war, wurde es besser. Ohne die Hand- und Spanndienste der Dorfbewohner hätte diese knochenbrechende Arbeit überhaupt nicht erledigt werden können, denn den Einödern stand kein Fuhrwerk und auch kein schweres Werkzeug mehr zur Verfügung. Sämtliche landwirtschaftlichen Geräte, die sich in der Scheune befunden hatten, waren ein Raub der Flammen geworden; ebenso hatte keines der Kleintiere, die dort in ihren Verschlägen eingesperrt gewesen waren, überlebt. Darüber hinaus war die gesamte Ernte dieses Jahres vernichtet worden, so daß den Bruckthalern lediglich die Ende September noch auf einem der Felder stehenden Kartoffeln zur Nahrung geblieben wären, wenn nicht auch in diesem Fall die Dorfleute mit Mehl, Milch, Speck, Kraut und Eiern ausgeholfen hätten.

Nahmen Alois Irlmaier und die Seinen eine Mahlzeit ein, so mußten sie an dem einzigen Tisch, der ihnen verblieben war, in zwei Schichten essen. Im Jahreswechsel von 1926 auf 1927 schließlich, als draußen der Frost scharf zu beißen begann, litten sie zusätzlich unter der Enge und der jetzt immer stickiger werdenden Luft im Austragshaus. Bedrückt verbrachten sie das Weihnachtsfest; die vierjährige Maria fieberte nun schon seit Tagen, und auch ihre Großmutter Anna litt unter einer hartnäckigen Bronchitis. Die Erwachsenen wurden außerdem von dem Wissen gequält, daß noch lange keine entscheidende Verbesserung ihrer Situation zu erwarten war. Den Winter über konnte an einen Wiederaufbau des Hofes nicht gedacht werden; lediglich gewisse Vorarbeiten wie etwa das kräftezehrende Zuschneiden des Zimmermannsholzes waren angesichts des gefrorenen Bodens möglich, ansonsten mußte trotz aller Not der Frühling abgewartet werden. Für diesen Zeitpunkt freilich waren bereits neue Schwierigkeiten abzusehen – und Mitte Februar sprachen Alois und sein Vater während eines Spazierganges unter vier Augen über die Probleme, welche dann auf sie zukommen würden.

»Die Scharamer Bauern, der Herrgott vergelt's ihnen, haben für uns nach altem Brauch das nötige Holz in ihren Wäldern geschlagen und es zur Baustelle heraufgebracht«, sagte der Austrägler. »Auch sonst dürfen wir die eine oder andere Hilfeleistung aufgrund des überlieferten Brandbettelrechts erwarten, doch damit steht das Anwesen noch lange nicht wieder.«

»Die vielen tausend Ziegel beispielsweise, die nötig sein werden, müssen wir kaufen«, nickte der junge Bauer. »Ebenso haben wir die Löhne für die Maurer, Zimmerleute und Dachdecker aufzubringen, denen wir und die anderen höchstens Handlangerdienste leisten können.«

»Dazu kommen die Maler, Glaser und Ofenbauer«, fügte der Alte hinzu. »Und selbst wenn das alles geschafft ist, fehlen immer noch die Möbel im Haus. Von Bettzeug, Geschirr und Kleidern gar nicht zu reden.«

»So gesehen, ist die Nachbarschaftshilfe wirklich nur ein Tropfen auf den heißen Stein«, kam es gepreßt von Alois.

»Verachten dürfen wir sie trotzdem nicht«, erwiderte sein Vater. »Seit vielen hundert Jahren wird dieser Brauch der tätigen Nächstenliebe bei uns im Gebirge geübt, und so manche Familie verdankte ihm in der Vergangenheit das nackte Überleben. Heutzutage freilich ist es mit den Hand- und Spanndiensten beileibe nicht mehr getan. Deswegen wird dir nichts anderes übrigbleiben, als in den sauren Apfel zu beißen und einen Bankkredit aufzunehmen.«

»Und das in diesen unsicheren Zeiten!« stieß Alois beklommen hervor.

»Ja, es geht unserem Land gar nicht gut«, stimmte der Austragsbauer zu. »Die Siegermächte, die Deutschland jetzt die Alleinschuld am Krieg geben, lassen uns ausbluten. Unser Volk muß Abermilliarden an Reparationszahlungen aufbringen, während Millionen Menschen, vor allem in den Städten, gerade noch das Nötigste zum Leben haben. Das Herz könnte es einem zerreißen, wenn man sich's vorstellt. Und weil wir schon einmal darüber reden, sage ich dir auch, was ich befürchte. Daß nämlich dieser Staat, den sie die Weimarer Republik nennen, zusammenbrechen und statt dessen etwas ganz anderes hochkommen wird: etwas Furchtbares, das sich die Verzweiflung der geschundenen Bevölkerung zunutze macht ...«

»Du meinst die Braunen?« fragte Alois mit gerunzelter Stirn.

»Diesen Hitler und seine Schlägertrupps«, bestätigte der Alte.

»Falls die an die Macht kämen, wäre Deutschland rettungslos verloren!«
Als er den beklommenen Ausdruck in den Augen seines Sohnes sah, legte der siebenundsechzigjährige Austrägler ihm die Hand auf den Arm und wiegelte ab. »Aber vielleicht male ich das alles zu schwarz, und die Vernunft siegt am Ende doch noch; immerhin können wir's hoffen. Auf gar keinen Fall dürfen wir jetzt, was unsere eigene Existenz angeht, den Mut sinken lassen. Trotz der schwierigen Zeiten müssen wir alles daransetzen, den Hof wieder aufzubauen. Und aus diesem Grund wirst du nicht umhin können, ein Darlehen aufzunehmen.«
»Gleich in den nächsten Tagen gehe ich nach Siegsdorf und erkundige mich bei der Bank nach den Bedingungen«, versprach Alois.
»Gut so«, ermutigte ihn sein Vater. »Und immerhin bist du ja kein Bettler. Du kannst den Herren Sicherheiten bieten: das Vieh, das in den Scharamer Ställen steht, dazu die Ackergründe, Weideflächen und sonstigen Liegenschaften, die zum Bruckthaler-Anwesen gehören.«

***

Ganz wie der Altbauer vermutet hatte, bekam Alois Irlmaier den Kredit ohne größere Schwierigkeiten; allerdings mußte er einen empfindlich hohen Zinssatz sowie einige ihm kaum verständliche Vertragsklauseln akzeptieren. Doch bald verdrängte der Einödbauer die Gedanken daran, denn Ende März dieses Jahres 1927, als der Schnee schmolz, konnte endlich der Neubau des Hofes in Angriff genommen werden.
Schon in der zweiten Maihälfte standen der Stall und die Scheune mit den Kleintierverschlägen fertig da. Unter Anteilnahme der gesamten Scharamer Bevölkerung wurden die Rinder und das Pferd zurück auf das Bruckthaler-Anwesen getrieben; die Dorfbauern spendeten ausreichend Heu, um die Tiere bis zur ersten Sommermahd zu versorgen. Zudem hatten Marias Eltern ein Dutzend Hühner und einen Wurf Ferkel von Obergschwind herübergebracht, so daß wieder ein ausreichender Nutztierbestand vorhanden war. Als die Hennen nach eini-

gen Tagen zu legen begannen, war die junge Bäuerin überglücklich; ihr Gatte indessen wurde zur selben Zeit erneut von Sorgen gequält.

»Der Schwarze Freitag in Berlin gibt mir zu denken«, vertraute er sich diesmal seinem Bruder an, während sie gemeinsam die Rinder fütterten.

»Der Börsenkrach vom 13. Mai«, nickte Hans. »Das ist, bei Gott, eine üble Sache! Wie es heißt, haben gewisse Leute dadurch Milliarden eingebüßt, und es soll sogar zu einer Reihe von Selbstmorden in Spekulantenkreisen gekommen sein. Ungleich schlimmer allerdings sind die Firmenzusammenbrüche, durch welche die deutsche Volkswirtschaft jetzt noch einmal schweren Schaden erleidet ...«

»Genau das meine ich«, fiel ihm Alois ins Wort. »Der Baumeister in Siegsdorf, mit dem ich heute die letzten Absprachen für die weiteren Arbeiten traf, erzählte von mehreren tausend Betrieben, die bereits bankrott sind, oder auf die der Konkurs noch zukommen wird. Und gerade jetzt, in dieser furchtbaren Situation, habe ich mich hoch verschuldet und muß nun auch noch für den Wohnhausneubau geradestehen.«

»Ich begreife deine Ängste sehr gut«, erwiderte der Jüngere. »Trotzdem darfst du dich auf gar keinen Fall ins Bockshorn jagen lassen! Ich glaube nicht, daß die Wirtschaftskrise auf die Landwirtschaft durchschlagen wird; für den Bauernstand gelten noch immer eigene Gesetze. Und was den Hausbau angeht, so kannst du ohnehin nicht zurück.«

»Freilich muß es sein«, versetzte Alois Irlmaier. »Doch nachts, wenn ich über alles nachsinne, habe ich manchmal das Gefühl, es nimmt kein gutes Ende ...«

Unwillkürlich erinnerte sich Hans an den Nachmittag nach der Feuersbrunst im vergangenen Herbst, als sein Bruder auf so rätselhaft hellsichtige Weise das Loch im Staketenzaun entdeckt und die Einzelheiten der noch immer unaufgeklärten Brandstiftung geschildert hatte. Für einen Moment verspürte er eine seltsame innere Beklemmung, doch rasch überwand er die jäh aufkeimende Angst und versuchte auch Alois zu trösten: »Das ist nur der Druck, der auf dir lastet; du mußt halt die Zähne zusammenbeißen und die nächsten Monate noch durchstehen!

Wenn du dann wieder ein richtiges Anwesen hast, wirst du auch die Schulden tilgen können; falls du willst, helfe ich dir nach Kräften dabei und bleibe bis dahin als Knecht auf dem Hof ...«

»Nein, du gehst im Oktober nach München und packst endlich dein Studium an«, wehrte der Ältere ab. Entschlossen fügte er hinzu: »Wir anderen können es hier in Scharam ebensogut allein schaffen!«

»So gefällst du mir schon wieder besser – und daß du mir trotz allem den Besuch der Universität ermöglichen willst, werde ich dir nie vergessen!« sagte Hans mit leuchtenden Augen. »Eines verspreche ich dir aber: Ich werde mir meine Ausbildung selbst verdienen und euch nicht auf der Tasche liegen. Während der Semesterferien kann ich als Krankenpfleger arbeiten, so komme ich schon über die Runden. Vorerst jedoch, bis das neue Wohnhaus steht, kannst du auf jeden Fall noch auf mich zählen.«

»So wollen wir es halten«, antwortete Alois mit weicher Stimme und reichte dem jüngeren Bruder die Hand. Der schlug ein, gleich darauf gingen beide mit leichteren Herzen wieder an die Stallarbeit.

Noch in derselben Woche kam der Baumeister aus Siegsdorf mit vier Gehilfen, um die Mauern des Hauptgebäudes auf dem Bruckthaler-Anwesen aufzuziehen. Bis zur Julimitte stand der Rohbau; anschließend gingen die Zimmerleute ans Werk und setzten den Dachstuhl auf, so daß Anfang August Richtfest gefeiert werden konnte. Während die Handwerker in den folgenden Wochen die vordringlichsten Abschnitte des Innenausbaues in Angriff nahmen, um das Gebäude rechtzeitig winterfest zu machen, brachte die Einöderfamilie die Getreideernte dieses Jahres 1927 ein. Sie fiel reichlich aus; als die letzte Fuhre in der neuen Scheune untergebracht war, hatten Alois Irlmaier und die Seinen das Empfinden, allmählich wieder hoffnungsvoller in die Zukunft blicken zu dürfen. Auch was die Bauarbeiten anging, lief weiterhin alles nach Plan. Ende Oktober – zur gleichen Zeit, da Hans sich verabschiedete, um sein Studium in München aufzunehmen – war das große Hofgebäude soweit fertiggestellt, daß das Austragshaus wieder den beiden Alten überlassen werden konnte.

Allerdings war vieles am Neubau vorerst noch Provisorium. Weil die Mauern den Winter über austrocknen mußten, fehlte der Außenputz; ebenso würde das obere Stockwerk erst im kommenden Frühjahr bezugsfertig werden. Dennoch erschienen die Küchenstube und die übrigen drei Räume im Parterre, die bereits genutzt werden konnten, dem jungen Ehepaar, der Magd und den Kindern fast luxuriös, nachdem sie dreizehn Monate lang unter beinahe menschenunwürdigen Verhältnissen gelebt hatten.
Jetzt aber war all das und dazu die Schreckensnacht vom 29. September 1926 nur noch schlimme Erinnerung. Erleichtert konnte Maria am Abend des Allerheiligenfestes, als draußen schon wieder der Rauhreif auf den Feldern lag, zu ihrer Familie sagen: »Zu Jahresbeginn waren wir noch völlig verzweifelt, aber jetzt haben wir das Gröbste geschafft. Und bald wird es weiter aufwärts gehen, wir müssen nur ganz fest daran glauben!«
Alois Irlmaier, seine kleine Tochter auf dem Schoß, nickte dazu; er tat es, obwohl hinter seinem Brustbein plötzlich abermals jenes angstvolle Unwohlsein nagte, das er in der Vergangenheit zu fürchten gelernt hatte.

Die dunkle Madonna

Im Frühsommer 1928 stand das Bruckthaler-Anwesen schöner denn je auf der Hügelkuppe unterhalb der Wallfahrtskirche Maria Eck. Weithin leuchtete der frische Verputz des Wohngebäudes ins Land hinaus; auf den beiden übereinanderliegenden Balkonen blühten die Geranien, und auch im Inneren des Hauses waren die restlichen Arbeiten mittlerweile abgeschlossen.
Immer wieder schweifte der Blick des jetzt vierunddreißigjährigen Alois Irlmaier zum Hof hinüber, doch in seinen Augen stand dabei trotz des anheimelnden Bildes, das sich ihm bot, keine Freude. Vielmehr preßte er jedes Mal die Lippen zusam-

men, als bedrückte ihn etwas; nur mühsam konnte er sich danach von neuem auf seine Tätigkeit konzentrieren: das Reparieren des Weidezaunes auf der Hangmatte, wo der Feenstein aufragte. Erst kurz vor der Abenddämmerung hatte er es geschafft, aufatmend packte er sein Werkzeug zusammen und trat den Heimweg an. Um abzukürzen, stapfte er quer über die Weidefläche und kam dabei in die Nähe des Menhirs. Gerade noch rechtzeitig besann er sich, schlug einen Bogen um den Felsen und vermied so die extreme Körperreaktion, die der Platz bei ihm auszulösen pflegte. Ein paar Schritte weiter schoß es ihm plötzlich durch den Kopf: Seit dem Brand bin ich kaum noch mit dem Gabelzweig gegangen, weil all das andere auf mich einstürmte. Aber jetzt wäre wieder ausreichend Zeit zum Muten. Auf diese Weise könnte ich ganz wie früher ein Zubrot verdienen; nötig hätten wir's, weiß Gott!

Der Gedanke ließ ihn nicht mehr los, und noch in der gleichen Nacht, als sie in ihrer Schlafkammer ungestört waren, teilte er Maria seine Überlegungen mit. Aufmerksam hörte sie ihm zu, dann erwiderte sie: »Brauchen könnten wir das Geld wirklich, denn bisher haben wir es zwar geschafft, die Zinsen für unser Darlehen zu bezahlen, doch getilgt ist fast noch nichts.«

»Das ist genau die Sorge, die mich quält«, bekräftigte Alois. »Wir müssen alles tun, um so schnell wie möglich von unseren Schulden herunterzukommen. Die vorjährige Ernte brachte uns zwar noch Gewinn ein, aber seitdem sind nicht nur die Getreidepreise, sondern auch die für Milch und Fleisch gefallen. Die Wirtschaftskrise will einfach kein Ende nehmen, von Monat zu Monat wird's schlimmer damit. Erst gestern stand in der Zeitung, daß es in Deutschland jetzt schon fast zwei Millionen Arbeitslose gibt. Abermillionen anderer Menschen sind kaum besser dran, und wer von diesen Bedauernswerten kann sich denn noch einen Braten oder Butter aufs Brot leisten? Wenn aber ein großer Teil der Bevölkerung am Hungertuch nagt, dann muß das notgedrungen auf die Landwirtschaft durchschlagen – und diese Entwicklung könnte auch uns mit in den Abgrund reißen, sofern wir nicht höllisch aufpassen.«

»Wie konnte es nur soweit kommen?« fragte die junge Bäuerin

erschrocken. »Ist es noch immer der verlorene Krieg, oder was sonst?«

»Der Weltkrieg, die brutal hohen Reparationszahlungen, die radikalen Schreier in der Politik, das Schieberunwesen in den Städten, der verbrecherische Schwarzhandel, das alles spielt zusammen«, versetzte ihr Gemahl. »Hinzu kommt der eiskalte Kapitalismus der Amerikaner, die seit Anfang dieses Jahres massenweise ihre Wirtschaftsanleihen zurückziehen, weil Deutschland, anders als noch vor kurzer Zeit, für die USA unprofitabel geworden ist. Und damit versetzen sie unserem Land womöglich den endgültigen Todesstoß ...«

Als er spürte, wie Maria zusammenzuckte, bereute der Bauer seine allzu deutlichen Worte und versuchte seine Frau zu trösten: »Vielleicht sehe ich aber auch alles zu schwarz. Schließlich sind es vor allem die kleinen Leute in den Städten, die es trifft; die besitzen keinen eigenen Grund und Boden, der sie auch in Notzeiten ernährt. Doch uns gehört das Anwesen, auf dem die Familie schon seit vielen Generationen heimisch ist; daran können wir uns halten. Stets schenkte die Erde den Bruckthalern, was sie zum Leben nötig hatten; auch wir und unsere Kinder dürfen darauf vertrauen. Die Schuldenlast muß freilich weg vom Hof; je schneller, desto besser!«

»Und deswegen ist deine Gabe jetzt Gold wert«, kam es erleichtert von Maria. »Schon vor unserer Hochzeit hast du damit so viel verdient, daß du mir den Silberschmuck schenken konntest.«

»Obwohl ich damals nur dann mutete, wenn die Interessenten direkt zu mir kamen«, entgegnete Alois. »Nun jedoch werden wir es anders anpacken. Gleich in den nächsten Tagen fahre ich nach Traunstein und gebe ein Zeitungsinserat auf, in dem ich meine Dienste als Wünschelrutengänger anbiete.«

»So werden wir es ganz bestimmt schaffen«, stimmte Maria zu und schmiegte sich dann zärtlich an ihn. Wenig später verlor das Paar sich aneinander und fand in der innigen Vereinigung zusätzlichen Halt.

***

In der Tat schien die Rechnung Alois Irlmaiers und seiner Frau während der folgenden Monate aufzugehen. Die Anzeige, die der Einöder geschaltet hatte, rief trotz und teils gerade wegen der schwierigen Zeiten ein lebhaftes Echo hervor. Den ganzen Sommer hindurch und bis in den frühen Herbst hinein suchte der Wünschelrutengänger aus Scharam in der Gegend zwischen Traunstein, Ruhpolding und Freilassing nach Wasseradern. Wie früher zeigte er den Eigentümern unergiebig gewordener Brunnen die Stellen, wo sie einen reichlich sprudelnden Quellstrom anstechen konnten; nicht selten wurde er auch gerufen, wenn irgendwo ein verborgener Rohrbruch aufzuspüren war. Gelegentlich verlangten allerdings auch Glücksritter nach seinen Diensten, welche sich angesichts der allgemeinen Not auf obskure Schatzsuchen, vorzugsweise auf dem Areal von Burgruinen, verlegen wollten und der Meinung waren, dazu könne der Gabelzweig ebenfalls genutzt werden. Doch Alois pflegte derlei abenteuerliche Ansinnen strikt abzulehnen und bestand darauf, seine Gabe sinnvoll einzusetzen. So hatte er Woche für Woche seinen zusätzlichen Verdienst.

Jede auf diese Weise gewonnene Mark wurde zur Schuldentilgung verwendet. Noch waren die kleinen Summen freilich kaum mehr als ein Tropfen auf den heißen Stein; die Bruckthaler konnten sich aber ausrechnen, daß sich ihre Situation bereits nach Ablauf eines vollen Jahres deutlich verbessert haben würde. Hinzu kam, weil die Agrarpreise kurz vor der Ernte wieder etwas anzogen, im September ein weiterer kleiner Gewinn aus der Bauernarbeit, wodurch die Darlehenssumme insgesamt um immerhin einige tausend Mark verringert werden konnte.

In einer dieser Nächte im Frühherbst, kurz nachdem das Geld aus dem Getreideverkauf auf der Siegsdorfer Bank eingezahlt worden war, sprachen der Einödbauer und seine Frau einmal mehr über ihre Chancen, sich in absehbarer Zeit völlig von ihren drückenden Verpflichtungen zu befreien. »Ich habe wirklich das Gefühl, wir werden nun bald Licht am Ende des Tunnels sehen«, sagte Maria zuletzt. »Und ich glaube, nächsten Sonntag sollte ich hinauf zur Wallfahrtskirche gehen und der Madonna dort zum Dank eine Kerze aufstecken.«

»Das kann gewiß nicht schaden«, antwortete ihr Gemahl und

dachte dabei an die Sorgen, die sie sich zu Beginn des Sommers gemacht hatten.
Eine Weile redeten sie danach noch über andere Dinge, bis endlich die Natur ihr Recht forderte und beide fast gleichzeitig einschliefen. Tiefe Stille herrschte nun in der Kammer – doch dann, gegen Mitternacht, begann Alois Irlmaier schwer zu atmen und zwischendurch zu röcheln. Ähnlich wie in den Wochen vor der Feuersbrunst litt er unter einem furchtbaren Alptraum; auf dem Höhepunkt des Nachtmahrs fuhr er schweißgebadet hoch und starrte verstört in die Finsternis, hinter deren undurchdringlichem Schleier die schrecklichen, nicht länger greifbaren Bilder jetzt wieder verborgen waren.
Am nächsten Vormittag wirkte der Bauer auf beinahe schon beängstigende Art in sich gekehrt; den besorgten Fragen Marias, die nichts von seinem nächtlichen Angsttraum bemerkt hatte, wich er aus. Gegen Mittag dann wurde er immer unruhiger; alle paar Minuten verließ er die Scheune, wo er fahrig an einem beschädigten Pflug werkelte, und spähte hinüber zum Weg, der nach Scharam führte. Zuletzt, als er dort den Briefträger auftauchen sah, hastete er ihm quer über den Hofplatz entgegen und fragte mit bleichem Gesicht: »Du hast heute nicht nur die Zeitung für uns dabei, gell?!«
»Woher weißt du denn das?!« entfuhr es dem Postboten. Als Alois Irlmaier keine Antwort gab, ihn lediglich scharf aus seinen dunklen, fast schwarzen Augen fixierte, setzte der Beamte stotternd hinzu: »Ja ... ich bringe tatsächlich einen Brief ... einen eingeschriebenen ...«
»Gib her!« forderte der Einöder. »Brauchst dich nicht zu genieren! Deine Schuld ist's nicht, daß du ihn zum Bruckthaler-Anwesen herauftragen mußtest.«
Der Postbote suchte in seiner Umhängetasche, fand das Kuvert und hielt es dem Bauern entgegen. Mit gerunzelter Stirn, so daß die steile Falte über seiner Nasenwurzel sich tief einkerbte, nahm Alois den Einschreibebrief an sich und hörte den anderen murmeln: »Quittieren mußt du auch noch ...«
Die Hand des Vierunddreißigjährigen zitterte, als er den Empfang bestätigte; unmittelbar darauf verabschiedete der Beamte sich hastig und verschwand mit eingezogenen Schultern. Alois

Irlmaier hingegen blieb eine ganze Weile wie gelähmt an Ort und Stelle stehen, ehe er schließlich das Stilett aus der Hosentasche zog und den Umschlag aufschlitzte. Mit zusammengekniffenen Brauen las er das Schreiben und wurde dabei noch blasser als ohnehin schon, zuletzt stieß er hervor: »Ich hab's erwartet! Schon letzte Nacht hab' ich's im Traum gesehen!«

***

In der Küchenstube waren Maria und ihre Schwiegermutter damit beschäftigt, die Gewichsten für das Mittagessen vorzubereiten: dünne, fingerlange Röllchen aus geriebenen Kartoffeln und Mehl, die anschließend in heißem Fett herausgebacken und zusammen mit einer Schüssel Sauerkraut aufgetragen werden sollten. Die beiden mittlerweile fünf- und sechsjährigen leiblichen Kinder der Bäuerin spielten in der Sitzecke des Raumes, jetzt hob der kleine Loisl den Kopf und rief: »Wie lange dauert's noch, bis Johann von der Schule heimkommt?«

Maria wollte antworten, doch der Austragsbauer, der eben in die Stube trat, kam ihr zuvor. »Spätestens in einer Viertelstunde ist er da, dein großer Bruder«, sagte er und zwinkerte seinen Enkeln zu. Die beiden Kinder rutschten von der Bank und liefen ihm entgegen. Eben als ihr Großvater sie an sich ziehen wollte, öffnete sich die Tür erneut. Zusammen mit dem Bauern schien etwas Eisiges in den eben noch so behaglichen Raum zu dringen – und augenblicklich herrschte beklommenes, abwartendes Schweigen.

Mit versteinertem Antlitz durchquerte Alois Irlmaier die Küchenstube und setzte sich langsam auf seinen Platz im Herrgottswinkel. Unaufgefordert kamen die anderen heran, die beiden Kinder drängten sich jetzt wie schutzsuchend an die Mutter. Maria war es auch, die schließlich mit ängstlicher Stimme die Frage stellte: »Was, um Himmels willen, ist passiert?!«

Der Einödbauer versuchte zu sprechen, brachte aber keinen Ton heraus. Erst als seine Frau neben ihn auf die Bank glitt und wie behütend den Arm um seine Schulter legte, fand er die Kraft, seinen Angehörigen das Schreckliche mitzuteilen. »Ein eingeschriebener Brief ist gekommen ...«, begann er stockend.

»Aus Siegsdorf ... von der Bank ...« Er schluckte und redete flüssiger. »Um das Darlehen geht es. Der Direktor schreibt, wir müssen das Geld auf der Stelle zurückzahlen ...«
»Das ist doch gar nicht möglich!« protestierte der Austrägler. »Wir haben den Vertrag, in dem der Kredit mit einer Laufzeit von zehn Jahren festgeschrieben ist!«
»Im Kleingedruckten steht es offenbar anders«, erwiderte sein Sohn. Dann eröffnete er Maria und seinen Eltern die ganze furchtbare Wahrheit: »Wegen der Wirtschaftskrise ist nun auch die Siegsdorfer Bank in Schwierigkeiten geraten. Sie steht offenbar kurz vor dem Bankrott und kann sich nur retten, wenn sie sofort sämtliche Außenstände eintreibt. Deshalb kündigt der Direktor unser Darlehen und verlangt die volle Rückzahlung innerhalb von vierzehn Tagen. Er pocht dabei auf die besonderen Vereinbarungen, die der Vertrag für einen solchen Fall enthält ...«
»Hast du so etwas denn wirklich unterschrieben, Bub?!« ächzte die vierundsechzigjährige Altbäuerin.
»Keiner hat mir damals erklärt, was die kleingedruckten Paragraphen bedeuten«, sagte Alois gepreßt. »Und jetzt brechen sie uns das Kreuz! Denn wir können das Geld unmöglich aufbringen! Nicht in zwei Wochen und auch nicht in ...«
»Gibt es denn gar keinen Ausweg?!« fiel ihm Maria ins Wort.
Der Einöder schüttelte stumm den Kopf; in der Küchenstube war für eine Weile nur noch das gequälte Atmen der Großmutter zu hören, die auf ihrem Schemel zusammengesunken war und die Hand gegen das Herz preßte.
»Und was passiert jetzt?!« flüsterte der Austragsbauer.
»Zwangsversteigerung des Bruckthaler-Anwesens!« stieß Alois Irlmaier hervor.
Ein dünner, pfeifender Ton ließ ihn und die anderen herumfahren. Sie sahen, wie die Altbäuerin jetzt beide Hände in den Kittelstoff über der Herzgegend krampfte und gleichzeitig von ihrem Hocker kippte. Hart prallte ihr Körper auf die Bodendielen; kaum war Maria, die ihr am nächsten gesessen hatte, bei ihr, setzte der Atem der Greisin aus und brachen ihre weit aufgerissenen Augen.
Fassungslos starrten die Erwachsenen und die beiden Kleinkin-

der auf den verkrümmten Leib. Schließlich versuchte die junge Bäuerin, den Leichnam ihrer Schwiegermutter aufzurichten und ihn zur Eckbank zu ziehen. Alois und der Austrägler schüttelten ihre Lähmung ab und sprangen Maria bei. Eben als sie den Körper der toten Anna Irlmaier auf die Bank hoben, öffnete sich die Tür; lachend kam der achtjährige Ziehsohn Johann herein, die Magd Theresia hinter sich her zerrend. In der nächsten Sekunde prallte der Schulbub erschrocken zurück und klammerte sich an die Dienstmagd, welche im selben Moment die bestürzte Frage herauskeuchte: »Um Gottes willen, was ist passiert?!«
»Ein Herzschlag ...«, brachte Alois noch heraus, ehe er schluchzend über seiner Mutter zusammenbrach.

***

An einem der letzten Septembertage dieses Jahres 1928 wurde Anna Irlmaier auf dem Eisenärzter Friedhof beigesetzt. Im Kreis der Familie und der Angehörigen Marias aus Obergschwind stand auch Hans, der für eine Woche aus München gekommen war, am offenen Grab. Unmittelbar nach der Beerdigung gingen er und die anderen zurück zum Einödhof; auf das Leichenmahl, das nach überkommenem Brauch eigentlich in einem Gasthaus des Pfarrdorfes für alle Begräbnisbesucher hätte ausgerichtet werden müssen, hatten die Bruckthaler aus guten Gründen verzichtet.
Vielmehr begab sich Alois Irlmaier auf den Rat seines Schwiegervaters hin gleich am folgenden Vormittag mit allem Bargeld, das er und Marias Eltern hatten zusammenkratzen können, zur Bank und bat dort um Stundung seiner Verpflichtungen.
»Daß ich zahlungswillig bin, beweise ich, indem ich den Betrag, den ich mitgebracht habe, zur weiteren Tilgung meiner Schulden verwende«, erklärte er dem Direktor. »Und ich flehe Sie an, uns nicht von Haus und Hof zu vertreiben!«
»Wenn es nach mir ginge, würde ich mir eher die Hand abhacken, als so etwas zu tun!« beteuerte der andere. »Doch ich habe keine andere Wahl. Es sind die Gläubiger unseres Instituts in München, die mich zu meinem Vorgehen zwingen.«

»Stünde das Kleingedruckte nicht im Vertrag, hätte es nicht so weit kommen können«, murmelte der Einöder. »Mir war überhaupt nicht klar, was ich damals unterschrieb!«
»Diese Klauseln waren früher in unseren Darlehensverträgen auch nicht üblich«, gab der Bankdirektor zu. »Wie so manches andere wurden sie uns von jenen aufs Auge gedrückt, bei denen wiederum wir Kredite aufnehmen mußten.«
»Und wenn ich in die Stadt fahre?!« brach es aus dem Bauern heraus. »Wenn ich einen Kniefall vor den reichen Herren dort mache ...?!«
Plötzlich stand kaum noch bezähmbares Mitleid in den Augen des ländlichen Bankdirektors. »Laß es bleiben, Irlmaier!« sagte er gepreßt. »Warum, glaubst du, haben diese ... Großkotzigen denn das Geld, und du nicht ...?!«
Alois begriff, und im selben Moment, da ihm die volle Erkenntnis kam, erinnerte er sich an den Krieg. Auch in Galizien hatte es diese Hartherzigen gegeben: hohe Offiziere, die stets überlebten, während die einfachen Soldaten tausendfach in den Gräben und Stacheldrahtverhauen verbluteten.
»Wenn es so ist, hätte ich mir den Weg sparen können!« stieß er hervor. »Wann also wird es zur Zwangsversteigerung kommen?«
»Bis Ende Oktober habt ihr wohl noch Zeit«, beschied ihn der Direktor leise.
Grußlos wandte sich Alois Irlmaier ab und verließ das Büro. Wie betäubt lief er durch die Gassen von Siegsdorf; als er außerhalb des Ortes an einer einzeln stehenden Linde vorüberkam, schoß ihm beim Anblick der weitausladenden Äste der Gedanke an Selbstmord durch den Kopf.
Während der folgenden vier Wochen wurde der Einödbauer noch mehrmals von derartigen Anwandlungen heimgesucht. Allein das Wissen, daß die Seinen ihn jetzt mehr denn je brauchten, hielt ihn letztlich davon ab, eine Verzweiflungstat zu begehen. Nicht weniger als er litten die anderen; die Vorstellung, von dem Grund und Boden verjagt zu werden, der seit so vielen Generationen im Besitz ihrer Familie war, blieb ihnen auch nach dem ersten Schock unerträglich. Doch die seelenlosen Paragraphen und tückischen Vertragsklauseln waren stärker

als das natürliche Rechtsempfinden der Menschen, und deswegen erschienen an einem der letzten Oktobertage der Auktionator, der Bankdirektor, mehrere Gendarmen und ein Rudel Kaufinteressenten, letztere zumeist städtisch gekleidet, auf dem Bruckthaler-Anwesen.

Nachdem die knapp ein Dutzend Köpfe zählende Gruppe der Fremden den Hof gründlich besichtigt und insgeheim taxiert hatte, fand die Versteigerung statt; nach einigem Hin und Her bekam einer der Städter den Zuschlag. Pflichtgemäß fragte ihn der Auktionsleiter, ob er die Landwirtschaft weiterbetreiben werde. Der neue Eigentümer – ein Mittvierziger mit schlaffen, teigigen Gesichtszügen, dessen Name Brandsberger lautete – kniff die kalten Fischaugen zusammen, schüttelte den Kopf und verkündete schroff: »Der Bauernhof wird zertrümmert und damit einer profitableren Nutzung als bisher zugeführt!«

»Der Verbrecher will das Haus und die Grundstücke einzeln verkaufen, um desto mehr für sich herauszuschlagen!« flüsterte der Austrägler grimmig seinem Sohn zu. »Ein Aasgeier ist das! Einer, den man auf der Stelle mit dem Pflugscheit erschlagen müßte!«

»Sei still, Vater!« bat Maria, welche die Worte ebenfalls vernommen hatte. »Wenn dich einer von den Polizisten hört ...«

Sie brach ab, weil ihr Gemahl eine jähe Bewegung gemacht hatte; als sie ihren Blick auf ihn richtete, sah sie, daß seine Pupillen unnatürlich geweitet waren. Im nächsten Moment hörten sie und der Alte den Bauern, der soeben seinen gesamten Besitz verloren hatte, raunen: »Der Geldhai wird's büßen ... Übers Jahr bekommt er seine Strafe ... In München wird's passieren ... In seinem Blut sehe ich ihn liegen ...«

Kaum war das letzte der furchtbaren Worte gefallen, die Alois wie in Trance hervorgestoßen hatte, kam der Auktionator auf die Gruppe zu und ordnete an: »Das Anwesen muß bis zum ersten Dezember dieses Jahres 1928 mit allem lebenden und toten Inventar an den neuen Besitzer übergeben werden. Lediglich persönliches Eigentum der Bewohner wie Schmuck, Kleider, Möbel, Bettzeug und dergleichen ist davon ausgenommen.«

Stumm nickte Alois Irlmaier, dessen Augen jetzt wieder klar

waren. Dann wandte er sich seiner Frau zu, griff unendlich behutsam nach ihrem Arm und führte sie weg: auf das Wohnhaus zu, das ihnen bereits nicht mehr gehörte. Sein Vater, die Magd und die Kinder folgten dem Paar; als sie sich um den Tisch in der Küchenstube scharten, fühlten sie sich dort bereits wie Fremde. Verstört saßen sie da; Maria und der Alte vermieden es, noch einmal auf das zurückzukommen, was Alois draußen geraunt hatte. Die bedrohlichen Sätze freilich klangen noch immer in ihnen nach; erst nach einer Weile brachte der durch die Tür tretende Bankdirektor sie auf andere Gedanken, denn er hatte zumindest einen kleinen Trost für die so schwer geschlagene Familie.

»Es ist wenigstens nicht alles verloren«, sagte er. »Denn weil die Interessenten sich in ihrer Gier gegenseitig hochtrieben, erbrachte die Versteigerung deutlich mehr, als die Schulden betragen, und diese Summe sollte eigentlich für einen Neuanfang anderswo ausreichen. Präziser ausgedrückt: Es wäre genug für den Kauf des Hauses, über das wir vergangene Woche bereits gesprochen haben.«

Der bankrotte Bauer erinnerte sich an den Tag, als der Siegsdorfer, sichtlich vom schlechten Gewissen getrieben, aufgetaucht war und ihm das Angebot gemacht hatte. »Die Kurr-Villa im Weiler Hagn, drüben bei Freilassing ...«, murmelte er. »Ist das denn tatsächlich so eine günstige Gelegenheit?«

»Ganz ohne Zweifel!« lautete die Antwort. »Aber man müßte schnell zugreifen, ehe ein anderer die Chance nutzt!«

»Ein Dach über dem Kopf brauchen wir wieder, und viel Zeit bleibt uns auch nicht mehr«, gab Maria zu bedenken. »Gerade noch ein Monat ...«

Als sein Vater ins selbe Horn stieß, entschied Alois: »Gut, dann schauen wir uns das Haus gleich morgen an.«

***

Am frühen Morgen des 26. November 1928, vier Tage vor dem vom Auktionator festgesetzten Räumungstermin, verließen Alois Irlmaier und seine Familie den Bruckthaler-Hof. Mit Hilfe eines Pferdefuhrwerks, das ihnen einer der Scharamer Bauern geliehen hatte, transportierten sie die Reste ihrer Habe: vor allem die so weit wie möglich zerlegten Möbel und die Federbetten, auf denen der fünfjährige Loisl, seine nur wenig ältere Schwester Maria und der achtjährige Johann saßen. Die Erwachsenen und der Bernhardiner liefen neben dem Leiterwagen her, Stunde um Stunde, denn die Entfernung zwischen Scharam und dem Ort, wo sie künftig leben würden, betrug an die dreißig Kilometer.

Gegen Mittag hatten sie etwa zwei Drittel davon zurückgelegt und rasteten nahe des Klosters Höglwörth bei Teisendorf. Immer wieder, während sie ihr karges Mahl verzehrten, blickte Alois zu der auf einer Hügelkuppe stehenden Kirche St. Peter und Paul hinauf. Der Sakralbau erinnerte ihn an Maria Eck, und jedes Mal glaubte er dann auch den Feenstein und das weiter südlich am Hochfelln versteckte Sonnenheiligtum sowie den Mondring vor seinem inneren Auge zu sehen. Das Bewußtsein, daß diese Plätze und dazu die Gräber der Mutter und des Einsiedlers Jakob künftig nicht mehr jederzeit erreichbar sein würden, schmerzte ihn beinahe noch mehr als der Verlust des ererbten Anwesens.

Die ganze Zeit über saß er stumm auf der Wagendeichsel und aß nur wenige Bissen. Erst als Maria zur Weiterfahrt drängte und er bemerkte, wie mühsam sein Vater und die ebenfalls bereits betagte Magd Theresia sich erhoben, raffte er sich auf und ordnete an: »Ihr beiden setzt euch jetzt zu den Kindern auf das Fuhrwerk! Sonst brecht ihr noch zusammen, ehe wir am Ziel sind.«

Dankbar stimmten die beiden Alten zu; das Gespann freilich kam während der folgenden Stunden um so langsamer voran, so daß die Familie erst am späten Nachmittag im Weiler Hagn in der Nähe von Freilassing anlangte.

Die wenigen Gebäude scharten sich am Hang eines Moränenhügels zusammen: einige wohlhabend wirkende landwirtschaftliche Anwesen, dazwischen ein halbes Dutzend Katen, die von Tagelöhnern bewohnt wurden. Ein Stück jenseits der langgestreckten Erhebung war der Flecken Salzburghofen mit seinem gotischen Kirchturm sichtbar. Die Glocken begannen eben die Vesper einzuläuten, als der Wagen mit den beiden müden Braunen an der Deichsel auf der verschlammten Fahrstraße durch das kleine Dorf rumpelte. Jenseits der Gemarkung senkte sich der Weg in die Auenlandschaft der Salzach ab und endete einige hundert Meter weiter bei einem Erlenstreifen. Dahinter erhob sich das Haus, das Alois Irlmaier mit seinem letzten Geld erworben hatte: die Kurr-Villa.

Diese Bezeichnung war freilich irreführend. Zwar hatte der Bau einst bessere Tage gesehen und einem königlich-bayerischen Rittmeister namens Kurr als Alterssitz gedient, doch in den Jahrzehnten seither war er auf erschreckende Weise heruntergekommen. Von den Mauern des dreistöckigen Gebäudes bröckelte der Putz, die Fensterrahmen waren verquollen, mehrere der verschmutzten Scheiben zerbrochen. Das Astwerk eines vom Sturm gefällten Baumes hatte sich durch das Ziegeldach des Schuppens an der Rückseite des Hauses gebohrt; trostlos wirkte auch der vom Unkraut überwucherte Vorplatz. Durch die tiefen Pfützen, die sich hier gebildet hatten, zogen die Gäule das Gefährt bis unmittelbar vor die Tür; Alois und Maria halfen dem Alten und Theresia vom Fuhrwerk, und dabei drückte die Magd aus, was alle empfanden: »Einen Haufen Arbeit werden wir haben, bis das hier auch nur einigermaßen bewohnbar ist!«

Im Verlauf der folgenden Wochen bemühte sich die Familie, sich trotz allem so gut wie möglich einzurichten. Von früh bis spät schufteten die Erwachsenen, und auch die Kinder griffen nach Kräften mit zu. Die Kurr-Villa wurde entrümpelt; tagelang kratzten die neuen Bewohner danach den üppig wuchernden Schimmel von den Zimmerwänden und übertünchten die schwarzen Flecken. Sie reinigten die verstopften Kamine und ersetzten verfaulte Fußbodendielen; reparierten die Fenster, das Schuppendach und vieles andere mehr. Zum Jahresende durften sie sich endlich sagen, daß die gröbsten Arbeiten geschafft waren. Die Hauptsorge jedoch, welche Alois Irlmaier die ganze Zeit über gequält hatte, blieb: Wie er künftig den Lebensunterhalt für sich und die Seinen verdienen sollte?

In einer eisigen Januarnacht, während draußen der Ostwind in den Wipfeln der Erlen wühlte, beredeten der fallierte Bauer und seine Frau das Problem in ihrer Schlafkammer, deren Fenster dick mit Rauhreif bedeckt waren.

»Wenn du ein Inserat in der Freilassinger Zeitung aufgibst und deine Dienste als Wünschelrutengänger anbietest, bekommst du bestimmt auch wieder Aufträge«, riet Maria.
»Das werde ich auf jeden Fall tun«, stimmte Alois zu. »Nur ist es jetzt im Winter manchmal schwierig mit dem Muten, und auch später werden wir allein mit dem Verdienst daraus kaum durchkommen. Wir bräuchten also ein weiteres Standbein – ein paar dazugepachtete Felder vielleicht, auf denen sich Rüben und Kartoffeln anbauen ließen.«
»Dazu reicht unser Geld nicht mehr aus«, wandte Maria, die jetzt in ihrem zweiunddreißigsten Lebensjahr stand, ein. »Wir müßten abermals einen Kredit aufnehmen, wenn wir es wieder mit einer kleinen Landwirtschaft versuchen wollten, und davor habe ich Angst!«
»Mir wäre auch nicht wohl dabei«, gestand ihr Gemahl. »Aber welche Möglichkeiten blieben uns denn sonst?«
»Der Tagelohn ...«, erwiderte Maria zögernd. »Du, ich, Theresia und vielleicht auch Johann könnten zumindest dann und wann auf den Höfen in Hagn oder Salzburghofen aushelfen.«
»Nachdem wir vor kurzem noch unser eigenes Anwesen besessen haben?!« kam es bitter von Alois. »Außerdem dürfen wir auf die Magd nicht mehr lange rechnen. Sie sagte mir erst gestern, daß sie uns nicht länger zur Last fallen wolle. Im Frühling will sie hinaus in den Chiemgau gehen, zu ihrem Bruder, der dort eine Kate besitzt und seit einigen Jahren verwitwet ist.«
Schweigend nahm Maria diese Eröffnung hin, gleich darauf bemerkte der Mann ihr Schluchzen. Er rückte näher an sie heran, zog sie in seine Arme und flüsterte: »Einen Ausweg gäbe es. Nur habe ich dir bisher nichts davon sagen wollen, weil ich mich mit dem Gedanken überhaupt nicht anfreunden konnte ...«
»Worum geht es?« fragte Maria.
»Neulich, als ich in Salzburghofen war, um die neuen Fensterscheiben zu besorgen, sprach mich der Bürgermeister an«, antwortete Alois mit belegter Stimme. »Das Armenhaus dort ist überfüllt, und man sucht für zwei der Familien ein anderes Notquartier. Deshalb erkundigte sich der Gemeindevorsteher, ob möglicherweise wir bereit wären, diese Leute aufzunehmen ...«

»Obdachlose?! Nie im Leben!« rief Maria empört aus. Im nächsten Moment bereute sie ihr Verhalten und korrigierte sich: »Nein, so habe ich es nicht gemeint! Ich war bloß nicht auf so etwas gefaßt. Und wir dürfen auch nicht auf diese Menschen herabblicken. Um ein Haar wären wir schließlich selbst im Siegsdorfer Armenhaus gelandet ...«
»Dann wärst du also bereit, dir die Sache zu überlegen?« wollte ihr Gemahl wissen.
»Ja«, erwiderte Maria. »Denn irgendeinen Ausweg aus unserer Misere müssen wir finden!«
Schon vierzehn Tage später räumten Alois Irlmaier und seine Angehörigen die oberen Etagen ihres trotz der Reparaturarbeiten noch immer heruntergekommen wirkenden Hauses und richteten sich so gut wie möglich im Parterre sowie in den feuchten, zugigen Kellerabteilungen mit ihren ebenerdigen Fensterschächten ein. Vor allem dort unten – die kahlen Räume mußten notgedrungen als Schlafkammern genutzt werden – waren die Wohnverhältnisse beinahe noch schlimmer als einstmals im Austragshaus des Bruckthaler-Anwesens. In den beiden ersten Nächten froren besonders die drei Kinder erbärmlich, aber auch die Erwachsenen sehnten sich wie nie zuvor nach ihrer Scharamer Heimat zurück. Am dritten Morgen ging Maria kurz entschlossen nach Freilassing und erwarb einen Packen zusätzlicher Decken, wodurch sich die klamme Kälte zumindest ein wenig leichter ertragen ließ.
Mit ausgesprochen ärmlichem Hausrat wiederum trafen zur selben Zeit die bedauernswerten Armenhäusler aus Salzburghofen ein, die vom dortigen Bürgermeister in die Kurr-Villa eingewiesen worden waren. Die eine der beiden vom Leben so brutal angefaßten Familien – eine abgehärmte Frau mit ihrem schwer kriegsversehrten einbeinigen Gatten und zwei verschüchterten halbwüchsigen Söhnen – bezog die Zimmer im ersten Stock; in den Kammern darüber kam ein betagtes Paar mit seiner erwachsenen debilen Tochter unter. Die Gemeinde bezahlte den bescheidenen Mietzins; zudem hatte Alois Irlmaier mittlerweile auch seine Dienste als Wünschelrutengänger im Lokalblatt angeboten und einige erste Aufträge erhalten. So waren wenigstens die ärgsten existentiellen Sorgen behoben.

Den Februar dieses Jahres 1929 hindurch verbreitete sich der Ruf des ungewöhnlichen Mannes mit dem Gabelzweig rasch im Grenzgebiet zwischen Oberbayern und dem Salzkammergut. Auch aus Österreich kamen jetzt gelegentlich Anfragen, und in den letzten Tagen des genannten Monats überquerte Alois deshalb die Salzachbrücke hinter Freilassing und wanderte dann noch ein gutes Stück weiter, bis er einen Weiler namens Kuchl erreichte.
Das Anwesen, auf dem der Brunnen so gut wie versiegt war, schien mehrere hundert Jahre alt zu sein. Behäbig lagen die Gebäude mit ihren dicken Bruchsteinmauern an einem sanft geneigten Hang. Ringsum erstreckten sich die Feldbreiten und Weideflächen, in dünnen Rinnsalen floß das Schneewasser an diesem föhnigen Tag von ihnen ab.
Eine Weile stand der Vierunddreißigjährige still da und betrachtete sinnend das anheimelnde Bild, das ihn an seine verlorene Heimat erinnerte. Dann gab er sich einen Ruck, seufzte und legte das letzte Stück bis zum Hofplatz zurück. Als der Kettenhund anschlug, erschien der Bauer unter der Stalltür und kam dem Besucher entgegen. Er deutete auf den Gabelzweig, der aus der Manteltasche des Sensitiven ragte und fragte: »Willst du gleich mit dem Muten beginnen oder dich erst ein wenig in der Stube aufwärmen?«
Alois Irlmaier dachte an den langen Rückweg, den er noch vor sich hatte, und erwiderte: »Am liebsten wär's mir, wir würden keine Zeit vergeuden.«
»Dann komm!« forderte ihn der Landwirt auf und führte ihn zur Rückseite des Wohnhauses, wo unter einem hölzernen Schutzdach die steinerne Brunnenbrüstung sichtbar wurde.
Alois nahm die Wünschelrute in beide Hände, streckte die Arme aus und umschritt langsam das Areal um die Zisterne. An einer Stelle reagierte der Zweig; der Ausschlag war jedoch nur sehr schwach, und dies änderte sich auch nicht, als der Rutengänger nun der Wasserader folgte, die den Brunnen bisher gespeist hatte.
Schließlich erklärte er seinem Auftraggeber, der ihm nachgekommen war: »Bisher ist der unterirdische Quellstrom einer Lehmschicht gefolgt, die ungefähr sechs Meter unter unseren

Füßen liegt. Jetzt aber, weil in einer Felsplatte darunter ein Spalt aufgerissen ist, verläuft die Wasserader bedeutend tiefer, so daß sie den Brunnenkorb verfehlt und sich in der Zisterne nur noch die Flüssigkeit aus einer schwachen Nebenader sammelt.«
»Und wie wäre der Schaden zu beheben?« erkundigte sich der Hofbesitzer.
Alois Irlmaier ging zum Brunnenhäuschen zurück, mutete dort abermals und schlug zuletzt vor: »Am einfachsten wäre es, den Schacht um etwa vier Meter tiefer zu graben. Dann würdest du wieder auf die Hauptader treffen, und das wäre bedeutend weniger Arbeit, als wenn du anderswo eine neue Zisterne anlegen müßtest. Freilich solltest du unbedingt darauf achten, von der Sohle des Brunnenkorbes aus nicht senkrecht, sondern in einem Winkel von siebzig Grad schräg und in südlicher Richtung zur neuen wasserführenden Schicht vorzustoßen.«
»Das hört sich kompliziert an«, murmelte der österreichische Bauer. »Ich weiß nicht, ob ich und der Knecht dazu imstande sind.«
»Wenn du willst, übernehme ich das Ausschachten«, bot der Rutengänger an. »Drei oder vier Tage würde es angesichts des gefrorenen Bodens allerdings schon dauern.«
Der Landwirt stimmte sofort zu; nachdem die beiden den Stundenlohn ausgehandelt hatten, ordnete Alois an: »Du schöpfst den Brunnen heute noch leer und verstopfst unten den Zufluß. Ich sage inzwischen daheim in Hagn Bescheid, morgen komme ich wieder.«
»Und während der Zeit, die du für mich arbeitest, bleibst du ganz auf dem Anwesen«, erwiderte der Bauer. »Es wäre Unsinn, jeden Tag den weiten Weg hin und her zu laufen. Also bekommst du Kost und Logis zusätzlich von mir. Zum Einstand lade ich dich gleich jetzt zum Mittagessen ein; höchstens eine Stunde noch, dann hat's die Bäuerin fertig.«
Alois bedankte sich mit einem Händedruck, dann erklärte ihm der Österreicher: »Ich habe noch kurz im Stall zu tun, du kannst inzwischen in der Stube auf mich warten und dich ausruhen. Die zweite Tür rechts ist's, wenn du in den Hausgang kommst. Geh einfach hinein und störe meine Frau in der

Küche nicht; sie hat's nicht gern, wenn ihr jemand beim Kochen im Weg ist.«

Der Rutengänger nickte, verwahrte den Gabelzweig wieder in der Manteltasche und schlenderte um das Wohnhaus herum. Er betrat den Flur, hörte zur linken Hand die Bäuerin hantieren und fand die aus Zirbelholz geschnitzte Stubentür, die der Hofeigentümer ihm bezeichnet hatte. Sachte, um möglichst keinen Lärm zu verursachen, drückte er die schmiedeeiserne Klinke herunter und setzte den Fuß über die Schwelle. Der Raum drinnen lag im Halbdunkel, denn die Vorhänge waren zugezogen. Vorsichtig suchte sich Alois seinen Weg bis zu einem der Fenster und zog den Stoff beiseite. Im selben Moment drang ein starker Lichtstrahl in die Bauernstube, schälte die schweren, gediegenen Möbel aus dem Dämmer und traf an der gegenüberliegenden Wand auf ein Gemälde in einem breiten barocken Rahmen.

Der unverhoffte Anblick bewirkte, daß Alois wie gebannt verharrte. Mit zusammengekniffenen Augen starrte er auf das Bildnis, das eine vom Alter stark nachgedunkelte Madonna im Kreis von zwölf männlichen Gestalten zeigte. Einige der Figuren hielten die typischen Attribute katholischer Heiliger in den Händen; dies wurde dem Sensitiven noch bewußt – dann, mit dem nächsten Herzschlag, schoß aus dem Zentrum des Gemäldes etwas wie eine rasend wirbelnde Spirale auf ihn zu.

Andersweltliches, fast unerträgliches Leuchten blendete ihn; gleich darauf aber wurde aus dem Gleißen eine goldene Flut, die ihn in mütterlicher Wärme auffing und barg. Das nunmehr weiche Licht begann zu pulsieren, seine Strahlen verwoben und bündelten sich: verdichteten sich zu einer überirdischen Erscheinung. Die alterslose Frau, die auf einer Bahn von Mondstrahlen heranschritt, glich der Madonna auf dem Gemälde; zumindest im ersten Augenblick schien dies so. Im nächsten Moment jedoch wurden aus dem einen weiblichen Körper drei; weiß war das Gewand der Jungfrau, rot das der Mutter, schwarz dasjenige der Greisin. Wiederum einen Herzschlag später verschmolz diese Dreifaltigkeit erneut zum Leib der Einen; nun freilich erinnerte nichts mehr an ihr an die christliche Muttergottes. Vielmehr erkannte der wie gebannt dastehende

Schüler des heidnischen Eremiten die ewige lebenspendende Gottheit in ihrer allumfassenden Emanation: als die Große Göttin.

Ihre unendliche Kraft durchflutete ihn, und er gab sich ihr – ähnlich wie einst im Mondring – rückhaltlos hin. Stärker noch als damals kam etwas in ihm zur Vollendung; er wurde völlig Teil ihres Wesens, und zugleich verwandelte sich die Macht, die auf ihn einwirkte, abermals. Die Eine verband sich mit den zwölf männlichen Gestalten, die sich jetzt auf metaphysischer Ebene gleichfalls materialisiert hatten, zur Dreizehn; zusammen bildeten sie die Fülle Arianrhods.

Der Sensitive glaubte kosmisches Dröhnen, das gleichzeitig unbeschreiblich harmonische Musik war, zu vernehmen. Dann stand über den nun auf einer spiraligen Bahn tanzenden Manifestationen der göttlichen Energie von neuem das strahlende Rad, das er als Halbwüchsiger bereits zweimal im Mondring erblickt hatte: das silberne Rad Arianrhods, welches Leben aus einem ewigen Ozean schöpfte, fremdartige Völkerschaften emportrug ins Leuchten der Zeit und sie wieder zurückgleiten ließ in das unendlich tiefe Meer. Und mit demselben Lidschlag sandte die wirbelnde Achse ihm detaillierte Bilder aus dem Abgrund vergangener Jahrtausende und künftiger Jahrhunderte entgegen.

Er taumelte unter dem gewaltigen Ansturm der Elemente, welche die Zeit formten, trugen und wieder zunichte werden ließen, um sie – ohne daß auch nur der Bruchteil einer Sekunde verstrich – neu zu gebären. Mit seinem ganzen Sein bemühte er sich, die durch sein Gehirn jagenden Bilder zu erfassen und ihnen Konturen zu geben, doch es gelang ihm nicht. Das Ewige schien andere Absichten mit ihm zu verfolgen; schien ihm allein die überbrandende Existenz des Verborgenen zeigen zu wollen: des hinter dem Schleier Verhüllten, das sowohl Gegenwart als auch Vergangenheit und Zukunft war.

Zuletzt, als er dies zu begreifen glaubte, verlor sich das kosmische Dröhnen und verklang die andersweltliche Musik. Das Rad Arianrhods löste sich auf, die Gestalten der zwölf Tänzer entwichen; allein die Erscheinung der Großen Göttin blieb noch eine kleine Weile sichtbar, ehe auch sie in einer Art von flirrendem Nebel verschwand.

Zitternd und wie betäubt kam Alois Irlmaier wieder zu sich. Verstört starrte er auf das barocke Gemälde, das noch immer in das Licht des durch das Fenster dringenden Sonnenstrahls gebadet war. Erst nach Minuten wurde ihm bewußt, daß dort nichts weiter mehr als die dunkle Madonna im Kreis der zwölf Heiligengestalten zu sehen war.
Langsam ging er auf das Bildnis zu, berührte vorsichtig den Rahmen – und schrak zusammen, als er in seinem Rücken die Worte vernahm: »Ein altes Erbstück meiner Familie. Keiner weiß, von wo es ursprünglich stammt. Und du hast dir jetzt die Zeit beim Betrachten vertrieben; hast recht daran getan!«
Als Alois sich umdrehte, setzte der Besitzer des Anwesens, der unbemerkt hereingekommen war, hinzu: »Und entschuldige auch, daß die Arbeit im Stall so lange gedauert hat; es ist mir etwas dazwischengekommen. Aber jetzt gibt's endlich Mittagessen, nachdem du leider eine ganze Stunde auf mich hast warten müssen ...«

Die Schleiergestalten

Noch wochenlang zerbrach sich Alois Irlmaier den Kopf über die Erscheinung, die er in der Stube des österreichischen Bauernhofes gehabt hatte. Er spürte, daß sich in seinem Inneren etwas Grundlegendes verändert hatte; allerdings vermochte er dessen Natur nicht in Worte zu fassen. Aus diesem Grund sprach er zunächst mit niemandem über die Vision, sondern versuchte, mit sich selbst ins reine zu kommen. Schließlich drängte es ihn dazu, sich seiner Frau anzuvertrauen; was ihm wirklich widerfahren war, konnte er jedoch auch ihr nicht darlegen.
Maria hörte ihm zu, stellte auch einige Fragen, schien dem Gehörten aber nicht gerade sensationelle Bedeutung beizumessen und drückte dies zuletzt so aus: »Bei verschiedenen anderen Gelegenheiten hattest du noch seltsamere Erlebnisse und Gesichte. Denk nur an deine wundersame Errettung im Krieg

oder die Fahrt nach München am Tag vor dem Brand, durch die du uns alle wahrscheinlich vor einem schrecklichen Tod bewahrtest. Später hast du dann das Loch im Zaun gefunden und den Täter beschrieben, den du unmöglich gesehen haben konntest. Auch bei der Versteigerung unseres Hofes hattest du eine Schauung. Daß der Brandsberger, der Geldhai, seine Gier büßen müsse, sagtest du, und daß er seine Strafe übers Jahr bekommen werde. Vielleicht geschieht's tatsächlich, vielleicht aber auch nicht, nur eines weiß ich mit Sicherheit: Du und auch wir anderen müssen mit dem leben, was dich manchmal so unversehens heimsucht. Wahrscheinlich hängt es mit deiner besonderen Gabe zusammen, die dich zum Rutengehen befähigt; so jedenfalls erkläre ich es mir.«

»Irgendeine Verbindung gibt es da bestimmt«, murmelte der Vierunddreißigjährige. In der Folge dann schnitt er das Thema nicht noch einmal an; dies auch deshalb, weil sich ab dem Frühling dieses Jahres 1929 die Ereignisse – profane und dramatische – plötzlich überstürzten.

Zunächst einmal hatte das Tieferlegen des Brunnenkorbes auf dem Anwesen im Weiler Kuchl, drüben im Salzburgischen, ungeahnte Folgen. Alois Irlmaier, der bislang stets nur gemutet, jedoch höchstens in Ausnahmefällen selbst nach den Wasseradern gegraben hatte, bot, einer plötzlichen Eingebung folgend, in einem weiteren Inserat zusätzlich seine Dienste als Brunnenbauer an – und fand damit, da sonst weit und breit niemand diese Tätigkeit ausübte, ein sehr positives Echo. Beinahe täglich war er nun unterwegs und verdiente mit dem Auffinden der unterirdischen Quellströme sowie dem Ausschachten der Zisternen bald so viel, daß die Familie auf die Einnahmen aus der Vermietung der beiden oberen Stockwerke hätte verzichten können. Mittlerweile hatte man sich aber an die Logisleute gewöhnt; zudem kümmerten sich die Eltern der debilen jungen Frau seit dem Weggang der Magd Theresia, die Mitte April zu ihrem verwitweten Bruder in den Chiemgau gezogen war, sehr uneigennützig um den jetzt oft kränkelnden Großvater. So blieben die ehemaligen Armenhäusler in der Kurr-Villa wohnen und dankten es den Eigentümern auf ihre Weise mit so manch kleiner Gefälligkeit über die Pflege des Alten hinaus.

Eines Abends Anfang Mai, als der siebzigjährige Austrägler im Schein der sinkenden Sonne zusammen mit seiner Enkelin Maria auf der Hausbank saß, kehrte der Rutengänger nicht wie sonst zu Fuß von der Arbeit zurück, sondern trat kräftig in die Pedale eines schwarz lackierten Fahrrads. Lachend brachte er das Veloziped zum Stehen; auf die verwunderte Frage des Vaters antwortete er: »Ich habe das Tourenrad günstig in Ainring drüben erstehen können. Eins von der Marke Wanderer ist es, etwas Besseres kann man gar nicht bekommen. Eine Menge Zeit werde ich mir künftig damit ersparen und kann auf diese Weise noch mehr Aufträge annehmen.«
»Außerdem brauchst du nicht mehr so oft auswärts zu übernachten«, fiel von der Haustür her seine Frau ein. »Selbst wenn du ein paar Stunden Fußweg von Hagn entfernt zu tun hast, wird es dir möglich sein, den Hin- und Rückweg an einem Tag zu schaffen.«
»Das ist der zweite Grund, warum ich die Gelegenheit beim Schopf ergriff«, nickte Alois. Dann zog er eine Flasche Wein aus der Segeltuchtasche, die über den Gepäckträger des Velozipeds geschnallt war, und setzte hinzu: »Es geht wieder aufwärts mit uns, deswegen wollen wir uns heute auch einen guten Schluck gönnen.«
In der bescheidenen Küchenstube des Erdgeschosses feierten sie sodann den Erwerb des Fahrrads; später in der Nacht hatte aber auch Maria eine Überraschung für ihren Gatten. »Heute war ich bei der Hebamme in Salzburghofen drüben«, eröffnete sie ihm. »Und die Wehmutter sagte mir, ich könne fest damit rechnen, im Herbst noch einmal Mutter zu werden.«
Ein paar Sekunden lang blieb Alois stumm. Unwillkürlich glaubte er wieder das beklemmende Bild zu sehen, wie seine drei Kinder vor einem halben Jahr auf das Fuhrwerk geklettert waren, das sie vom Bruckthaler-Hof fortbrachte. Doch dann erinnerte er sich an den Zuspruch, den seine berufliche Tätigkeit neuerdings erfuhr, und nun konnte er sich über die unverhoffte Nachricht freuen. Zärtlich zog er Maria in seine Arme und flüsterte ihr zu: »Ich danke dir! Von ganzem Herzen danke ich dir! Gut ist's, daß das Leben weitergeht; als Geschenk wollen wir das Kleine annehmen, trotz allem.«

Ehe freilich das neue Leben in der Kurr-Villa Einzug hielt, forderte, wenn auch nicht ganz unerwartet, der Tod seinen Tribut. An einem Tag im Hochsommer, als lähmende Hitze über dem Alpenvorland brütete und das Thermometer neben der Vordertür der Kurr-Villa dreiunddreißig Grad im Schatten zeigte, brach der alte Irlmaier beim Schuppen hinter dem Wohnhaus zusammen. Mehr als eine halbe Stunde lag er nahe der Stelle, wo der im Juni eingegangene Bernhardiner Astor verscharrt worden war, besinnungslos in der prallen Sonne, bevor Maria ihn vermißte und nach ihm suchte. Als sie ihn fand, röchelte er in seiner Ohnmacht beängstigend und kam auch in der Küchenstube nicht wieder zu sich, wohin ihn seine Schwiegertochter mit Hilfe anderer Hausbewohner gebracht hatte. Der eilig herbeigerufene Landarzt untersuchte den Siebzigjährigen und erklärte danach leise: »Es ist ein schwerer Schlaganfall. Ich fürchte, der alte Mann wird sich nicht mehr davon erholen.«

Eine knappe Woche später starb der ehemalige Eigentümer des Bruckthaler-Anwesens. Alois, der kurz zuvor den fünfunddreißigsten Geburtstag gefeiert hatte, stand zusammen mit seiner jetzt schon im sechsten Monat schwangeren Ehefrau, seinem in letzter Minute von München angereisten Bruder Hans und den drei Kindern am offenen Grab auf dem Friedhof von Salzburghofen. Als der Sarg in die Grube gesenkt wurde, liefen die Tränen über das kantige Gesicht des Wünschelrutengängers und Brunnenbauers; anschließend, beim bescheidenen Leichenmahl, vertraute er seiner Frau an: »Jetzt liegt der Vater hier, die Mutter dagegen in Eisenärzt. Und das schmerzt mich zusätzlich, daß sie noch nicht einmal eine gemeinsame Grabstätte bekommen konnten.«

Maria wußte darauf nichts zu erwidern. Sie griff lediglich mitleidig nach der Hand ihres Gemahls und versuchte ihm auf diese Weise ein wenig Halt zu geben. Gleich darauf kam die Leichenfrau an den Tisch und verteilte nach altem Brauch die Sterbebilder, auf denen zusammen mit einem Gebet auch ein Foto des Toten abgedruckt war. Abermals schluchzte Alois auf, verwahrte das Konterfei rasch in seiner Anzugtasche und blieb die folgenden Stunden auf bedrückende Weise in sich gekehrt. Am frühen Abend kehrte er zusammen mit den Seinen zum Weiler

Hagn zurück; in der Küchenstube der Kurr-Villa dann geschah etwas Gespenstisches.
Zunächst saß der Rutengänger erneut tief in Gedanken versunken da. Plötzlich aber schreckte er hoch und griff hastig in die Tasche seiner schwarzen Joppe. Er holte das Sterbebild heraus, legte es vor sich auf den Tisch und fixierte das Foto des Verstorbenen mit zusammengekniffenen Brauen. Stumm beobachteten die anderen sein seltsames Tun; sie bemerkten, wie sein Atem immer stoßweiser und schneller ging. Nach ungefähr einer Minute schien sich etwas in seinen dunklen, fast schwarzen Augen zu verändern; gleichzeitig stieß Alois Irlmaier stockend hervor: »Der Vater liegt gar nicht in seinem Grab ... In der anderen Welt hält er sich jetzt auf ... Dort, wo sie alle wie von einem Schleier umhüllt sind ... Da, jetzt erkennt er mich ... Er lächelt und winkt mir zu ... Hinter dem leuchtenden Nebel hervor grüßt er mich ...«
Zart berührten die schwieligen Finger des Brunnenbauers das Konterfei, unmittelbar darauf erschlaffte sein Körper wie in jäher Erschöpfung. Er sank über der Tischplatte zusammen; sein Kopf ruhte nun auf dem angewinkelten Unterarm, die andere Hand hing schlaff nach unten.
Hans, der Medizinstudent, der neben seinem älteren Bruder saß, tastete unwillkürlich nach dessen Handgelenk und fühlte den Puls. »Kaum fünfzig Schläge«, erklärte er nach einer Weile. »Du bist völlig erschöpft, Alois. Der Trauerfall und der harte Tag heute haben dich überfordert. Deshalb hattest du soeben auch die Halluzination ...«
»Nein!« Unvermittelt richtete Alois Irlmaier sich wieder auf. »Es war keine Einbildung! Ich habe unseren Vater gesehen! Als Schleiergestalt, so wie er ... jetzt lebt!«
»Bitte sag' so etwas nicht vor der Kindern! Und auch ich will nichts von solchen Dingen hören!« Maria funkelte ihren Gatten empört an, dann verschwand sie zusammen mit dem protestierenden Johann und den beiden Kleinen nach draußen.
Alois blickte betroffen zur Tür und beteuerte: »Ich habe ihr nicht weh tun wollen! Aber ich konnte auch nicht verschweigen, was ich sah.« Mit flehendem Ausdruck in den Augen wandte er sich wieder seinem Bruder zu: »Es ist, bei Gott, keine Halluzination gewesen, Hans! Ich schwör's dir!«

Unsicher musterte der Student ihn, zuletzt murmelte er: »Daß du sensitive Fähigkeiten besitzt, ist mir schon klar ... Zudem habe ich mich gelegentlich ein wenig mit diesen Phänomenen beschäftigt, seit ich an der Universität bin ...« Er gab sich einen Ruck. »Wärst du einverstanden, wenn wir ein Experiment anstellen würden?«
Als der Ältere ihn verwirrt anstarrte, setzte Hans hinzu: »Wenn ich dich vorhin richtig verstanden habe, willst du unseren toten Vater auf dem Sterbebild in anderer Gestalt als früher im Leben gesehen haben. Quasi in seiner jenseitigen Erscheinungsform ...«
Alois überlegte mit gerunzelter Stirn, schließlich nickte er.
»Gut«, fuhr der Medizinstudent fort. »Dann werde ich dir nun ein weiteres Foto zeigen, und du sagst mir einfach, was du darauf erkennst.«
Er holte seine Brieftasche hervor und nahm ein leicht vergilbtes Lichtbild heraus, das eine Familie vor dem Monopteros im Englischen Garten in München zeigte. »Eine Kommilitonin, mit der ich mich angefreundet habe, schenkte mir dieses Foto, das vor fünf Jahren aufgenommen wurde«, erläuterte er. »Du siehst Marga ganz links als Schülerin; hier sind ihre Eltern, bei ihnen stehen weitere Verwandte. Und jetzt würde ich gerne wissen, was du beim Anblick dieser Personen empfindest?«
Alois Irlmaier zögerte kurz, dann nahm er die Fotografie an sich und fixierte sie auf dieselbe Weise wie zuvor das Sterbebild. Wieder beschleunigte sich der Rhythmus seines Atems, bis sich in seinen Pupillen jäh etwas zu verändern schien. Im selben Moment deutete er auf einen jungen Mann schräg hinter der Schülerin und begann abgehackt zu sprechen: »Der da ist anders ... Sein Leib ist irgendwie durchscheinend ... Es ist genau der gleiche Schleier wie bei unserem Vater ...«
»Bist du dir sicher?« bohrte Hans nach.
»Ich sah es ganz deutlich!« beteuerte sein Bruder, während er das Bild mit einer fahrigen Bewegung zurückgab.
»Wenn es so ist, hast du mich überzeugt«, sagte der Student mit belegter Stimme. »Denn der Cousin Margas, den du als Schleiergestalt erblickt hast, verunglückte im Herbst 1926 tödlich bei

einer Bergtour, was du unmöglich wissen konntest. Alle übrigen Personen auf dem Foto hingegen sind am Leben.«
Alois, der kaum weniger erschöpft als beim ersten Mal wirkte, fuhr sich mit der Hand über die Augen und murmelte: »Genauso erschaute ich es ... Nur, was geschah da mit mir?! Vorhin und jetzt eben wieder ...«
»Es scheint sich um Hellsichtigkeit in einer besonderen Form zu handeln«, erwiderte Hans. »Aus der Parapsychologie, so nennt man die Wissenschaft, die sich mit derartigen Dingen beschäftigt, sind solch seltene mediale Fähigkeiten bekannt.«
»Aber ich hatte doch früher nie irgendein Erlebnis in dieser Richtung ...«, setzte der Ältere an – und brach ab. Denn in derselben Sekunde erinnerte er sich an den Mondring am nördlichen Gipfelhang des Hochfelln: an seine Visionen dort, in denen er die urzeitlichen Tänzer erblickt hatte. Und wiederum einen Lidschlag später kam ihm die Erscheinung drüben im Salzburgischen in den Sinn: jene scheinbar nur flüchtige Verzückung, die in Wahrheit eine volle Stunde angehalten und ihn auf so seltsame, bislang freilich nicht wirklich greifbare Weise verändert hatte.
»Wenn ich die Bücher, die ich las, richtig verstand, zeigen sich solch paranormale Fähigkeiten manchmal von einem Tag auf den anderen«, hörte er gleichzeitig seinen Bruder antworten. »Vielleicht bereitete es sich in deiner Psyche all die Jahre hindurch bereits vor. Heute, weil du dich in einem seelischen Streßzustand befindest, brach es durch. Möglicherweise ähnlich wie im vergangenen Herbst, als du bei der Versteigerung des Bruckthaler-Anwesens jene dunklen Sätze hervorgestoßen hast. Unser Vater hat mir ja damals geschrieben, was geschah ...«
»Daß ich den Geldhai, den Brandsberger, in München tot in seinem Blut liegen sah!« knurrte Alois. »So scharf war das Bild und so nahe, als würde ich direkt neben ihm stehen.« Er besann sich. »Doch seitdem ist fast ein Jahr vergangen, und wir haben nie wieder etwas von ihm gehört ...«
Augenscheinlich wollte Hans sich dazu äußern, kam aber nicht mehr dazu, weil nunmehr Maria in die Küchenstube zurückkehrte. Offenbar hatte sie die letzten Sätze ihres Gemahls vernommen, denn neuerlich empörte sie sich: »Seid ihr noch im-

mer dabei, euch mit gespenstischen Einbildungen verrückt zu machen?! Genügt es denn nicht, daß der Tag auch ohne das schwer genug für uns alle war?!«
»Was Alois vorhin erlebte, hatte mit Einbildung nichts zu tun!« erwiderte der Student. Als Maria ihn verblüfft anblickte, klärte er sie über das Ergebnis des Versuches auf, den er soeben mit seinem Bruder angestellt hatte, und schloß: »Dies ist ein eindeutiger Beweis dafür, daß sich gewisse geheimnisvolle Gaben deines Mannes, die sich ja schon immer bei ihm zeigten, in ganz erstaunlichem Umfang weiter ausgeformt haben. Die Frage ist freilich, ob das Phänomen sich nur deswegen zeigte, weil seine Psyche heute außerordentlich starken Spannungen ausgesetzt war, oder ob er auch künftig imstande sein wird, Verstorbene allein anhand eines Fotos als solche zu erkennen.«
Sichtlich betroffen sann Maria über diese Worte nach. Hans nutzte die Gelegenheit, um sich noch einmal dem Älteren zuzuwenden: »Ich muß leider schon morgen wieder zurück nach München und kann dich deshalb nicht weiter beobachten. Ich bitte dich aber, mir ein paar Zeilen zu schreiben, falls du nochmals irgendwelche Visionen dieser Art hast.«
Alois versprach es. Wenig später, weil seine Müdigkeit übermächtig wurde, zog er sich in die Schlafkammer zurück. Als Maria nach einer Weile nachkam, schlief er bereits fest. Lange betrachtete sie sein Antlitz: die hohe Stirn; die Falten um die Nasenwurzel, die sich selbst jetzt, da er entspannt war, deutlich zeigten; den Mund mit den sensiblen dünnen Lippen. Und obwohl seine Lider geschlossen waren, glaubte sie auch seine dunklen Augen vor sich zu sehen, deren rätselhafte Ausstrahlung sie schon gleich bei ihrer ersten Begegnung auf dem Friedhof von Ruhpolding fasziniert hatte. Zuletzt, als sie zu ihm unter die Decke schlüpfte, war sie wieder mit sich im reinen. Er ist eben nicht wie andere Menschen, dachte sie, aber das habe ich stets gewußt, und womöglich liebe ich ihn gerade deswegen so sehr.
Während ihr dies durch den Kopf ging, verlor sich der letzte Rest jenes unbehaglichen Gefühls, das sie am Abend verspürt hatte, als er das Sterbebild fixiert und seine Vision erlebt hatte. Sie schmiegte sich an ihn und barg sich in seiner Nähe; daß sich

schon in wenigen Wochen etwas ungleich Unheimlicheres als die seltsame Schauung am Beerdigungstag ihres Schwiegervaters ereignen sollte, ahnte sie nicht.

***

Es geschah am letzten Sonntag im Oktober dieses Jahres 1929. Die Wipfel der Erlen, die das Grundstück der Kurr-Villa begrenzten, peitschten in einem Regensturm; drinnen in der Stube kramte Alois Irlmaier an diesem ungemütlichen Nachmittag in einem Bündel Papiere, die er von Scharam mitgebracht hatte. Er hätte nicht wirklich sagen können, was ihn dazu getrieben hatte, die Mappe hervorzusuchen. Als er jedoch mit einem Mal die Urkunde in der Hand hielt, die man ihm nach der Zwangsversteigerung des Bruckthaler-Hofes übergeben hatte, kam es ihm plötzlich so vor, als sei genau dies der verborgene Sinn seines Tuns gewesen.
Als würde er alles noch einmal erleben, sah er die Szene vor sich, die sich vor knapp einem Jahr auf dem Anwesen unterhalb der Wallfahrtskirche Maria Eck abgespielt hatte. Er selbst stand zusammen mit seinen Angehörigen ein Stück entfernt von der Gruppe der städtisch gekleideten Männer, die sich um den Auktionator scharten; jetzt bekam der Mittvierziger mit den schlaffen, teigigen Gesichtszügen den Zuschlag. Und nun kniff der Kerl die kalten Fischaugen zusammen und verkündete schroff: »Der Bauernhof wird zertrümmert ...«
Gleich einem Echo, das sich selbst bis ins Unendliche verstärkte, schallte der schreckliche Ausspruch über den Hofplatz; wie synchron dazu vernahm Alois das grimmige Flüstern seines Vaters: »Ein Aasgeier ist das! Einer, den man auf der Stelle mit dem Pflugscheit erschlagen müßte!« Und wiederum mit demselben Herzschlag, während der Geldhai namens Brandsberger den abscheulichen Satz unaufhörlich zu wiederholen schien, hörte der Rutengänger sich selbst raunen: »Übers Jahr bekommt er seine Strafe ...«
Kaum war das letzte Wort gefallen, verschwand das Bild und formte sich aus seinem Vergehen heraus zu einer völlig veränderten Szenerie um. Unter zutiefst unheilschwangerem Firma-

ment, über das schwere Regenwolken jagten, wurde die Silhouette einer großen Stadt sichtbar. Etwas saugte den Sensitiven hinein in eine der Häuserschluchten; für einen Moment glaubte er ein Bauwerk zu erblicken, das er kannte: das Münchner Siegestor. Irgendwo dahinter platzte lautlos die Mauer eines herrschaftlich wirkenden Hauses auf; der Sturm wühlte sich in einen luxuriös ausgestatteten Raum. Die schweren Vorhänge neben den Fenstern peitschten, die Glasscheiben einer Etagere zerklirrten, Papiere flatterten von einem breiten Mahagonischreibtisch – dann knallte ein Schuß. Blut und Gehirnmasse spritzten gegen die Wand; aus einem Sessel kippte ein schwerer Körper, schlug mit dumpfem Geräusch auf den Teppich und blieb mit weit aufgerissenen, leeren Augen liegen.

Mit einem keuchenden Atemzug fand Alois Irlmaier in die Realität zurück; dennoch war es ihm, als sähe er noch immer das Gesicht dessen vor sich, der ihn um Haus und Hof gebracht hatte: des Mannes namens Brandsberger.

Da der Rutengänger seine grauenhafte Vision diesmal ohne Zeugen erlebt hatte, sprach er mit niemandem darüber. Die Bilder allerdings, die auf ihn eingestürmt waren, verfolgten ihn noch tagelang. Mitte der Woche schließlich, als der Fünfunddreißigjährige in seiner Eigenschaft als Brunnenbauer im Dorf Achthal, drei Wegstunden von Eisenärzt entfernt, zu tun hatte, holte die Schauung ihn auf spektakuläre Weise ein.

Kaum langte er auf dem Anwesen an, nötigte ihn der Bauer, der von der Zwangsversteigerung des Bruckthaler-Hofes wußte und auch die näheren Umstände kannte, in die Küche. Dort drückte er ihm eine Zeitung, die das Datum des Vortages trug, in die Hand, wies auf einen groß aufgemachten Artikel und forderte: »Schau dir das an!«

Verdutzt starrte Alois auf die Schlagzeile, ein paar Sekunden später begriff er und las mit gepreßter Stimme vor:

»Gräßliche Bluttat in Münchner Nobelvilla! – Aufgeschreckte Nachbarn machten am Spätnachmittag des vergangenen Sonntags in einer herrschaftlichen Wohnung in der Kaulbachstraße, gleich hinter dem Siegestor, eine schreckliche Entdeckung. Durch einen Schuß alarmiert, drangen sie mit Hilfe des Hausmeisters in das Etablissement ein und fanden dort die Leiche

des 45jährigen Bewohners, eines stadtbekannten Spekulanten namens Brandsberger. Der zwielichtige Geschäftsmann hatte Selbstmord mittels eines Revolvers begangen, wie die Kriminalpolizei wenig später feststellte.
Weitere Ermittlungen der Kripo ergaben, daß der Grund für den Suizid in wirtschaftlichen Schwierigkeiten des genannten Brandsberger lag. Während der letzten Jahre hatte dieser Mann zunächst beachtliche Profite dadurch gemacht, daß er verschuldete landwirtschaftliche Anwesen im Umkreis von München ersteigerte und sie nach ihrer Zertrümmerung mit hohen Gewinnen weiterveräußerte. Auf diese Weise war es Brandsberger gelungen, ein beträchtliches Vermögen zusammenzuraffen, doch er wurde seiner Beute nicht froh. Durch den Zusammenbruch der New Yorker Börse am 25. Oktober 1929 – mittlerweile als Schwarzer Freitag bezeichnet – und dessen verheerende Auswirkungen binnen vierundzwanzig Stunden auch auf die deutsche Wirtschaft, verlor der Spekulant offenbar alle seine Geldmittel, so daß er am darauffolgenden Sonntag keinen Ausweg als den Selbstmord mehr sah.
Angesichts eines brisanten Fundes, den die Kriminalpolizei in einem Geheimfach von Brandsbergers Schreibtisch machte, hält sich die Trauer über den Tod des gewissenlosen Spekulanten sehr in Grenzen. In einem Notizbuch entdeckte die Kripo nämlich gewisse Aufzeichnungen, die darauf hindeuten, daß Brandsberger zumindest einen Teil der Bauern, deren Höfe er ersteigerte, zuvor gezielt in den Ruin getrieben hatte. Gewisse Indizien lassen den Schluß zu, es seien zu diesem Zweck von Kriminellen, die von dem Spekulanten bezahlt wurden, unter anderem Brandstiftungen vorgenommen worden. Leider kann jedoch in dieser Sache nicht weiter ermittelt werden, da der mutmaßliche Wirtschaftsverbrecher in seinen Notizen Decknamen für diejenigen benutzte, welche die Schmutzarbeit erledigten, und zudem eine Schadensregulierung nach dem Suizid des Bankrotteurs nicht mehr möglich ist.«
Nachdem Alois Irlmaier das Journal mit zitternder Hand zurückgegeben hatte, herrschte lastendes Schweigen in der Küche. Der Achthaler Landwirt ließ seinem Gast Zeit, das Unerhörte zu verarbeiten; erst nach einer Weile setzte er zum

Sprechen an. Doch unvermittelt kam ihm der Sensitive zuvor und keuchte: »Jetzt begreife ich alles! Schon im Namen des Brandsberger war seine böse Tat verborgen: Brandsberger gleich Brandstifter! Aber er selbst war zu feige, um sich in jener Septembernacht vor einem Jahr durch das Loch im Zaun auf das Bruckthaler-Anwesen zu schleichen. Deshalb hat er eine seiner Kreaturen geschickt: den Kerl mit dem geschwärzten Gesicht, der im Rinderstall die brennende Kerze in den Strohballen steckte. Seine Visage habe ich damals, als die Bilder auf mich einstürmten, nicht erkennen können. Doch jetzt weiß ich wenigstens, wer den Schurken anstiftete: der andere, der ungleich schlimmere Verbrecher, der sich am Ende selbst richtete. Und schon vor einem Jahr, am Tag, wie sie mir den Hof zwangsversteigert haben, sah ich, daß es so enden und der Geldhai in München im eigenen Blut liegen würde!«
Er umklammerte den Arm des Achthalers. »Das sind keine leeren Sprüche! Mein Vater und mein Weib sind Zeugen gewesen. Der Vater kann nicht mehr reden, den hat der Verlust des Anwesens ins Grab gebracht, ebenso wie die Mutter. Aber Maria kann es dir bestätigen, brauchst sie nur zu fragen!«
»Ich glaube es dir auch so, Irlmaier!« beteuerte der andere mit belegter Stimme. »Schon immer bist du ja in dem Ruf gestanden, kein gewöhnlicher Mensch zu sein, und jetzt hast du es einmal mehr bewiesen. Auf eine Art freilich, die einem kalte Schauer über den Rücken jagt. Denn das kann niemand erklären, wie es dir möglich war, den schrecklichen Tod deines Feindes bereits zwölf Monate vorher zu prophezeien.«
»Wenn die Leute nur verstehen würden, daß ihre eigenen Taten stets auf sie selbst zurückfallen, gäbe es sehr viel weniger Furchtbares auf der Welt«, antwortete der Rutengänger dunkel und setzte hinzu: »Doch der Brandsberger hat's nicht begreifen wollen, deshalb war er längst verurteilt!«
Dann, ehe der Bauer etwas entgegnen konnte, drehte sich Alois Irlmaier abrupt um und ging nach draußen, um die Arbeit aufzunehmen, derentwegen er auf den Achthaler Hof gekommen war.

***

Trotz der Weltwirtschaftskrise, die am 25. Oktober 1929 mit dem Schwarzen Freitag an der New Yorker Börse eingesetzt und sich innerhalb weniger Tage über ganz Europa ausgebreitet hatte, verdiente der Wünschelrutengänger und Brunnenbauer aus dem Weiler Hagn bei Freilassing während der folgenden Jahre genug, um den Lebensunterhalt seiner Familie zu sichern – auch denjenigen der kleinen Elisabeth, die ihren ersten Schrei Anfang November 1929 getan hatte. Mehr noch: Die außerordentlichen Fähigkeiten des hageren und oft ein wenig verschlossen wirkenden Mannes mit dem Gabelzweig sprachen sich noch weiter als bisher herum, weshalb Alois Irlmaier sich zuzeiten vor Aufträgen kaum retten konnte. Beinahe ununterbrochen war er mit seinem Fahrrad unterwegs, mutete die Quellströme, grub die Zisternen und war bald auch als Installateur tätig, wenn es galt, auf einem der alten Anwesen des bayerisch-österreichischen Voralpenlandes eine Wasserleitung direkt in die Küche oder den Stall zu legen.
Außerdem – weil der Hofbesitzer in Achthal nicht geschwiegen und zuvor schon die Mitbewohner der Kurr-Villa einiges von den Ereignissen am Begräbnistag des alten Irlmaier mitbekommen hatten – war es bei der Bevölkerung in der Gegend zwischen Traunstein, Ruhpolding und dem westlichen Salzkammergut mittlerweile ein offenes Geheimnis, daß der Rutengänger zusätzlich über gewisse Kräfte weit über das Aufspüren der Wasseradern hinaus verfügte. Immer wieder wurde er in diesen frühen dreißiger Jahren mit ihren zunehmend anarchischer werdenden politischen und sozialen Verhältnissen gebeten, seine hellseherische Gabe einzusetzen. Falls es dabei nicht nur um bloße Sensationslust ging, pflegte Alois seinen Mitmenschen den Gefallen zu tun; bot man ihm freilich Geld dafür, so weigerte er sich, auch nur einen Pfennig anzunehmen.
In so mancher Bauernstube oder Kate, wo man etwas über das Schicksal ausgewanderter oder in der Anonymität irgendeiner Großstadt verschollener Verwandter wissen wollte, konzentrierte sich der Sensitive auf die Fotos, die man ihm vorlegte, und gab Auskunft über das Schicksal der betreffenden Personen. Zumeist konnte er die Familien beruhigen, in anderen Fällen jedoch erkannte er um die Gestalt auf dem Lichtbild erneut

den jenseitigen Schleier und sah sich gezwungen, den Angehörigen die traurige Wahrheit so schonend wie möglich beizubringen. Manche klammerten sich dann an die Hoffnung, der Brunnenbauer sei letztlich doch nichts weiter als ein Scharlatan und habe sich getäuscht. Es stellte sich jedoch stets – wenn auch oft erst nach Wochen oder Monaten – heraus, daß die Aussagen des Mannes eingetroffen waren.
Alois Irlmaier selbst litt darunter kaum weniger als die Menschen, denen er das Unabänderliche mitteilen mußte. Das Ausgeliefertsein an seine visionäre Gabe, die sich seit der zweiten Jahreshälfte 1929 so stark wie nie zuvor zeigte, jagte ihm zuzeiten panische Furcht ein. Gelegentlich peinigten ihn während der Nächte jetzt von neuem die Alpträume, die ihn zuletzt schweißgebadet aufschrecken ließen; erst wenn Maria ihn in ihren Armen barg und ihm leise zuredete, konnte er sich allmählich wieder entspannen.
Im November 1932, als die NSDAP bei den Reichstagswahlen mit beinahe zwölf Millionen Stimmen alle anderen Parteien deklassierte, wurde der Sensitive von einer Horrorvision heimgesucht, die ihn wie in schweren Krämpfen zittern ließ; nachher freilich konnte er sich nicht mehr an die geschauten Bilder erinnern. Ähnlich war es in der Nacht vom 30. auf den 31. Januar 1933, nachdem Adolf Hitler Reichskanzler geworden war. Im März desselben Jahres schließlich, da die Deutschen den im Februar durch Hitler aufgelösten Reichstag neu zu wählen hatten, die NSDAP mehr als siebzehn Millionen Stimmen erreichte und die braunen Abgeordneten daraufhin das Ermächtigungsgesetz durchpeitschten, welches faktisch den Sieg der Nazidiktatur bedeutete, kulminierten die Ängste des Rutengängers in einer Schauung von nie zuvor erlebter Intensität – und diesmal war es seinem Unterbewußtsein nicht mehr möglich, den furchtbaren Bildern auszuweichen.
Am hellichten Tag geschah es: auf der Hausbank neben dem Eingang zur Kurr-Villa, wo einst der alte Irlmaier so gerne gerastet hatte. Alois hatte sich an diesem Sonntag nach dem Mittagessen in den geschützten Winkel, dessen Mauerwerk bereits wieder kräftig von der Sonne erwärmt wurde, zurückgezogen; drüben bei den Erlen spielte der halbwüchsige Ziehsohn Johann

mit seinen drei Geschwistern. Mit geschlossenen Augen saß der Achtunddreißigjährige da, ruhig hob und senkte sich sein Brustkorb – unvermittelt dann zuckte er zusammen, als sei ein elektrischer Schlag durch seinen Körper gefahren. Etwas unendlich Grelles und Blendendes schien ihm durch Mark und Bein zu zucken; gleich einem Riß war es, der seine Psyche spaltete, und mit demselben Herzschlag stürmte die Bilderflut der Vision auf ihn ein.

Er sah den Diktator in einer offenen schwarzen Limousine durch das Brandenburger Tor in Berlin fahren, frenetisch jubelte ihm eine vieltausendköpfige Menschenmenge zu. Dann verschwand der Braununiformierte im Reichstagsgebäude, das noch immer die Spuren des Brandes vom 27. Februar dieses Jahres 1933 trug – bis die Zeit, die jetzt plötzlich zu rasen begann, die rußschwarzen Male tilgte. Gleichzeitig veränderte sich das Bild der Stadt und mit ihm Deutschland; etwas wie ein harter, eisiger Wind fegte über das Reich hinweg, ließ die Bevölkerung sich verschreckt ducken und gebar im selben Augenblick eine waffenstarrende Kriegsmaschinerie aus. Millionenfach marschierten die Soldaten, doch noch herrschte Friede; ein Friede allerdings, der jetzt durch ein furchtbares Verbrechen geschändet wurde: durch ein Pogrom, das Hunderttausende jüdischer Bürger traf. Männer, Frauen und Kinder mit Davidsternen an den Kleidern wurden durch die Straßen der Städte gejagt; Schergen in schwarzen Uniformen prügelten auf sie ein, bis man die Bedauernswerten in Tausende von Lastwagen und Viehwaggons pferchte.

Chemisch erzeugter Nebel schien die fürchterlichen Transportfahrzeuge zu verschlucken; kaum waren sie im blasphemischen Dunst verschwunden, formte dieselbe schwefelfarbene und blutrote Materie sich zu schier unübersehbaren Militärkolonnen um. Zwei Ziffern irrlichterten am verfinsterten Firmament: eine Drei und eine Neun. In derselben Sekunde explodierte der Himmel, ein Feuersturm von infernalischer Gewalt ergoß seine Glut über den gesamten Kontinent und noch weit darüber hinaus. Zu Land, zur See und in der Luft tobte der Weltkrieg, Abermillionen Menschen starben einen grauenhaften Tod, weil Deutschland, Italien, Japan und einige kleinere Länder sich wie tollwütige Wölfe gebärdeten. Unaufhaltsam stießen die Armeen der verbündeten Diktatoren vor, bald jedoch kam die Wende. Fanalartig leuchteten Buchstaben am Firmament auf und verbanden sich zu Namen: Stalingrad, Dresden; zuletzt, nachdem das Grauen seinen Höhepunkt erreicht und überschritten hatte: Hiroshima. Kilometerhoch schoß dort ein höllischer Pilz empor, vernichtete in weitem Umkreis alles Leben, ließ nichts als Verwüstung und in Stein eingebrannte Konturen menschlicher Körper zurück.

Dieser unerträgliche Anblick war es, der den Seher aus seiner Trance ausbrechen ließ. Mit einem gellenden Schrei kam er zu sich; drüben beim Erlenstreifen erstarrten die Kinder, kamen gleich darauf zur Bank gerannt, wo ihr Vater mit totenbleichem Gesicht und am ganzen Leib zitternd saß.

»Was ist denn los mit dir?« fragte der neunjährige Loisl.

»Du schaust aus, als ginge es dir gar nicht gut«, setzte der um drei Jahre ältere Johann hinzu, während die beiden Mädchen sich verschreckt aneinander schmiegten.

Alois Irlmaiers Blick irrte von einem der beiden Buben zum anderen. Plötzlich zog er den Ziehsohn an seine Brust, umklammerte ihn, als wollte er ihn mit aller Macht beschützen, und brach im gleichen Augenblick in heftiges Weinen aus. So fand ihn Maria, die im Keller gewesen war, dort den grauenhaften Schrei ebenfalls vernommen hatte und jetzt aufgelöst aus dem Haus stürzte. Ebensowenig wie die Kinder erhielt jedoch auch sie eine Antwort, als sie sich verstört erkundigte, was passiert sei.

Erst spät in der Nacht war Alois imstande, über seine Vision zu sprechen. Mit stockender Stimme versuchte er die Bilder, die auf ihn eingestürmt waren, wenigstens annähernd zu beschreiben. Als ihm bewußt wurde, wie unzulänglich seine Worte waren, verstummte er hilflos; nach einer Weile dann faßte er seine Schauung so zusammen: »Dieser Hitler, dem sie jetzt alle zujubeln, wird Deutschland in einen neuen Weltkrieg und damit in den Abgrund reißen; ganz genau weiß ich es!«

***

Vorerst freilich spürten einzig die geistig wachen Deutschen das Herannahen der Katastrophe – und vorzugsweise diese Menschen wanderten nach der Machtübernahme der NSDAP in die Konzentrationslager. Auch in der Freilassinger Gegend wurde über die Dinge, die sich beispielsweise im nicht allzuweit entfernten Dachau abspielten, gemunkelt; ansonsten jedoch ging das Leben in der abgelegenen Gegend seinen gewohnten Gang. Ja, es sah jetzt sogar so aus, als könnte tatsächlich eintreffen, was der Diktator in Berlin versprochen hatte: Daß er das Land zu einem neuen Aufschwung führen werde. Viele der Bauern glaubten daran und schöpften nach all den Wirren der vergangenen eineinhalb Jahrzehnte seit dem Ende des Ersten Weltkriegs wieder Hoffnung. Zahlreiche Anwesen wurden modernisiert, und das brachte Alois Irlmaier eine Menge zusätzlicher Verdienstmöglichkeiten ein.

In der gesamten Region diesseits und jenseits der Grenze riß man sich wie nie um den außergewöhnlich begabten Rutengänger, der zugleich die Kunst des Brunnenbauens und der damit verbundenen Installationen beherrschte. Fast ununterbrochen war er mit seinem schwarz lackierten Wanderer-Fahrrad unterwegs; lagen seine Arbeitsplätze zu weit vom Weiler Hagn entfernt, gewährten ihm seine Auftraggeber gerne für einige Tage und manchmal sogar Wochen Unterkunft.

Wo er früher noch einfache Schächte nach traditioneller Art gegraben hatte, nahm er nun Projekte in Angriff, die weit über das betreffende Dorf hinaus Aufsehen erregten. Im Flecken Obing bei Traunreut beispielsweise stieß er achtzig Meter in die Tiefe vor und sicherte die gewaltige Brunnenröhre mit einem eigenhändig gemauerten Ziegelfutter. In Wank wiederum, einer Ortschaft im Werdenfelser Land, grub er eine Zisterne von einundachtzig Metern, wobei er zuletzt geschickt einen unterirdischen See anschnitt, der den Hausbrunnen des betreffenden Bauern von da an mehr als reichlich speiste.

Wenn andere Menschen sich solch abgrundtiefen Schächten auch nur näherten, um einen vorsichtigen Blick hineinzuwerfen, hatten sie bereits mit Beklemmungen zu kämpfen. Alois Irlmaier indessen, der jetzt am Ende seines vierten Lebensjahrzehnts stand, wurde in dieser ersten Zeit der nationalsozialistischen Diktatur wie manisch vom Erdinneren angezogen. Schon in seiner frühesten Jugend hatte er zusammen mit dem Eremiten die verschlungenen Gänge des Erdtempels bei den Sonnensteinen begangen; nunmehr schienen die Brunnenkörbe, in deren Wölbung der widergöttliche Ungeist nicht drang, ihm ein ganz ähnliches Gefühl der Geborgenheit wie damals der Erdmutterschoß zu vermitteln. In ihnen fand er Kraft, hier fühlte er sich vom leisen Weben des allumfassenden Lebens aufgefangen. Selbst die erschreckenden Visionen, die gelegentlich auch im Halbdunkel einer Schachtsohle durch sein Gehirn blitzten, ertrug er leichter als anderswo, denn jenseits des Grauens spürte er, trotz allem, die Wärme der Anderswelt.

***

Den Anforderungen seiner vordergründigen Existenz wiederum wurde der Brunnenbauer und Installateur insofern gerecht, als er in jenen Jahren 1933 und 1934 das nötige Geld verdiente, um nicht länger auf die immer baufälliger werdende Kurr-Villa angewiesen zu sein. Da zudem der Salzburghofener Bürgermeister die beiden dort einquartierten Familien im Frühling 1934 anderweitig unterbrachte, verkaufte Alois Irlmaier kurz entschlossen das inzwischen so gut wie wertlose Gebäude in Hagn und erwarb statt dessen ein ausgedehntes Grundstück am Stadtrand von Freilassing.

»Hier werden wir uns eine bessere Heimat schaffen«, eröffnete er seiner Frau und den vier Kindern, als er sie nach der notariellen Beurkundung auf das Areal an der geschotterten und von Holzapfelbäumen gesäumten Jennerstraße führte. »Nur wird es noch längere Zeit dauern, bis wir in das neue Haus einziehen können, denn wir werden einen Großteil der Arbeit mit unseren eigenen Händen erledigen müssen.«

Vorerst mietete der nunmehr Vierzigjährige eine Wohnung in einem Geschäftshaus an der Reichenhaller Straße, ganz in der Nähe des Auengürtels an der Saalach. Im Erdgeschoß des Gebäudes betrieb der Eigentümer eine Metzgerei, im Oberstock brachte Alois seine Familie unter. Noch im gleichen Sommer begann er, den Keller für den Neubau an der Jennerstraße auszuschachten; freilich schritten die Arbeiten ausgesprochen langsam voran. Denn nach wie vor waren seine sensitiven und handwerklichen Fähigkeiten anderswo gefragt; höchstens an den Sonntagen fand er die Zeit, sich zu seinem Grundstück zu begeben. Dort holte er dann die Werkzeuge aus der Bauhütte, die er am Rand des Geländes errichtet hatte, um in den paar Stunden, welche ihm zur Verfügung standen, ein Stück Kellerboden zu betonieren oder eine Steinreihe zu mauern.

Aus diesem Grund kam der Bau während der folgenden Jahre, die für Alois Irlmaier und seine Angehörigen trotz der immer brutaler werdenden Hitlerdiktatur unspektakulär verliefen, nicht über die Fundamente hinaus. 1939 lebten der Brunnenbauer, seine Frau und die drei leiblichen Kinder des Paares noch immer in der Wohnung über der Metzgerei an der Reichenhaller Straße. Den Ziehsohn Johann allerdings hatte im Herbst 1938 die Wehrmacht eingezogen; als am 1. September 1939 der Zweite Weltkrieg ausbrach, war er als Gefreiter auf dem Fliegerhorst Fürstenfeldbruck stationiert.

Auch Alois befürchtete, noch einmal die verhaßte Uniform anziehen zu müssen, da die kriegserfahrenen Soldaten des Ersten Weltkriegs mit als erste einzurücken hatten. Doch im Gegensatz zu seinem Adoptivsohn blieb er letztlich davon verschont.

Drittes Buch

Die grosse Schauung

(1939–1957)

Die Bombennächte

Schon kurz nach Kriegsausbruch sah Alois Irlmaier sich gezwungen, den Hausbau völlig einzustellen; aufgrund der Rationierungen war kaum noch Material zu bekommen. Dennoch hielt sich der Brunnenbauer nun, im Frühherbst 1939, häufiger als bisher auf dem abgeschiedenen Areal am Stadtrand von Freilassing auf. Er tat es einerseits, weil er hier draußen mit seinen Befürchtungen um das Schicksal Johanns allein sein konnte; andererseits verfügte er jetzt plötzlich über viel freie Zeit, denn nach dem Überfall der deutschen Wehrmacht auf Polen waren die Anfragen, ob er zum Muten oder Zisternengraben kommen könne, rapide zurückgegangen.
Auch an einem der letzten Septembernachmittage saß der ungewöhnliche Mann mit dem kantigen Gesicht und der tiefen Kerbe über der Nasenwurzel wieder in der Bauhütte. Länger als eine Stunde starrte der Fünfundvierzigjährige bereits reglos vor sich hin; dann aber zuckte er unvermittelt zusammen, weil er von der Schotterstraße her Schrittgeräusche vernommen hatte. Gleich darauf pochte jemand an die Tür; nachdem Alois ein unwilliges »Herein!« geknurrt hatte, trat eine verhärmt aussehende, bäuerlich gekleidete Frau in die Bretterbude.
»Ich habe schon bei dir daheim in der Reichenhaller Straße nachgefragt«, erklärte die Unbekannte schüchtern. »Dort haben sie mir gesagt, daß ich dich hier finde ...«
»Und womit kann ich dir helfen?« erkundigte sich Alois Irlmaier, der mit einem Mal Mitleid mit der Fremden empfand.
»Um meinen Sohn geht es, den Georg«, erwiderte die Bäuerin und kämpfte dabei mit den Tränen. »Gleich am ersten Kriegstag mußte er mit seiner Kompanie ins Feld. Seitdem habe ich nichts mehr von ihm gehört und kann vor lauter Sorge um ihn keine Nacht mehr schlafen.«
Der Brunnenbauer deutete wortlos auf einen Schemel, der an der Schmalseite des aus ungehobelten Brettern zusammengezimmerten Tisches stand. Nachdem die Mutter des Soldaten sich gesetzt hatte, erkundigte er sich: »Hast du ein Foto deines Buben bei dir?«

Die Unbekannte nickte, kramte ein Lichtbild aus ihrer Handtasche und gab es ihm. Alois legte die Fotografie, die einen unschuldig wirkenden Burschen in der Ausgehuniform eines einfachen Artilleristen zeigte, vor sich hin. Neunzehn oder zwanzig Jahre ist er alt, genau wie Johann, schoß es dem Sensitiven durch den Kopf. Dann, seine Beklemmung überwindend, konzentrierte er sich auf das Bild.
Nach einer Weile zeigte sich der flirrende Schleier, der wie eine Aura um die Gestalt des jungen Soldaten zu wabern schien. Mit dem nächsten Lidschlag verwich er jedoch wieder; gleichzeitig verspannte sich Irlmaiers Antlitz: wirkte plötzlich wie versteinert auf die Frau, die ihn wie gebannt betrachtete. Wiederum einen Moment später schüttelte der Rutengänger die Trance ab, stieß einen tiefen Seufzer aus und sagte: »Auf der Halbinsel Hela, in der Danziger Bucht, hat dein Sohn Pech gehabt und ist schwer verwundet worden ...«
Als er das Entsetzen in den Augen der Bäuerin sah, fügte er rasch hinzu: »Nein, er ist nicht tot! Zwar wäre er um ein Haar verblutet, doch inzwischen liegt er in einem Danziger Lazarett und befindet sich auf dem Weg der Besserung. Weil aber dort alles drunter und drüber geht, ist ein Brief an dich und deinen Mann nicht abgeschickt worden, so daß ihr keine Nachricht bekommen habt.«
Erlöst schluchzte die Mutter des Soldaten auf. Es dauerte einige Minuten, bis sie sich beruhigt hatte, danach bot sie dem Hellseher für den geleisteten Dienst eine Bezahlung an.
»Geld will ich nicht!« wehrte Alois ab. »Und jetzt geh heim, damit auch dein Mann erfährt, daß euer Georg lebt.«
Mit überschwenglichem Dank verabschiedete sich die Bäuerin. Der Sensitive blickte ihr nach, bis sie hinter den Holzapfelbäumen an der Grenze des Grundstücks verschwunden war, dann verfiel er erneut in sein Sinnieren.
In der darauffolgenden Woche machte ihn die Frau, die von einem Hof zwischen Freilassing und Ainring stammte, in der Wohnung über der Metzgerei ausfindig und berichtete ihm freudestrahlend: »Gestern brachte der Postbote einen Brief aus Danzig! Darin hat alles haargenau so gestanden, wie du es mir neulich erzähltest. Mein Sohn hat bei den Kämpfen auf der

Halbinsel Hela einen Bauchschuß bekommen, wäre fast verblutet, konnte aber mit knapper Not gerettet werden und wird nächsten Monat auf Genesungsurlaub nach Bayern kommen.«

***

Da die Bäuerin sich auch anderen Menschen gegenüber nicht zurückhielt, verbreitete sich die Kunde von der spektakulären Schauung wie ein Lauffeuer in der Umgebung von Freilassing und bald weit darüber hinaus. Während Alois Irlmaier in früheren Jahren durch seine hellseherischen Fähigkeiten beim Betrachten von Lichtbildern nur gelegentlich für Aufsehen gesorgt hatte, kamen ab dem Frühjahr 1940, als der Krieg mit den deutschen Angriffen auf Dänemark und Norwegen eskalierte, immer häufiger Angehörige von Frontsoldaten zur Bretterhütte am Stadtrand, um Gewißheit über das Schicksal ihrer Söhne, Gatten, Brüder oder Verlobten zu erhalten.
Beinahe täglich konzentrierte sich der Sensitive auf die Fotografien, welche die verängstigten Menschen ihm vorlegten. Oft konnte er seine Besucher beruhigen; stets war ihm dabei anzumerken, daß auch von ihm selbst eine Last abfiel. In anderen Fällen hingegen, wenn er einen der Soldaten als Schleiergestalt erblickte, litt er kaum weniger als diejenigen, denen er die schreckliche Wahrheit mitteilen mußte. Kehrte er danach in die Reichenhaller Straße zurück, war er über Stunden hinweg nicht ansprechbar. Seine eigene Familie mußte lernen, damit zu leben; immerhin hielt Alois seine Séancen ausschließlich in der Baubude ab, um das Beklemmende zumindest so weit wie möglich von den Seinen fernzuhalten.
Ende April dieses Jahres 1940 allerdings vermochte Alois Irlmaier seine Frau und die Kinder beim besten Willen nicht zu schonen. Er konnte Maria lediglich auf den Brief vorbereiten, der, wie er mit zusammengepreßten Lippen sagte, am nächsten Tag eintreffen würde. Als sie nachbohrte, erwiderte er nur: »Der Postbote wird die Nachricht bringen, die ich schon lange erwartete. Und dann mußt du stark sein, sehr stark ...«
In der Tat klingelte es am folgenden Vormittag an der Tür, und der Briefträger übergab dem Brunnenbauer ein Kuvert, welches

den aufgestempelten Wehrmachtsadler trug. Stumm nahm Alois den Umschlag entgegen, öffnete ihn, las die wenigen Sätze und ging mit schleppenden Schritten zurück in die Küchenstube. Dort traf ihn der bange Blick Marias, der Sensitive nickte und sagte tonlos: »Es ist genauso gekommen, wie ich es schon im Mai 1933 vorhersah, als ich die schreckliche Vision von einem neuen Weltkrieg hatte. Johann ist in Norwegen gefallen. Bei der Stadt Dombaas haben sie das Flugzeug, in dem er Funker war, abgeschossen.«

Mit einem erstickten Aufschrei sank die Frau, die sich 1922, kurz nach der Geburt ihres ersten eigenen Kindes, so barmherzig für die Adoption des Waisen eingesetzt hatte, auf die Eckbank neben dem Herd. Alois konnte nichts weiter tun, als sie in die Arme zu nehmen und festzuhalten. Später, nachdem die zehnjährige Tochter Elisabeth von der Schule zurückgekehrt war, mußte das Unbegreifliche auch ihr erklärt werden; die achtzehnjährige Maria und der sechzehnjährige Loisl, die sich beide bereits in der Ausbildung befanden, erfuhren das Entsetzliche erst am Abend.

Die Familie benötigte Wochen, um sich mit dem Tod Johanns auch nur einigermaßen abzufinden; es erging ihnen darin ähnlich wie zahllosen anderen Menschen, welche die fürchterlichen Folgen des sich jetzt schnell ausweitenden Krieges hautnah zu spüren bekamen. Im Mai 1940 besetzten deutsche Armeen Belgien und die Niederlande und stießen weiter nach Frankreich hinein vor, dessen Truppen sich zusammen mit einem britischen Expeditionskorps verzweifelt verteidigten, ehe es zur Kesselschlacht bei Dünkirchen und der panischen Flucht von 340.000 Franzosen und Engländern über die Straße von Dover kam. Im Juni erfolgte die Kriegserklärung Italiens an Frankreich und Großbritannien, Truppen des Diktators Mussolini griffen über die Meeralpen an; noch im selben Monat kapitulierte die französische Armee. Am 13. August schließlich begann die Luftschlacht um England mit pausenlosen Attacken von rund 2200 deutschen Kampfbombern und Jagdflugzeugen auf die britischen Städte; bis Ende September hatte die englische Luftabwehr mehr als tausend feindliche Maschinen vernichtet.

Tausende verängstigter Menschen wiederum hatten sich seit

dem Kriegsausbruch in der Bretterhütte an der Freilassinger Jennerstraße eingefunden. Fast jeden Nachmittag saß Alois Irlmaier dort an dem einfachen, aus ungehobelten Brettern zusammengezimmerten Tisch und fixierte die Fotografien, welche die Besucher ihm zuvor mit zitternden Händen gereicht hatten. Zunächst kamen die Ratsuchenden noch fast ausschließlich aus Oberbayern und dem angrenzenden Salzkammergut. Mit der Zeit jedoch, weil seine Schauungen mit beinahe unfehlbarer Sicherheit zutrafen und die Kunde davon wie ein Lauffeuer von Dorf zu Dorf und Stadt zu Stadt ging, reisten zunehmend Menschen aus ganz Deutschland auf dem kleinen Bahnhof im Voralpenland an, um sich sodann zu dem Sensitiven durchzufragen.

Anfang November 1940 freilich blieb die Baubude für mehrere Tage geschlossen, und auch in der Wohnung an der Reichenhaller Straße war der Visionär nicht aufzufinden. Am Allerheiligenfest nämlich hatte er seine dreiundvierzigjährige Gattin, um sie vor dem Trubel zu schützen, nach Wien gebracht, wo Hans Irlmaier, der jüngere Bruder des Hellsehers, mittlerweile als Arzt in einer Klinik praktizierte. Auf der Entbindungsstation dort brachte Maria am fünften November ihr viertes und letztes Kind zur Welt: ein Mädchen, für das die Eltern den Namen Rita ausgesucht hatten.

Als er das winzige Wesen, dessen Geburt wie durch ein Wunder ohne Komplikationen verlaufen war, zum ersten Mal im Arm hielt, weinte Alois vor Glück; wenig später vertraute er seiner Frau an: »Es will mir vorkommen, als hätte uns das Schicksal für den Verlust Johanns entschädigen wollen. Als er Ende April fiel, hast du das neue Leben schon unter deinem Herzen getragen. Laß uns deshalb jetzt dem kleinen Mädchen all die Liebe schenken, die wir unserem Ziehsohn leider nicht mehr geben können.«

Während der folgenden Monate bekam Rita die innige Zuwendung ihrer Eltern. Ungeachtet des Krieges lag sie geborgen in ihrer Wiege neben dem Herd in der Freilassinger Küchenstube. Doch draußen an den Fronten ging das Morden weiter; schlimmer denn je uferte der Wahnsinn aus, als Hitler am 22. Juni 1941 den Angriff auf die UdSSR befahl. Hunderttausende deut-

scher und russischer Soldaten kamen noch im selben Jahr ums Leben; krepierten im Verlauf der Kesselschlachten von Bialystok, Gomel, Kiew, Brjansk, Wjasma und Demjansk oder bei den furchtbaren Kämpfen um Leningrad, Narwa, Nowgorod, Taganrog, Charkow, Rostow und Moskau. Als der russische Winter einsetzte und die deutschen Armeen, die größtenteils nicht über entsprechende Ausrüstung verfügten, sich in Eis und Schnee festrannten, stiegen die Verlustzahlen noch einmal rapide an; neben den Toten und Verwundeten meldeten die täglichen Heeresberichte jetzt immer mehr vermißte Soldaten.
Millionen Menschen in der Heimat blieben im ungewissen über das Los ihrer Söhne, Brüder, Gatten oder Verlobten, so daß der Zustrom zur Bretterbude des Brunnenbauers von Freilassing nun beinahe ins Uferlose anschwoll. Zuzeiten bildeten sich jetzt vor der einfachen Behausung ganze Schlangen von Hilfesuchenden. Oft sah Alois Irlmaier sich gezwungen, mehrere Tage und Nächte hintereinander in der Bauhütte auszuharren, weil er es nicht übers Herz brachte, die Verängstigten abzuweisen. Gab er ihnen dann die verlangte Auskunft, passierte es in diesem Winter von 1941 auf 1942 häufig genug, daß die Geschockten vor seinen Augen zusammenbrachen und dadurch auch das Leid, das er selbst empfand, fast unerträglich werden ließen.
So kam es beispielsweise im Februar 1942 zu einer erschütternden Szene, welche den Sensitiven noch nächtelang in seinen Träumen verfolgte.
Stunden hatte ein betagtes Ehepaar, das mit der Bahn aus Westfalen angereist war, in der Schlange unter den Holzapfelbäumen gewartet. Als die beiden endlich an der Reihe waren und die Bretterbude betraten, mußte der Mann seine völlig erschöpfte Gattin stützen. Alois, der mit rotgeränderten Augen am Tisch saß, stand auf, half der Frau auf seinen eigenen Stuhl und bot ihr einen Schluck Wasser an. Ihr Gemahl wartete ab, bis sie sich ein wenig erholt hatte, dann erklärte er mit belegter Stimme: »Wir haben seit mehr als zwei Monaten kein Lebenszeichen mehr von unserem Sohn erhalten, der als Feldwebel im Südabschnitt der Ostfront eingesetzt ist ...«
Der Hellseher nickte und bat, wie bereits viele tausend Male

zuvor, um ein Foto des Soldaten. Auf dem Schemel kauernd, der sonst den Besuchern vorbehalten war, fixierte Alois Irlmaier das Lichtbild; nach wenigen Sekunden erfolgte eine jähe Reaktion. Hastig, wobei seine Hand zitterte, gab er der Mutter des Wehrmachtsangehörigen die Fotografie zurück; gleichzeitig stieß er hervor: »Steck es weg! Ich kann es nicht mehr anschauen! Der arme Mensch!«

Verstört gehorchte die Frau. Während sie noch damit beschäftigt war, das Bild in ihrer Handtasche zu verwahren, wandte sich Irlmaier ihrem Gatten zu und flüsterte: »Wie soll ich es ihr denn nur sagen?! Die Ärmste bricht ja zusammen, wenn sie die Wahrheit erfährt!«

Der Westfale erbleichte. Ehe er antworten konnte, umklammerte die Mutter des Soldaten den Arm des Hellsehers und flehte: »Wir müssen alles wissen, bitte!«

Als ihn unmittelbar darauf auch ihr Gemahl bedrängte, sah Alois sich gezwungen, dem Ehepaar die ganze schreckliche Wahrheit mitzuteilen: »Es ist vor einer knappen Woche geschehen. Eine Granate schlug ganz in der Nähe eures Sohnes ein. Ein Splitter riß ihm die Schulter auf, ein zweiter traf seine rechte Schläfe. Und dieser Granatsplitter hat ihn auf der Stelle getötet ...«

Kaum war das letzte Wort gefallen, erlitt die betagte Frau einen Ohnmachtsanfall. Der Sensitive und ihr Mann kümmerten sich um sie, so gut sie konnten; später sorgte Irlmaier dafür, daß andere Ratsuchende aus der Gegend, die mit einem Pferdefuhrwerk gekommen waren, das bedauernswerte Paar zurück zum Freilassinger Bahnhof brachten.

Vierzehn Tage danach traf ein Brief in der Reichenhaller Straße ein. Er war in Westfalen abgestempelt, und die Eltern des Feldwebels, die mittlerweile Nachricht von der Ostfront erhalten hatten, bestätigten darin die Schauung des Brunnenbauers. »Unser Sohn ist genau auf die von Ihnen beschriebene Art ums Leben gekommen, und auch den Zeitpunkt, zu dem ihn die Granate traf, nannten Sie damals richtig«, lautete einer der Sätze.

Alois Irlmaier bewahrte das Schreiben bei den vielen anderen auf, die sich bereits in der Schublade einer alten Kommode in der Bauhütte befanden – darunter auch zahlreiche Briefe von Menschen, denen es nicht möglich gewesen war, persönlich in die oberbayerische Kleinstadt zu kommen. Allein anhand der ihm zugesandten Fotos hatte der Hellseher in Hunderten von Fällen auch hier zutreffende schriftliche Auskünfte gegeben, wie ganze Bündel von Antwortschreiben bewiesen. Oft sprach tiefe Trauer aus den Worten der Angehörigen, andererseits schlug sich grenzenlose Erleichterung in den Zeilen nieder, wenn der Sensitive den Soldaten, um den es ging, ohne die seltsam milchige Aura erblickt hatte. Wann immer ihm dies vergönnt war, spürte auch Alois selbst große seelische Erlösung; allgemein freilich blieb das Leid und verstärkte sich noch, je länger der Wahnsinn des Krieges andauerte.

***

Hautnah traf es die Familie des Brunnenbauers, als der Postbote im Frühjahr 1942 den Gestellungsbefehl für den jetzt achtzehnjährigen Sohn Loisl brachte. Ebenso wie einst sein Vater rückte der Drehergeselle in die Freisinger Kaserne ein. Schon nach kurzer Grundausbildung dort wurde die Ersatzkompanie, der er angehörte, zum Kampfeinsatz nach Rußland kommandiert.

Tagelang schossen Maria beim geringsten Anlaß die Tränen in die Augen. Zuletzt, eines Abends im Juli, sah sie keinen anderen Ausweg mehr, als ihrem Gemahl ein Lichtbild vorzulegen, das wenige Wochen nach der Geburt Ritas im Hinterhof des Anwesens an der Reichenhaller Straße aufgenommen worden war und den Burschen mit dem schmalen, intelligenten Gesicht als Lehrling im Kreis seiner Angehörigen zeigte.

»Damals waren wir, bis auf Johann, noch alle zusammen«, klagte die Mittvierzigerin. »Aber jetzt mußten wir gleich zwei Schläge hintereinander hinnehmen. Bereits im Januar haben die Nazis unsere älteste Tochter dienstverpflichtet, seitdem schuftet sie wie eine Sklavin in einer Rosenheimer Munitionsfabrik. Und nun auch noch Loisl, der als Infanterist an der Ostfront ständig in Lebensgefahr schwebt. Nur die zwölfjährige Elisabeth und die kleine Rita sind uns geblieben, die können die braunen Verbrecher uns nicht wegnehmen. Doch wenn ich an unseren Sohn denke, werde ich vor Angst um ihn fast wahnsinnig. Deswegen bitte ich dich inständig, Alois, deine Fähigkeit jetzt für uns selbst einzusetzen, damit wir Gewißheit bekommen ...«

Schluchzend brach sie ab; ähnlich verzweifelt wie sie starrte der Brunnenbauer auf das Foto, das vor ihm auf dem Küchentisch lag. Er hatte große Mühe, seine eigenen Ängste zu unterdrücken: die furchtbaren Erinnerungen an Galizien, wo er den Lungenschuß erhalten hatte und später vier Tage und Nächte lebendig begraben gewesen war. Für einen Moment – und nicht zum ersten Mal, seit der Truppentransport mit seinem Sohn von Freising abgegangen war – glaubte er, Loisl blutüberströmt zusammenbrechen zu sehen. Dennoch zwang ihn die Qual Marias nun dazu, seine Furcht zu überwinden und ihrem Ansinnen nachzugeben. Er sagte es ihr und wartete ab, bis sie sich, zumindest nach außen hin, wieder einigermaßen beruhigt hatte; dann konzentrierte er sich auf die Fotografie.

Reglos saß er da. Seine dunklen Augen waren zusammengekniffen; über der Nasenwurzel stand die tiefe Kerbe. Der Blick seiner Frau hing an den verspannten Lippen des Sensitiven, endlich vernahm sie seine stockend hervorgestoßenen Worte: »Ich kann keinen Schleier erkennen ... Bisher ist ihm nichts Böses geschehen ... Aber das gilt nur für das Gestern und Heute ... Nicht für das Morgen ... Nicht für die Kriegsjahre, die noch vor ihm und uns liegen ... Fast drei Jahre sind es noch ... Ehe im Mai 1945 der Friede kommt ... Doch ich kann nicht herausfinden, ob unser Sohn dann wieder bei uns ist ...«

»Bitte! Du mußt es schaffen!« drang die Stimme Marias in seine Trance. »Ich ertrage die Ungewißheit nicht – und ebensowenig du!«

Ihr Wille schien ihn zu peitschen. Seine mentale Kraft spannte sich aufs äußerste an; für einen winzigen Moment war es ihm, als könne er die Grenze überschreiten. Mit dem nächsten Herzschlag erblickte er statt der Kontur auf dem Lichtbild tiefe, undurchdringliche Schwärze. Etwas wie kosmische Dunkelheit pulste dort; samtige Dunkelheit, die – während er abermals die Frauenstimme zu vernehmen glaubte – plötzlich für eine winzi-

ge Zeitspanne barst und ihm etwas völlig Unerwartetes enthüllte: einen Ort, der ihm einst, in seiner Jugend, sehr vertraut gewesen war.
Mit einem keuchenden Atemzug kam er zu sich. Maria spürte seine Erschöpfung, fragte nicht, zog ihn statt dessen an sich und barg ihn an ihrer Brust. Nach einer Weile dann hörte sie ihn raunen: »Es ist nicht möglich ... Nicht heute und nicht hier ... Aber die Kraft zeigte mir einen anderen Pfad, auf dem wir vielleicht ...«
»Welchen Weg?!« stieß Maria drängend hervor.
So gut er es vermochte, erklärte er ihr, was er meinte. Zunächst sperrte sie sich, zuletzt jedoch – weil ihr weiblicher Instinkt über die Vorbehalte des Verstandes siegte – gab sie nach und gestand ihm zu: »Wenn es die einzige Möglichkeit ist, die du siehst, müssen wir es versuchen ...«

***

Neun Tage später hing an der Tür der Bretterbude ein Zettel, auf dem die Hilfesuchenden gebeten wurden, ein andermal wiederzukommen.
Als die ersten Ankömmlinge die Notiz gegen sieben Uhr morgens lasen, vermutete einer von ihnen, ein dringender beruflicher Auftrag habe Vorrang für den Rutengänger gehabt. Alois Irlmaier und seine Frau freilich hatten die Wohnung an der Reichenhaller Straße eine gute Stunde zuvor aus einem ganz anderen Grund verlassen. Jetzt, während die Sonne am östlichen Himmel allmählich höher stieg, befanden sie sich bereits auf halbem Weg zwischen Freilassing und Höglwörth. Der sehnige Mann mit dem kantigen Gesicht trat kräftig in die Pedale des Wanderer-Fahrrads; Maria saß auf dem Behelfssattel, der an der Rahmenstange befestigt war. Gegen elf Uhr erreichten die beiden Ruhpolding, fuhren ohne Unterbrechung weiter und machten sich in der Mittagshitze, nachdem sie das Veloziped im Schutz einer Almhütte zurückgelassen hatten, an das letzte Stück des Aufstiegs zum nördlichen Gipfelhang des Hochfelln.
Bald lag ein kleiner schluchtartiger Einschnitt vor ihnen, und der Brunnenbauer führte seine Frau durch das Gewirr von Lat-

schenkiefern, welche den nur wenige Meter breiten Zugang zu der verborgenen Klamm schützten. Gleich darauf stand das Paar vor der kesselförmigen Mulde im Inneren der Kluft: der dolinenartigen Einsenkung, an deren Rand die dreizehn Monolithen des Mondringes aufragten.

»Dies ist der Ort, der mich neulich rief, als ich das Foto betrachtete«, sagte Alois leise. »Jakob, der Eremit, war es, der mich einst herbrachte; hier war es auch, wo ich mit dreizehn Jahren meine erste Schauung erlebte.«

»Und du glaubst wirklich, du könntest an diesem Platz Gewißheit über das Schicksal unseres Sohnes erlangen?« kam es von Maria.

»Wenn nicht hier, dann nirgendwo«, murmelte der Sensitive. »Wir haben auf den Vollmond gewartet; jetzt steht er in seiner vollen Kraft, egal ob Tag oder Nacht. Deshalb werde ich es nun versuchen, vielleicht zeigt Arianrhod sich uns gnädig ...«

Als sie den Namen der heidnischen Gottheit vernahm, zuckte Maria zusammen; für einen Moment sah es so aus, als wollte sie protestieren. Letztlich aber siegte das Vertrauen zu ihrem Ehemann über die ihr anerzogenen Vorurteile; zudem spürte sie unvermittelt so etwas wie eine behütende Ausstrahlung, die vom Kreis der Menhire auszugehen schien. So folgte sie, ohne weiter nachzudenken, der Regung, das Unbegreifliche einfach geschehen zu lassen. Sie umarmte ihren Gatten, gab ihn sanft wieder frei und setzte sich still auf eine Felsrunse ein Stück abseits des heiligen Areals.

Von dort aus sah sie, wie Alois, den Blick auf das Zentrum des Steinkreises gerichtet, sich sammelte. Etwa eine Minute verharrte er bewegungslos, dann hob er die Arme und streckte sie waagrecht aus: ganz so, als hielte er die Wünschelrute in den Händen. Langsam, vorsichtig Schritt vor Schritt setzend, betrat er den Mondring. Genau in dem Augenblick, da er die Lücke zwischen den beiden nächststehenden Monolithen passierte, zuckte er wie unter einer unsichtbaren Berührung zusammen; unmittelbar darauf straffte sich sein Körper und wurden seine Bewegungen entschlossener.

Er folgte dem Pfad, den die Menhire ihm vorzeichneten. Gegen den Uhrzeigersinn umkreiste er den Rand der Senke, bis er

wieder am Ausgangspunkt angelangt war. Exakt an dieser Stelle wurden seine Bewegungen schneller und gleichzeitig weicher. Der Sensitive löste sich von der Peripherie des Naturheiligtums; schien nun einer ihm allein sichtbaren spiraligen Fährte zu folgen, die ihn schließlich zum Mittelpunkt des Mondringes führte. Hier verharrte er, stand eine Weile wie lauschend da: die Augen geschlossen und das Antlitz einer bestimmten Stelle am Firmament zugewandt. Zeit verstrich – dann hallte in der Seele des Hellsehers ein fernes, dunkles Dröhnen wider, kam näher und formte zusammen mit den jetzt ebenfalls heranflutenden Nebeln den schattenhaft strahlenden Reif aus: das silberne Rad Arianrhods mit den dreizehn Speichen.
Mit dem nächsten Herzschlag sandte die wirbelnde Achse ihm detaillierte Bilder entgegen. Hinter dem irisierenden Schleier, der die Zukunft vor den Augen gewöhnlicher Menschen verbarg, erkannte der Visionär das Gesicht seines Sohnes. In schmutzverkrusteter Uniform irrte der blutjunge Infanterist über eine weite, ausgebrannte Steppenlandschaft; gleich darauf kämpfte er in den Ruinen einer riesigen, von Bomben zerstörten Stadt. Ein Monument, von dem herunter die Gebisse sich bäumender Rösser bleckten, tauchte auf; in derselben Sekunde schob sich ein anderes Gebäude in den Vordergrund: rußgeschwärztes Mauerwerk, das von einer Kuppel überkrönt wurde; dort stürzte eine Fahne und stieg eine andere empor. Noch einmal erblickte der Sensitive die verzerrten Gesichtszüge des Infanteristen, der von seinem Fleisch und Blut war; mit dem gleichen Lidschlag explodierte die Szene.
Wie in ungeheurem Zorn ballte sich ein tobendes Konglomerat aus Erde, Fels und Atmosphäre zusammen, schoß himmelwärts und wurde zum blasphemischen Pilz. Die Stratosphäre zerbarst; ein Blitz spaltete das Firmament und gebar ein Sturmfauchen aus, wie die Menschheit es nie zuvor erlebt hatte. Durch das Chaos wirbelten Zeichen und wurden zum selben Fanalwort, das dem Hellseher schon einmal geoffenbart worden war: Hiroshima. Abermals ließ das Inferno nichts als Verwüstung zurück: ausgeglühtes Gestein, darin eingebrannt die Konturen verkrümmter Körper.
Für einen Augenblick herrschte gebanntes Schweigen auf dem

Planeten. Doch bald darauf gewann der Wahnsinn erneut die Oberhand. Wieder marschierten Armeen, durchpflügten Flottenverbände die Meere, jagten Kampfflugzeuge über den Himmel: gierte der unbesiegte Moloch nach Macht über die Völker. Sowohl im Westen als auch im Osten liefen die Fäden zusammen; diejenigen, die sie zogen, hetzten nun ideologisch eine Hälfte der Menschheit gegen die andere. Geiferten, vergifteten und brüllten; schändeten, während der Kalte Krieg wütete, hundertfach den Leib der Erdmutter. Auf abgelegenen pazifischen Atollen oder tief unter dem Wüstensand Asiens wurden weitere Pilze gezündet; gleichzeitig zerstörte maßlose Profitgier weltweit das Gleichgewicht der Natur.

Regenwälder starben, Polkappen schmolzen ab, fruchtbares Land versteppte. Tier- und Pflanzenarten, die Abermillionen Jahre existiert hatten, wurden ausgerottet; das heilige Geheimnis im innersten Kern anderer Lebewesen entblößt, seziert und manipuliert. Während eine irregeleitete Wissenschaft das verborgene Netzwerk des irdischen Daseins auf solche Weise irreparabel destruierte, rissen über den arktischen und antarktischen Regionen die unsichtbaren Schutzschilde auf, welche den Globus bis dahin vor ultravioletter Strahlung bewahrt hatten. Zunehmend verkrebsten Fauna, Flora und dazu die Menschen; im Gefolge dieser Entwicklung verbreiteten sich Seuchen, für die eine nur scheinbar allmächtige Medizin keine Heilmittel mehr fand. Die Abermillionen Betroffenen jedoch sowie diejenigen, welche noch zu Opfern werden sollten, wurden zynisch über die Wahrheit hinweggetäuscht. Denn auf Erden galt in jener Epoche nur noch ein Gesetz: das der molochischen Drahtzieher, die aus Dunkelheit und Gesichtslosigkeit heraus agierten und sich über das Göttliche aufzuwerfen versuchten.

Eben als der Visionär die Fratzen dieser auf der Schwelle zum neuen Jahrtausend lauernden Ausgeburten zu erkennen glaubte, schmetterte ein verheerender Schlag auf den Planeten hernieder. Der Hieb, der von kosmischer Gewalt war, ließ die Erde taumeln. Ein grauenhaft sausender Sog entstand und saugte alle Wahrnehmung in seinen rasend wirbelnden Mahlstrom. Es dauerte lange, sehr lange, bis das Tosen verflachte; eine Stimme

schien mit hallendem, endlos sich wiederholendem Schrei die Zeit zu messen: Drei Tage und drei Nächte Finsternis!
Zuletzt, nachdem der Ruf sich in den Tiefen des Alls verloren hatte, kam Alois Irlmaier wieder zu sich. Am ganzen Leib zitternd stand er im Zentrum des Mondringes. Er hatte Mühe, sich zu orientieren und den Blick in die Richtung zu lenken, wo Maria nach wie vor auf der Felsrunse saß. Jetzt, da sie seine Schwäche bemerkte, sprang sie auf und wollte zu ihm laufen. Doch eine jähe Geste ihres Mannes hielt sie zurück; reglos beobachtete sie, wie er abermals der Spiralbahn der Erdkräfte folgte, bis er den Rand des Areals erreichte und den Steinkreis genau dort verließ, wo er ihn zuvor betreten hatte. Erst dann näherte sie sich ihm, fing den Erschöpften in ihren Armen auf und wartete angstvoll darauf, daß er sprechen würde.
»Unser Sohn ...«, hörte sie ihn nach einer Weile flüstern. »Unser Sohn ... er wird den Krieg überstehen!«
»Er kommt gesund zu uns zurück?!« stieß Maria hervor. »Bist du ganz sicher?!«
»Ja, ich habe es gesehen«, antwortete Alois. Während er sie zu dem Steinbuckel führte und sich dort neben ihr niederließ, fuhr er fort: »Es werden noch unzählige Soldaten fallen, in Rußland und anderswo, aber er wird überleben. Er wird dabeisein, wenn die deutschen Armeen sich aus dem Osten zurückziehen. Zuletzt kämpft er in einer sehr großen Stadt, dort wird er Zeuge, wie der Weltkrieg endet. Danach dauert es nur noch wenige Wochen, bis er wieder bei uns in Freilassing ist.«
»Und wann wird das sein?!« drängte Maria. »Weißt du das auch?!«
»Knapp drei Jahre dauert es noch«, entgegnete ihr Gemahl. »Im Frühsommer 1945 steht er vor unserem Haus in der Reichenhaller Straße. Zuerst bekommt er einen fürchterlichen Schrecken, weil das Gebäude zur Hälfte in Trümmern liegt. Aber dann begreift er, daß wir genauso davongekommen sind wie er ...«
»Unsere Wohnung wird zerstört?!« unterbrach sie.
»In unseren Räumen gibt es keine irreparablen Schäden«, versetzte Alois. »Die einschlagenden Bomben treffen nur das Rückgebäude.«

»Bomben! Auf Freilassing!« stöhnte Maria. »Hast du noch mehr erschaut?!«
Für einen Moment sah es so aus, als wollte der Sensitive ihr sein Herz ausschütten. Doch dann verspannten sich seine Lippen, er schüttelte den Kopf und murmelte: »Nein! Nur den Fliegerangriff auf unsere Stadt ganz am Ende des Krieges, sonst nichts weiter.«
Seine Frau gab sich damit zufrieden. »Hauptsache, unser Sohn kommt gesund zurück! Das allein zählt!«
Alois Irlmaier nickte, dann stand er auf und erklärte: »Wir müssen uns auf den Heimweg machen, wenn wir es vor dem Dunkelwerden noch schaffen wollen.«

***

Während der Sommer dieses Jahres 1942 verstrich, stand der Brunnenbauer weiterhin den vielen hundert Ratsuchenden zur Verfügung, die ihn in seiner Bretterhütte aufsuchten. Ebenso war es im Herbst und im darauffolgenden vierten Kriegswinter von 1942 auf 1943. Ab Anfang Januar des neuen Jahres kam es im Inneren der einfachen Behausung zu immer erschütternderen Szenen, denn zu diesem Zeitpunkt begann sich die Tragödie von Stalingrad abzuzeichnen, welche im Februar mit der Kapitulation der Sechsten Armee unter dem Kommando des Generalfeldmarschalls Paulus endete. 90.000 völlig demoralisierte deutsche Soldaten schleppten sich in Gefangenschaft, fast 150.000 blieben tot in der Trümmerwüste der einstigen russischen Industriemetropole zurück.
Das Leid, das er Tag für Tag hautnah miterlebte, belastete Alois Irlmaier bis an die Grenzen seiner Kraft. Mehr als einmal war er selbst dem Zusammenbruch nahe; einzig der Halt, den seine Familie und dazu das Wissen um das Überleben des Sohnes ihm gaben, hielt ihn letztlich aufrecht. Selbst wenn die Bauhütte zwischendurch einmal für kurze Zeit geschlossen blieb, weil der Brunnenbauer irgendwo eine Wasserader mutete oder eine gebrochene Rohrleitung ersetzte, um den Lebensunterhalt für sich und die Seinen zu verdienen, konnte er den quälenden Fragen nicht entrinnen. Denn auch bei solchen Gelegenheiten legte

man ihm die Fotografien vor, und wieder sah er sich gezwungen, dem Mysterium des Todes ins Auge zu sehen; der unabdingbaren Wahrheit, die sich ihm in der flirrenden Aura auf den Lichtbildern entschlüsselte.

Millionenfach setzte sich das Sterben in Europa und Übersee fort. Kaum war in Stalingrad der letzte Schuß gefallen, erlebte die deutsche Wehrmacht weitere Debakel bei Issjum, Rostow und Charkow; fast gleichzeitig kam es im Pazifik zwischen US-Amerikanern und Japanern zur mörderischen Schlacht von Guadalcanar. Im Mai dieses Jahres 1943 kapitulierte die deutsch-italienische Afrikaarmee, nachdem sie verheerende Verluste erlitten hatte, in Tunis; schon Mitte Juli erfolgte die Invasion der Alliierten auf Sizilien, womit Deutschland und seine faschistischen Verbündeten sich nun einem Zweifrontenkrieg auf europäischem Boden ausgesetzt sahen.

Ebenfalls im Sommer 1943 forcierten Briten und Amerikaner ihre Luftangriffe auf das Reichsgebiet. Tausende Zivilisten verbrannten oder verbluteten, als am 24. Juli beinahe sämtliche Außenbezirke Hamburgs durch den Abwurf von Phosphor- und Sprengbomben in Schutt und Asche gelegt wurden. Im November – die deutsche Wehrmacht war mittlerweile auch auf der Krim-Halbinsel und in der Ukraine vernichtend geschlagen worden – erreichten die alliierten Bombenangriffe ein bislang nie gekanntes Ausmaß. Der Terror ging fast völlig zu Lasten der unbewaffneten Bevölkerung; am schlimmsten war es in Berlin, wo so gut wie keine Nacht mehr verstrich, ohne daß die Sirenen aufheulten und die schlaftrunkenen Menschen – zumeist Alte, Frauen und Kinder – sich in die Luftschutzbunker flüchten mußten.

Das ganze folgende Jahr 1944 dauerte das Massensterben der Zivilisten in den Städten und der Soldaten an den jetzt immer rascher zusammenbrechenden Fronten an. Spätestens seit Anfang Juni, da die Alliierten an der normannischen Küste gelandet waren, glaubte kaum noch jemand an den von Adolf Hitler proklamierten Endsieg. Der Diktator indessen klammerte sich mehr denn je an seine Wahnidee vom finalen Triumph der arischen Rasse und ernannte Joseph Goebbels zum Generalbevollmächtigten für den totalen Krieg. Die täglich über den Rundfunk verbreiteten Haßtiraden dieses Demagogen bewirkten freilich nichts anderes, als daß die Amerikaner und Briten ihre Luftangriffe weiter massierten – und damit wurden jetzt zunehmend auch die abgelegenen Regionen Deutschlands in Mitleidenschaft gezogen.

***

Noch vor Kriegsausbruch hatte eine Cousine Marias das Dorf Obergschwind bei Ruhpolding verlassen, um einen Bäckermeister in der zwei Bahnstunden entfernten Kreisstadt Rosenheim zu heiraten. Das Freilassinger Ehepaar hatte damals an der Hochzeitsfeier teilgenommen; auch später war der Kontakt zwischen den beiden Frauen, die ihre Kindheit und Jugend zusammen verbracht hatten, nicht abgerissen. Das war der Grund, warum Anfang November 1944 ein Brief eintraf, in dem die Bäckersleute um einen Besuch Alois Irlmaiers baten. Der Hausbrunnen sei plötzlich versiegt, hieß es in dem Schreiben, und da derzeit in der Stadt kein Fachmann aufzutreiben sei und man das Wasser für die Backstube mühsam von außerhalb heranschleppen müsse, bitte man den Rutengänger inständig, zu kommen und Abhilfe zu schaffen.

Alois, der ein knappes halbes Jahr zuvor sein fünfzigstes Lebensjahr vollendet hatte, besprach sich mit seiner Gattin. Gleich am nächsten Tag setzte er sich in den Morgenzug nach Rosenheim, traf gegen zehn Uhr dort ein und erklärte dem Bäcker und dessen Frau: »Eigentlich hätte auch Maria mitkommen wollen. Doch unsere Kleine, die vierjährige Rita, liegt mit Windpocken im Bett und braucht ihre Mutter.«

Danach ließ er sich zum Brunnen im Hinterhof führen und zog ein Drahtende, das er seit einigen Jahren gelegentlich statt des Gabelzweiges benutzte, aus der Tasche. In der Mitte war das dünne Metallstück zu einer schlanken Schlinge gebogen, links und rechts davon standen die Seitenstücke etwa zwanzig Zentimeter waagrecht ab. Die Arme vorgestreckt und das seltsam aussehende Gebilde in beiden Händen haltend, begann Alois zu muten; der Bäckermeister folgte ihm in ein paar Schritten Abstand. Mit zusammengekniffenen Brauen spürte der Sensitive

der so gut wie toten Wasserader nach, zuletzt leiteten ihn die kaum sichtbaren Zuckungen der Wünschelrute hinüber auf das unbebaute Nachbargrundstück. Hinter einem offensichtlich erst vor kurzem dort aufgeworfenen Erdhügel neben einer mehrere Meter tiefen Grube schlug das Drahtende plötzlich scharf nach unten; dieselbe Reaktion erfolgte, als der Rutengänger den unterirdischen Strom jenseits des festgestampften Lehmbuckels noch einige Male kreuzte.
Schließlich kehrte Alois Irlmaier zu dem Erdhügel zurück und erläuterte dem Bäcker: »Genau an dieser Stelle ist der Quellstrom unterbrochen. Wahrscheinlich sind die Erdarbeiten schuld, die hier durchgeführt wurden. Was hatten sie denn überhaupt für einen Zweck?«
»Die Gauleitung wollte einen Luftschutzbunker errichten«, erwiderte der andere. »Doch nach ein paar Tagen wurde die Baumaßnahme wieder eingestellt und dafür der Schutzraum drüben am Salinenplatz erweitert, so daß ...«
Der Bäckermeister unterbrach sich, weil Alois jäh erbleicht war.
»Ist dir nicht gut?« erkundigte er sich besorgt.
»Nein, mir fehlt nichts!« antwortete der Rutengänger. »Nur ... vielleicht könntest du mir nachher den ausgebauten Bunker einmal zeigen?«
»Wenn es dich interessiert, gerne«, versetzte der Rosenheimer verwundert. »Aber was ist nun mit meinem Brunnen? Glaubst du, er läßt sich wieder in Gang bringen?«
Irlmaier ging zu dem Platz zurück, wo er das Muten eingestellt hatte, und konzentrierte sich abermals auf die Ausschläge der Wünschelrute. Bald fand er den neuen Verlauf der Wasserader und folgte ihr in Richtung der Bäckerei. Der verlagerte Quellstrom führte in den Hinterhof des Gebäudes, verfehlte die Zisterne jedoch in etwa drei Meter Abstand. Alois markierte den Punkt, welcher dem Brunnenschacht am nächsten lag, und fragte den Besitzer des Anwesens: »Kannst du heute noch ein paar Schraubrohre auftreiben?«
»Wenn ich mich nicht täusche, liegen welche im Keller«, entgegnete der Bäcker nach kurzem Nachdenken.
»Gut, dann stoße ich dir gleich einen neuen Zufluß zum Brunnen durch«, versprach der Freilassinger.

Tatsächlich begann sich die Zisterne am frühen Nachmittag wieder zu füllen. Nachdem er sich vergewissert hatte, daß das einströmende Wasser auch sauber war, kam Alois Irlmaier auf sein Anliegen hinsichtlich des Luftschutzbunkers am Salinenplatz zurück und bat seinen Gastgeber noch einmal, ihn dorthin zu begleiten.
»Ich begreife zwar immer noch nicht, was du in dem Unterstand willst, aber selbstverständlich tue ich dir den Gefallen«, erwiderte der Bäckermeister.
Gleich darauf machten sich die beiden Männer auf den Weg und erreichten nach wenigen Minuten den bewußten Platz. Als sie sich der Panzertür näherten, welche den Eingang des Bunkers sicherte, schien der Sensitive sich zu verspannen, gab aber auf eine diesbezügliche Frage seines Begleiters eine ausweichende Antwort. Kaum jedoch stand der Freilassinger im eigentlichen Schutzraum mit den kahlen Betonwänden, veränderte sich sein Verhalten völlig; gehetzt stieß er plötzlich hervor: »Dort vorne, genau in der Mitte, sehe ich einen Haufen Leichen liegen! Alle, die sich an dieser Stelle aufhalten, sterben einen schrecklichen Tod!«
Er fuhr zu dem Bäcker herum, packte ihn am Ärmel und beschwor ihn: »Sag's den Leuten in Rosenheim, daß sich beim nächsten Bombenangriff keiner in die Mitte des Bunkers stellen darf! Sie sollen alle möglichst hier bei der Tür bleiben! Da geschieht ihnen nichts!«
Geschockt wollte der andere wissen: »Wann, glaubst du, passiert das?!«
»Bald schon!« versetzte der Hellseher. »Nur einen oder höchstens zwei Tage dauert's noch, bis die amerikanischen Flieger kommen!«
»Ich werde die Warnung weitergeben«, versprach der Bäckermeister.
»Tu das!« forderte Alois Irlmaier noch einmal. Dann wandte er sich ab und verließ eilig den Schutzraum; ganz so, als könne er die Atmosphäre dort nicht länger ertragen.
Für den Rest seines kurzen Aufenthaltes blieb er wortkarg und in sich gekehrt. Obwohl sie ihm dankbar für die Reparatur des Brunnens waren, verspürten seine Gastgeber beinahe Erleichte-

rung, als er sich am späten Nachmittag verabschiedete, um den letzten Zug nach Freilassing zu erreichen.
Zwei Tage später, in der Nacht vom 7. auf den 8. November 1944, bewahrheitete sich die Schauung des Rutengängers. Unvermittelt heulten in Rosenheim die Sirenen auf, schon nach wenigen Minuten war das Motorendröhnen schwerer Kampfflugzeuge zu hören. Die Bewohner der Innenstadt flüchteten in die Keller ihrer Häuser oder den großen Luftschutzbunker am Salinenplatz. Da der Bäckermeister Irlmaiers Warnung tatsächlich unter die Leute gebracht hatte, drängten sich die verängstigten Menschen so eng wie möglich im Eingangsbereich zusammen und vermieden es, tiefer in den Raum mit den nackten Betonwänden zu gehen. Auch als draußen die ersten Detonationen erfolgten, blieben sie nahe der Stahltür – nicht so jedoch die ortsfremden Soldaten, die gleich darauf, auf dem Höhepunkt des Fliegerangriffes, hereinhasteten.
Sie drückten sich an den Einheimischen vorbei und rannten, während die Bombeneinschläge jetzt immer näher kamen, zur Mitte des Bunkers.
»Weg von dort hinten!« schrie der Luftschutzwart, der ebenfalls beim Eingang stand, ihnen zu; auch andere Rosenheimer versuchten die Infanteristen noch zu warnen. Die Landser aber, knapp ein Dutzend an der Zahl, achteten nicht auf die Rufe der Zivilisten – und bezahlten kaum eine Minute später fürchterlich dafür.
Ein Volltreffer brachte die tonnenschwere Decke genau dort zum Einsturz, wo die Soldaten sich aufhielten. Die herabstürzenden Betontrümmer verschütteten die Infanteristen bis auf den letzten Mann; die Zivilisten weiter vorne dagegen blieben verschont. Als die US-Bomber verschwunden waren und die Aufräumungsarbeiten einsetzten, stellte sich heraus, daß keiner der Landser mehr atmete. Nur noch die Leichen konnten geborgen werden und häuften sich am Ende, ganz wie Alois Irlmaier vorhergesagt hatte, im Zentrum des zerstörten Luftschutzbunkers.

***

Dutzende von Rosenheimer Bürgern, welche, im Gegensatz zu den Soldaten, die Warnung des Visionärs beherzigt hatten, verdankten ihm ihr Leben. Im Frühjahr 1945 dann, während der Zweite Weltkrieg bereits in seinen letzten Zügen lag, hatte der Rutengänger eine zweite derartige Präkognition – und diesmal erschaute er das drohende Inferno für die Stadt, in der er selbst zu Hause war.

Man schrieb den 22. April: denselben Tag, an dem Adolf Hitler bei einer Lagebesprechung in seinem Berliner Führerbunker den Krieg für verloren erklärte und ankündigte, Selbstmord begehen zu wollen. Schon am Morgen wirkte Alois seltsam unruhig; fahrig und manchmal fast unfreundlich gab er den Ratsuchenden Auskunft, die auch heute wieder zur Bauhütte gekommen waren. Plötzlich, nachdem er eben noch einer aus München angereisten Frau versichert hatte, daß ihr Sohn, wenn auch verwundet, in Bälde heimkehren werde, sprang er auf und verließ die Bretterbude. Schroff erklärte er den draußen Wartenden, er stehe vorerst nicht mehr zur Verfügung; gleich darauf schwang er sich auf sein Rad und fuhr so schnell wie möglich zurück zur Reichenhaller Straße.

Im Hausflur dort traf er auf Maria und seine sechzehnjährige Tochter Elisabeth, die, einen schweren Korb schleppend, soeben zur Waschküche im Rückgebäude wollten. »Laßt das jetzt!« herrschte er sie an. »Ihr müßt mir statt dessen helfen, unsere Wohnung leerzuräumen und alles, was Schaden nehmen könnte, in den Keller zu bringen!«

»Aber warum denn das?!« fragte das Mädchen entgeistert.

»Weil die Amerikaner Freilassing bombardieren werden!« versetzte der Sensitive. »Und nun los! Wir haben keine Zeit zu verlieren!«

Als Elisabeth immer noch zögerte, drängte Maria, die sich unvermittelt an die Geschehnisse beim Mondring erinnerte: »Tu, was dein Vater sagt! Er hat das furchtbare Unglück in Rosenheim vorausgesehen und täuscht sich ganz bestimmt auch diesmal nicht!«

Mit gepreßten Lippen nickte Alois ihr zu, dann hastete er zur Treppe, die zum Obergeschoß führte. Gleich darauf waren die drei damit beschäftigt, ihr Hab und Gut nach unten zu schaffen; die vierjährige Rita verfolgte das ihr unverständliche Tun mit großen Augen. Ähnlich verblüfft über den Aufruhr zeigte sich zunächst das kinderlose Ehepaar, das die Metzgerei im Parterre des Anwesens betrieb. Bald allerdings, nachdem der Brunnenbauer die Hauseigentümer eingeweiht hatte, folgten sie dem Beispiel ihrer Mieter.

Bis zum Abend war die bewegliche Habe, die sich in den Wohnungen befunden hatte, in den ausgedehnten Kellerräumen verstaut. Zwischen den Möbeln, Kisten und Bündeln hatten die Frauen mehrere Notbetten aufgeschlagen, und als er sich seufzend auf einem davon niederließ, meinte der Metzgermeister: »Besonders bequem ist es nicht, aber immerhin sind wir hier vor den Bomben sicher, falls sie wirklich fallen.«

»Der Angriff kommt!« entgegnete Alois Irlmaier. »In der zweiten oder höchstens dritten Nacht, von heute an gerechnet, ist es soweit! Doch wir dürfen uns dann nicht in diesen Räumen aufhalten, die taugen wenig als Unterstand!«

»Und trotzdem haben wir unsere Sachen hergebracht?!« fuhr die Gattin des Metzgers auf.

»Weil es oben schwere Zerstörungen geben wird, während sich die Schäden hier unten in Grenzen halten«, lautete die Antwort. »Aber für uns könnten die Splitter, die in den Keller durchschlagen, noch immer lebensgefährlich werden!«

Die Frau erbleichte, ihr Gemahl fragte mit belegter Stimme: »Wenn wir hier nicht sicher sind, was dann? Der öffentliche Luftschutzbunker ist weit von unserem Haus entfernt ...«

»Wir graben uns selbst einen Unterstand«, erwiderte Alois entschieden. »Gleich morgen früh fangen wir damit an, spätestens übermorgen muß er fertig sein!«

Der Metzger hatte einige Bedenken, zeigte sich zuletzt jedoch einverstanden. Am nächsten Morgen freilich kam es zu einer Auseinandersetzung zwischen ihm und dem Brunnenbauer, weil dieser darauf bestand, den Bunker an der Frontseite des Gebäudes anzulegen, während der Hauseigentümer – nicht ohne triftige Beweggründe – für den Hinterhof plädierte. »Der Platz an der Straße ist völlig ungeschützt!« rief er nach einigem Hin und Her erregt. »Ehe wir uns dort in einem Erdloch verkriechen, schießen wir uns besser gleich eine Kugel durch den

Kopf! Nur wenn wir den Unterstand in der Deckung der Rückgebäude, am besten im Eck zwischen Hausmauer und Waschküche, errichten, haben wir eine Chance!«
»Falls du das riskierst, lebst du keine zweiundsiebzig Stunden mehr!« hielt der Sensitive dagegen. »Und deine Frau reißt du mit in den Tod! Aber tu, was du willst, ich jedenfalls grabe den Bunker für mich und die Meinen an der Straßenseite!«
Schließlich gab der Metzgermeister sich geschlagen und ging seinem Mieter, wenn auch grollend, beim Ausschachten der Erdgrube vorne an der Reichenhaller Straße zur Hand. Dank der einschlägigen Erfahrung Irlmaiers kam das Vorhaben schnell voran. Mit Hacken und Schaufeln drangen die Männer zweieinhalb Meter tief ins Erdreich vor. Bis Sonnenuntergang war der Hohlraum groß genug, um den beiden Familien ausreichend Platz zu bieten; gleich am folgenden Morgen sollte mit dem Bau der Abdeckung begonnen werden.
Obwohl der Hellseher nach der harten Arbeit todmüde war, fand er an diesem Abend des 23. April noch lange keine Ruhe. Schon tagsüber hatte Alois zahlreiche Passanten angesprochen und sie vor dem drohenden Bombenangriff gewarnt. Jetzt, nachdem er hastig sein Abendessen eingenommen hatte, lief er durch die Freilassinger Gassen, läutete die Bewohner bestimmter Gebäude heraus und teilte ihnen mit, daß ihre Häuser bei der bevorstehenden Bombardierung in Mitleidenschaft gezogen würden. Sobald sie den ersten Schock überwunden hatten, bezeichnete er ihnen andere Unterkünfte in der Nähe, wo sie Schutz finden könnten, und riet ihnen, sich dorthin zu begeben, sobald in der nächsten oder spätestens übernächsten Nacht Alarm gegeben werde.
Völlig erschöpft kehrte der Brunnenbauer schließlich in die Reichenhaller Straße zurück und schlief ein paar Stunden auf dem Notbett im Keller. Kurz nach Sonnenaufgang machten er und der Metzger sich an den Weiterbau des Bunkers, am Spätnachmittag war der Unterstand fertig. Schwere Balken schützten die Grube nun von oben, darüber hatten die beiden Männer gut einen Meter Erde aufgeschüttet und festgestampft sowie eine Schutzschicht aus Steinplatten verlegt. Starke Grubenstempel stützten die Decke von innen; der abgewinkelte Zugang

war so gut wie möglich mit Schalbrettern, Steinbrocken und Lehm verbaut worden.
Bis Sonnenuntergang blieb noch etwa eine Stunde Zeit: genug, damit die Familie Irlmaier und das Hausbesitzerehepaar sich notdürftig in ihrem Bunker einrichten konnten. Eng aneinandergedrängt hockten sie auf den einfachen Pritschen, eine Petroleumlampe spendete dürftiges Licht. Das Warten auf den Bombenangriff, den der Sensitive prophezeit hatte, zerrte an den Nerven; je mehr Zeit verstrich, desto schlimmer wurde die Anspannung. Tief in der Nacht erlitt die Gemahlin des Metzgers einen hysterischen Anfall; es dauerte lange, bis ihr Weinkrampf sich wieder legte. Irgendwann dann vernahmen die anderen die Worte des Brunnenbauers: »Es ist sieben Uhr morgens, wir können zurück ins Haus.«
Das Wetter zeigte sich an diesem 25. April unfreundlich. Immer wieder trug der böige Nordostwind Graupelschauer heran; rissen die Wolken einmal auf, so drang die wäßrige Sonne trotzdem kaum durch den Dunst, der wie eine Glocke über der kleinen Stadt im bayerischen Voralpenland hing. »Du hast dich getäuscht, Irlmaier«, rief ein Bekannter, der gegen Mittag an der Metzgerei vorbeikam, dem Rutengänger zu. »Bei dieser Witterung wird ganz gewiß kein Feindflugzeug auftauchen.«
Alois – er war damit beschäftigt, die Abdeckung des Bunkers noch zusätzlich zu verstärken – richtete sich auf und erwiderte unbeirrt: »Sie kommen! Darauf kannst du Gift nehmen!«
Kopfschüttelnd ging der andere weiter; er war nicht der einzige Freilassinger Bürger, der an der bedrohlichen Vorhersage des Brunnenbauers zweifelte, nachdem die Sirenen in der vergangenen Nacht geschwiegen hatten. Die meisten Einwohner des Städtchens freilich nahmen die Warnungen des Hellsehers nach wie vor ernst. Rascher als sonst leerten sich am späten Nachmittag die Straßen; schon eine Weile zuvor hatte Alois Irlmaier seine Angehörigen und das Vermieterehepaar plötzlich dazu gedrängt, sich in den Unterstand zu begeben.
Wieder kauerten die vier Erwachsenen, die halbwüchsige Elisabeth und die kleine Rita im Schein der Petroleumlampe auf den Bretterpritschen – diesmal allerdings währte das quälende Warten nur kurz. Denn im letzten Licht des düsteren Apriltages,

gegen 17.30 Uhr, kamen die US-Bomber und luden ihre mörderische Fracht über Freilassing ab.
In sieben Wellen erfolgte der Angriff. Überall in der Kleinstadt detonierten die Brand- und Sprengbomben, fetzten Hausdächer und Mauerwerk weg, rissen tiefe Krater ins Pflaster der Straßen und Plätze. Einige Einschläge lagen so nahe, daß die Druckwellen den Menschen im Schutzraum den Atem raubten und der Bunker in seinen Grundfesten erschüttert wurde. Länger als eine Stunde dauerte das Inferno; als es oben endlich wieder still wurde, wollte die Metzgersgattin, abermals einem Nervenzusammenbruch nahe, wimmernd ins Freie kriechen.
Der Brunnenbauer hielt sie mit Gewalt zurück und herrschte sie an: »Bleib da, wenn du's überleben willst! Es kommt noch ein Angriff!«
Zuletzt, weil nun auch ihr Gemahl auf sie einredete, fügte sich die verstörte Frau. Alois fand Zeit, sich um Maria und die beiden Mädchen zu kümmern; es dauerte lange, bis vor allem die vierjährige Rita sich einigermaßen beruhigt hatte. Aber auch dann noch, während die Spannung neuerlich fast ins Unerträgliche stieg, war ihr unterdrücktes Schluchzen zu vernehmen – ehe es im Getöse des zweiten Fliegerangriffs unterging, der gegen 21.30 Uhr erfolgte.
Wieder attackierten die US-Bomber in sieben Wellen, und diesmal lag eine Reihe von Einschlägen so nahe, daß die Balken des Unterstandes zu bersten drohten. Während die Erde sich aufbäumte, war von oben, zusätzlich zu den Detonationen, ein fürchterliches Krachen zu vernehmen: ganz so, als würde ein Gebäude einstürzen. Mit totenbleichen Gesichtern starrten die Insassen des Bunkers zur Decke; erst nach längerer Zeit wurde ihnen bewußt, daß die Explosionen sich entfernt hatten und die Sprengbomben jetzt offenbar auf ein anderes Stadtviertel niedergingen. Einige Minuten später verloren sich die Detonationen auch dort, und dann sagte Alois mit rauher Stimme: »Es ist vorbei! Wir haben es überstanden!«
Sie hatten Mühe, ins Freie zu gelangen. Der schmale Zugang zum Unterstand war teilweise verschüttet; draußen lagen überall Mauerbrocken, Dachziegel, Glasscherben und glühende

Holzteile herum. Der Himmel über der schaurigen Szenerie leuchtete blutrot, an vielen Stellen brannten der Stadtkern und die Vororte Freilassings. Ähnlich schwer war die Reichenhaller Straße in Mitleidenschaft gezogen worden. Ein Volltreffer hatte das Anwesen unmittelbar neben der Metzgerei bis auf die Grundmauern zerstört, aber auch das Geschäftshaus selbst war beträchtlich beschädigt. Im oberen Stock, wo die Wohnung der Familie Irlmaier lag, zog sich ein zackiger, handbreiter Riß über die Fassade; sämtliche Fenster waren zersplittert, die beiden Gauben in der Dachschräge eingedrückt.

Schlimmer noch sah es im Hinterhof aus. Hier war ein Teil des Giebels direkt auf die Waschküche gestürzt und hatte sie völlig zertrümmert. Am Rand des meterhohen Schutthaufens klaffte ein Loch im Fundament des Hauses; Metallfetzen der Sprengbombe, welche den Dachstuhl getroffen hatte, mußten hier die etwas über das Bodenniveau hochgezogene Kellerwand zertrümmert haben. Als die beiden Männer in das Souterrain eindrangen, fanden sie drinnen Spuren von Querschlägern; die Bombensplitter hatten tiefe Furchen ins Mauerwerk gerissen und einen Teil der eingelagerten Möbel beschädigt.

»Wir verdanken es allein dir, Irlmaier, daß wir alle überlebt haben und unverletzt geblieben sind!« stieß der Metzgermeister schließlich hervor. »Es ist genauso gekommen, wie du sagtest! Hier unten hätten uns die herumsausenden Stahltrümmer erwischt, und falls wir den Bunker dort gegraben hätten, wo ich wollte, lägen wir jetzt alle unter dem zusammengestürzten Rückgebäude begraben!«

Wie sich später herausstellte, hatte der Hellseher auch zahlreiche andere Menschen davor bewahrt, von den Bomben zerrissen zu werden oder in den Flammen der brennenden Häuser umzukommen. Denn aufgrund seiner Warnungen und vor allem der präzisen Hinweise darauf, welche Gebäude zerstört werden würden, war es Hunderten von Freilassingern möglich gewesen, sich rechtzeitig anderswo in Sicherheit zu bringen. Trotzdem waren nach jener grauenhaften Nacht vom 25. auf den 26. April 1945 in der kleinen oberbayerischen Stadt achtundsiebzig Todesopfer zu beklagen. Bei diesen Bedauernswerten handelte es sich jedoch ausschließlich um Ortsfremde, beziehungsweise solche Bürger, welche die Präkognition des Brunnenbauers nicht ernstgenommen hatten.

***

Zwei Wochen nach dem brutalen Fliegerangriff auf Freilassing, am 9. Mai 1945, kapitulierte die deutsche Wehrmacht bedingungslos; schon am 30. April hatte sich Adolf Hitler in seinem Berliner Führerbunker erschossen. Den Bewohnern des Hauses an der Reichenhaller Straße wiederum war es bis zu diesem Zeitpunkt gelungen, die schlimmsten Schäden notdürftig zu beheben; die Räume im oberen Stock waren jetzt mehr oder weniger wieder bewohnbar. Alois Irlmaier und die Seinen durften damit zumindest ein klein wenig ruhiger als viele andere in die Zukunft blicken. Eine quälende Sorge allerdings, unter der besonders Maria litt, blieb auch nach dem Waffenstillstand: die um den Sohn, von dem seit Monaten keine Nachricht mehr eingetroffen war.
Doch dann, an einem der ersten Junitage, kam ein abgemagerter junger Mann in der Uniform eines deutschen Infanteristen durch den Auengürtel an der Saalach. Er erreichte die Straße am Stadtrand und näherte sich, beklommene Blicke auf das völlig zerstörte Nachbarhaus werfend, dem Anwesen, in dessen Parterre sich die Metzgerei befand. Als er auch dort die Bombenschäden bemerkte, verharrte er erschrocken – im nächsten Moment freilich stieß er einen erleichterten Ruf aus und rannte seiner Mutter entgegen, die soeben aus der Tür trat.
Gleich darauf lagen Maria und ihr Sohn Alois sich weinend in den Armen; wenig später saß der Kriegsheimkehrer oben in der Küchenstube und berichtete seinen Angehörigen: »Im April verließ meine Einheit Ostpreußen und rückte nach Berlin ein. Dort erlebte ich die letzten Kämpfe mit, beim Brandenburger Tor und anderswo; am Ende sah ich, wie ein Trupp russischer Soldaten die Hakenkreuzflagge von der Kuppel des Reichstagsgebäudes riß und statt dessen die Rote Fahne dort hißte. Noch am selben Tag wurde ich gefangengenommen und kam kurz in ein Lager. Vor eineinhalb Wochen schließlich gaben mir die

Russen ganz überraschend die Entlassungspapiere; danach schlug ich mich, teils mit der Eisenbahn, teils zu Fuß, bis Bayern durch.«
Nachdem der Einundzwanzigjährige geendet hatte, tauschten Maria und Alois Irlmaier einen bedeutungsvollen Blick; beide dachten dasselbe: Ihr Sohn war heimgekehrt, ganz so, wie der Visionär es im Sommer 1942 im Steinkreis am Hochfelln erschaut hatte.

Der visionäre Kriminalist

Unter den Holzapfelbäumen an der Freilassinger Jennerstraße war eine ärmlich gekleidete Frau damit beschäftigt, die kleinen, zu anderen Zeiten wertlosen Wildobstfrüchte aufzulesen und in einem Korb zu sammeln. Nahrung war im Frühherbst 1945 außerordentlich knapp geworden; die Menschen ergriffen jede Chance, um über die völlig unzureichenden Lebensmittelzuteilungen hinaus einen Bissen zu ergattern.
Auch Alois Irlmaier scheute sich in diesen ersten Nachkriegsmonaten nicht, gelegentlich einen Laib Brot oder einen Bund Gemüse als Bezahlung für seine paranormalen Dienste anzunehmen. Noch immer kamen Ratsuchende zur Bretterhütte auf dem Bauplatz, den der Sensitive 1934 nach dem Verkauf der Kurr-Villa erworben hatte. Auch jetzt saß er wieder am Tisch mit der grob gehobelten Platte und fixierte eine Fotografie. Der ungefähr sechzigjährige, grauhaarige Mann, der dem Hellseher schräg gegenüber auf dem Schemel kauerte, beobachtete dessen Tun mit angstvoller Miene; jetzt, als der Brunnenbauer zu sprechen begann, zuckte er unwillkürlich zusammen.
»Auf dem Bild trägt dein Sohn Zivil«, murmelte Alois. »Aber an der Uniform, die er an der Front anhatte, erkenne ich geflochtene silberne Schulterstücke. Er hat einen höheren Rang bekleidet, war Offizier ...«
»Hauptmann und Ritterkreuzträger!« entfuhr es dem anderen. »Und bis Anfang 1943 bekamen meine Frau und ich regel-

mäßig Post von ihm. Danach, wie ich Ihnen bereits sagte, nichts mehr, außer der Nachricht, daß er vermißt sei. Fast gleichzeitig wurde unsere Heimatstadt im Ruhrgebiet ausgebombt. Wir verloren alles, lebten bis zum Waffenstillstand in Hamburg; nun versuchen wir einen Neuanfang in Bayern. Hier in Freilassing erfuhren wir von Ihrer Gabe, Herr Irlmaier, und wenn Sie nicht herausfinden können, welches Schicksal Konrad erlitt ...«
Der Sechzigjährige brach ab, weil Alois eine jähe Handbewegung machte; unmittelbar darauf stieß er hervor: »Ich sehe eine große Stadt. Lauter Trümmer, einen breiten Fluß. Es ist in Rußland, könnte Stalingrad sein. Es geht dem Mann schlecht ...«
»Meinem Sohn?!« kam es von dem Älteren.
Der Sensitive nickte, sprach gehetzt weiter: »Ich sehe ihn flüchten. Er wird wieder eingefangen. Es geht ihm noch schlechter. Er flieht wieder, springt ins große Wasser. Ich sehe Blut! Ich sehe Blut – er ist verwundet. Jetzt wird's auf einmal ganz weiß, wie ein Schleier. – Der kommt nicht mehr! Der ist tot! Er hat ein weißes Gewand an ...«
Der Grauhaarige verbarg das Gesicht in den Händen. Nach einer Weile stöhnte er: »Stalingrad ... ja! Seit der Katastrophe dort ist Konrad vermißt ... Und er war schon als Kind so ungebärdig ... Deswegen wohl wollte er sich selbst nach dem Untergang der Sechsten Armee nicht ergeben ... Sondern versuchte zu fliehen und verlor dabei sein Leben ...«
»So ist es gewesen«, bestätigte Alois Irlmaier leise. »Ich wollte, ich hätte dir eine andere Auskunft geben können. Aber es ist nicht anders. Dein Sohn ist damals, 1943, gefallen.«
Wieder schwieg der Sechzigjährige lange; zuletzt, ehe er sich erhob, flüsterte er: »Wenigstens haben meine Frau und ich nun Gewißheit ...«
Der Brunnenbauer nickte stumm, dann begleitete er den anderen zur Tür. Mit feuchten Augen blickte er dem Grauhaarigen nach, bis er zwischen den Holzapfelbäumen verschwand, wo noch immer die ärmlich gekleidete Frau mit dem Korb zugange war.

***

Fast zur selben Zeit, da der Alte aus dem Ruhrgebiet die bittere Wahrheit über das Schicksal seines Sohnes erfuhr, kam es zwischen Freilassing und der etwa 25 Kilometer weiter nördlich an der Salzach gelegenen Stadt Laufen zu einer grauenhaften Bluttat.
Ein zwielichtig aussehender Anfangsdreißiger in Breeches und umgefärbter Uniformjacke näherte sich auf einem Krad dem ausgedehnten Auengehölz, das sich südwestlich des Abtsdorfer Sees erstreckte. Am Rand der Erlenwildnis brachte er das Motorrad zum Stehen, saß ab und verbarg das Fahrzeug in einem Dickicht. Ganz in der Nähe setzte er sich auf einen Stein und drehte sich mit nervösen Handbewegungen eine Zigarette. Hastig rauchte er, kaum hatte er die Kippe ausgedrückt, tauchte ein zweiter Mann auf einem Fahrrad auf. Auch das Veloziped wurde versteckt, dann gingen die beiden tiefer in das Waldstück, bis sie eine Senke erreichten, die vom Saum des Forstes her nicht eingesehen werden konnte.
Dort zog der Kradfahrer ein kleines, in Ölpapier eingeschlagenes Päckchen aus der Innentasche seiner Jacke und reichte es dem anderen. Der öffnete es, begutachtete gierig den Inhalt, nickte und brachte seinerseits ein dickes Bündel Geldscheine zum Vorschein. Der Mann in den Breeches griff hastig zu und begann die Banknoten zu zählen. Zwei, drei Sekunden musterte ihn der andere Kerl dabei scharf – urplötzlich hatte er einen Dolch in der Faust und stieß blitzschnell zu. Die scharfe Klinge durchbohrte das Herz des Ahnungslosen; er war tot, noch ehe er schwer ins Dickicht stürzte.
Sein Mörder nahm das Geld wieder an sich und verwahrte es zusammen mit dem Gegenstand, den er dem anderen geraubt hatte. Ein Schein freilich flatterte, ohne daß der Verbrecher es bemerkte, zu Boden; ebenso blieb das Ölpapier auf der Walderde liegen. Von der Leiche hingegen war wenig später keine Spur mehr zu sehen. Sie lag jetzt unter einem niedergebrochenen Baumstamm; zusätzlich hatte der Meuchelmörder einen Berg altes Laub über den blutüberströmten Körper gehäuft. Jetzt verschwand er dorthin, wo die Fahrzeuge versteckt waren. Er ließ das Fahrrad, mit dem er gekommen war, zurück, schwang sich statt dessen auf das Krad und fuhr rasch davon.

Acht Tage nach der Mordtat näherte sich dem Baugrundstück an der Freilassinger Jennerstraße ein dunkelblau lackierter Opel P4 und stoppte nahe der Bretterhütte. Alois Irlmaier, der sich an diesem Morgen mit Maurerhammer und Kelle am Fundament des seit 1939 ruhenden Rohbaues zu schaffen machte, blickte erstaunt auf. Gleich darauf sah er zwei ihm unbekannte Männer in grauen Anzügen aus dem PKW aussteigen und mit ernsten Gesichtern herankommen.

»Kriminalinspektor Färber aus Traunstein«, stellte sich der eine vor. »Das ist mein Assistent Höllerer. Sie sind bestimmt der Brunnenbauer und Hellseher, von dem man so viel hört, und wir bräuchten Ihre Unterstützung in einer besonderen Sache, die ...«

»So, von der Kripo seid ihr?« unterbrach ihn Alois. »Für Recht und Ordnung sollt ihr sorgen – doch gleichzeitig benutzt ihr ausgerechnet den Opel dort drüben als Dienstfahrzeug! Was wollt ihr denn bei mir mit eurem gestohlenen Wagen?«

»Gestohlen?!« empörte sich der Assistent. »Hüten Sie Ihre Zunge, Herr Irlmaier, sonst ...«

»Der PKW ist seinem rechtmäßigen Besitzer illegal weggenommen worden!« beharrte der Einundfünfzigjährige. »Vor ungefähr vier Wochen ist das Unrecht geschehen, allerdings nicht in Traunstein, sondern in Rosenheim ...«

»Wenn Sie jetzt noch einmal eine derart infame Behauptung aufstellen, werden Sie dafür geradestehen müssen!« drohte der Beamte namens Höllerer. »Ich werde dann dafür sorgen, daß Sie ...«

»Nein, laß gut sein!« fiel ihm sein Vorgesetzter ins Wort. »Ich vergaß es dir zu sagen, weil wir während der ganzen Fahrt hierher mit unserem Fall beschäftigt waren. Aber heute früh, bevor du aufs Revier kamst, informierte mich der Amtmann darüber, daß der Opel in Rosenheim tatsächlich ohne gesetzliche Handhabe beschlagnahmt wurde, ehe man ihn unserer Dienststelle zur Verfügung stellte. Die Rosenheimer Kollegen dachten, sein Besitzer sei in Schwarzmarktgeschäfte verwickelt, doch gestern stellte sich heraus, daß er unschuldig ist. Wir müssen also den Wagen bei nächster Gelegenheit zurückgeben.«

Während der Assistent mit offenem Mund dastand, wandte

sich der Inspektor wieder an den Sensitiven: »Es ist unglaublich! Soeben lieferten Sie uns, ohne es zu wollen, einen Beweis für Ihre ganz erstaunlichen hellseherischen Fähigkeiten! Und deshalb war es bestimmt sehr gut, daß wir uns, auf den Rat eines meiner Bekannten hin, entschlossen haben, Sie um Hilfe bei der Aufklärung eines mutmaßlichen Gewaltverbrechens zu bitten. Mit den üblichen Methoden kommen wir nämlich seit einer Woche keinen Schritt weiter ...«

Alois Irlmaier legte sein Werkzeug beiseite, führte die Beamten zur Bretterhütte, setzte sich an den Tisch und forderte seine Besucher auf, ebenfalls Platz zu nehmen. Erst dann erkundigte er sich: »Was ist passiert?«

Höllerer, der seinen Fehler offenbar wieder gutmachen wollte, berichtete eilfertig: »Es geht um einen Mann mit Namen Josef Stangassinger, der vermutlich ermordet wurde. Vor zwei Wochen kam er auf einem Krad in Traunstein an und mietete sich ein Zimmer in einer kleinen Pension. Dort verhielt er sich zunächst völlig unauffällig, trotzdem gewann die Wirtin den Eindruck, er sei auf irgendeine Weise in dunkle Geschäfte verwickelt. Denn einige Male hatte er Besuch von ebenfalls nicht ortsansässigen Kerlen, die laut Aussage der Vermieterin wie Schieber oder sonstige Kriminelle aussahen ...«

»Auf solche Typen trifft man derzeit auf Schritt und Tritt«, versetzte Alois grimmig.

»So ist es«, pflichtete der Inspektor ihm bei und setzte die Erzählung des Assistenten fort: »Vor acht Tagen nun wirkte Stangassinger beim Frühstück seltsam erregt. Als die Pensionsinhaberin ihn darauf ansprach, sagte er ihr, er habe heute ein wichtiges Geschäft zu tätigen, bei dem sehr viel für ihn auf dem Spiel stehe. Er werde zu diesem Zweck einige Stunden unterwegs sein; bis er zurückkehre, solle die Frau seine Rechnung fertigmachen, weil er unmittelbar darauf abzureisen gedenke. Wenig später fuhr er mit seinem Motorrad davon, und da er weder an diesem noch am folgenden Tag wieder auftauchte, erstattete die Wirtin schließlich Vermißtenanzeige.«

»Könnte es denn nicht sein, daß er die Frau einfach um ihr Geld betrügen wollte?« fragte der Brunnenbauer.

»Das dachten wir zunächst auch«, räumte der Kriminalassistent

ein. »Aber als wir Stangassingers Zimmer durchsuchten, stellte sich heraus, daß er dort Kleider und verschiedene Wertgegenstände wie zum Beispiel eine Kamera zurückgelassen hatte, was ein Zechpreller auf gar keinen Fall tun würde.«
»Der Mann muß infolgedessen daran gehindert worden sein, nach Traunstein zurückzukommen«, erklärte nun wieder der ältere Beamte. »Und da er mittlerweile bereits länger als eine Woche vermißt wird, spricht alles für ein Gewaltverbrechen. Wir haben den dringenden Verdacht, daß Josef Stangassinger, der wahrscheinlich ein Schwarzhändler oder Hehler war, ermordet wurde. Das können wir freilich nur dann beweisen, wenn wir seine Leiche finden. Deshalb sind wir zu Ihnen gekommen, Herr Irlmaier, weil Sie uns möglicherweise mit Ihrer hellseherischen Gabe weiterhelfen könnten ...«
Ein paar Sekunden starrte Alois wie geistesabwesend ins Leere, dann erkundigte er sich: »Könnt ihr mir eine Beschreibung des Mannes geben?«
»Stangassinger ist zweiunddreißig Jahre alt, dunkelblond, braunäugig und untersetzt«, erwiderte der Assistent. »An dem Tag, als er verschwand, trug er Breeches und eine umgefärbte Uniformjacke. Bei dem Motorrad, das er fuhr, handelt es sich um eine Maschine der Marke BMW, wie sie im Krieg häufig von den motorisierten Kradmeldern benutzt wurden.«
»Habt ihr irgend etwas bei euch, das dem Vermißten gehörte?« wollte der Sensitive nunmehr wissen.
Der Inspektor brachte eine Krawatte zum Vorschein, reichte sie Irlmaier und erläuterte: »Mein Bekannter, der mir riet, nach Freilassing zu fahren, sagte mir, daß Sie wohl einen persönlichen Gegenstand benötigen würden.«
Alois legte den Binder vor sich auf den Tisch, ließ die schwieligen Finger behutsam über den Stoff gleiten und konzentrierte sich. Seine Augen wurden zu schmalen Schlitzen, etwas Undefinierbares irisierte in seinen Pupillen; gleich darauf stieß der Visionär stockend hervor: »Drei Fußstunden von hier ... An einem kleinen See ... Ja, am Abtsdorfer See ist es ... Da liegt die Leiche im Auengehölz ... Im Südwesten des Gewässers ... Unter einem niedergestürzten Baum ... Und einem großen Haufen Laub ... Dort ist der Tote mit der Stichwunde in der Brust ver-

scharrt ... Da liegt er, mit der silbernen Platte im Bauch ... Dort findet ihr ihn ...«
Die Trance wich von Alois Irlmaier, in derselben Sekunde stieß der Kriminalinspektor hervor: »Eine silberne Platte im Bauch?! Was, um Himmels willen, soll das bedeuten?!«
»Mehr kann ich euch nicht sagen«, entgegnete der Sensitive erschöpft. »Aber es wird sich alles aufklären, sobald ihr den Ermordeten gefunden habt.«
Wenig später verabschiedeten sich die beiden Beamten, fuhren zur Freilassinger Polizeistation und mobilisierten die dortigen Gendarmen, zu denen auch ein Hundeführer gehörte. Noch am selben Tag wurde der Leichnam unweit des Abtsdorfer Sees entdeckt und geborgen. Ebenso stöberte der Spürhund den Geldschein und das Stück Ölpapier auf, die der Raubmörder verloren hatte; außerdem wurde das Fahrrad des Täters im Dickicht gefunden. Aufgrund dieser Indizien sowie weiterer Spuren konnte der Hergang des Verbrechens weitgehend rekonstruiert werden; rätselhaft blieb allerdings vorerst die Aussage des Hellsehers hinsichtlich der Silberplatte.
Dann jedoch, achtundvierzig Stunden nach dem ersten Besuch auf dem Baugrundstück an der Jennerstraße, erschien der Inspektor namens Färber abermals dort, informierte Alois Irlmaier über den Erfolg der Ermittlungen und klärte anschließend auch das vermeintliche Mirakel auf.
»Gestern wurde der Tote seziert«, berichtete er. »Dabei fand der Pathologe in der Tat ein silbernes Implantat unter dem Bauchfell des Ermordeten. Es wurde ihm während des Krieges eingesetzt, um die Folgen einer schweren Verwundung zu lindern, wie wir inzwischen von Münchner Angehörigen Stangassingers erfuhren, die mit Hilfe der bei ihm gefundenen Papiere ausfindig gemacht werden konnten.«

***

Nachdem der Brunnenbauer von Freilassing auf dermaßen spektakuläre Weise zur Auffindung des Ermordeten am Abtsdorfer See beigetragen hatte, war es kein Wunder, daß die Kriminalpolizei auch während der folgenden Jahre immer wieder

Rat bei ihm suchte. Und bald waren es nicht mehr nur bayerische Beamte, die zu ihm kamen, sondern zunehmend auch solche aus anderen deutschen Regionen. So etwa im Fall eines Kapitalverbrechens, das sich einige Jahre nach dem Krieg in Stuttgart ereignete.
Bereits seit Monaten hatte es in einer Villa am Stadtrand häufig Streit zwischen den dort lebenden Eheleuten gegeben: einem wohlhabenden Paar, das einen großen Teil seines Vermögens über die Wirren der Nachkriegszeit hinweggerettet hatte. Dutzende Male war es zwischen dem Geschäftsmann und seiner Gattin zu unschönen Auftritten, auch in der Öffentlichkeit, gekommen – eines Morgens dann fand das Dienstmädchen seine Arbeitgeberin leblos in ihrem Boudoir auf. Die Kriminalpolizei stellte fest, daß die Frau erwürgt worden war; ihr Gemahl wiederum war spurlos verschwunden, weshalb der Tatverdacht sofort auf ihn fiel.
Schließlich wurde der angetrunkene Geschäftsmann in einem Lokal dingfest gemacht und während der folgenden Tage fast pausenlos verhört. Doch obwohl die Indizien gegen ihn sprachen, stritt er den Mord hartnäckig ab und beteuerte unaufhörlich seine Unschuld. Zuletzt bat er inständig darum, den Freilassinger Hellseher hinzuzuziehen; der Brunnenbauer sei der einzige, der die wahren Hintergründe der Bluttat aufklären könne. Der Untersuchungsrichter, der ohnehin am Ende seiner Weisheit angelangt war, gab dem Ansinnen nach und ließ den Mordverdächtigen von zwei Gendarmen in die oberbayerische Kleinstadt bringen.
Auch an diesem Samstagnachmittag arbeitete Alois Irlmaier am Rohbau des Hauses an der Jennerstraße, dessen erstes Stockwerk mittlerweile hochgezogen war. Sein Sohn, welcher inzwischen seine noch vor dem Krieg begonnene Ausbildung als Dreher abgeschlossen hatte und jetzt die Woche über ebenfalls als Installateur tätig war, ging ihm dabei zur Hand. Zusammen mit dem Vater hievte er soeben einen Balken hoch, als die Limousine mit dem auswärtigen Kennzeichen unter den Holzapfelbäumen am Rand des Areals stoppte. Entlang einiger Gemüsebeete, die Maria im vergangenen Herbst auf dem Grundstück angelegt hatte, kamen die beiden Stuttgarter Gen-

darmen, der Ehemann der Ermordeten und dazu zwei Freilassinger Polizisten heran. Einer der ortsansässigen Uniformierten weihte den Brunnenbauer in das Anliegen der Fremden ein; wenig später begleiteten dieser Gendarm und dessen Stuttgarter Kollegen den Sensitiven in die Bretterhütte, während der gefesselte Untersuchungshäftling unter Bewachung des zweiten Freilassinger Polizisten draußen warten mußte.
Die schwäbischen Beamten legten Alois Irlmaier ein Lichtbild vor, das die Tote und ihren Gatten in glücklicheren Tagen zeigte. Kaum hatte der Hellseher einen Blick auf das Foto geworfen, platzte er heraus: »Nein, nein! Der da hat sie nicht umgebracht! Das war ein anderer – tut mir das andere Bild her, das ihr noch dabei habt!«
»Woher wissen Sie denn von dieser zweiten Fotografie?!« kam es verblüfft von einem der Polizisten aus Stuttgart. »Wir haben doch kein Wort davon erwähnt!«
»Hauptsache, du hast es in deiner Aktentasche«, erwiderte der Brunnenbauer. »Und jetzt gib es mir endlich!«
Der Gendarm holte das Foto aus der Mappe. Es war während des Begräbnisses der Ermordeten aufgenommen worden; Dutzende von Trauergästen scharten sich um die Gruft, wo die wohlhabende Frau ihre letzte Ruhestätte gefunden hatte. Angestrengt fixierte Irlmaier das Lichtbild, endlich deutete er auf einen Mann im Hintergrund und erklärte: »Der da ist's gewesen! Der hat sie umgebracht! Er hat ihren Schmuck gestohlen, einen Ring und einen Fotoapparat. – Aber das hättet ihr schon selbst rausbringen können! Ihr habt ja ein Schreiben daheim, da steht's drauf. Der da hat einer anderen Frau was geschenkt von dem gestohlenen Zeug. Zu der geht ihr hin, dann erwischt ihr ihn, den Richtigen!«
Unmittelbar nachdem er ihnen diese Auskunft gegeben hatte, begleitete Alois die verdutzten Gendarmen nach draußen, trat auf den Untersuchungshäftling zu und versicherte ihm: »Du wirst deine Handschellen bald los sein! Höchstens zwei Tage dauert es noch, bis deine Unschuld bewiesen ist!«
Dem Gefesselten standen die Tränen in den Augen; die Polizisten, welche ihn gleich darauf zurück zum Wagen brachten, behandelten ihn jetzt deutlich rücksichtsvoller als zuvor.

Nach Stuttgart zurückgekehrt, befolgten die Kriminalbeamten den Rat des Brunnenbauers und vertieften sich noch einmal in ihre Akten. In einem der Ordner stießen sie auf einen anonymen Brief, den sie bislang kaum beachtet hatten. In diesem Schreiben wurde einer bestimmten Frau vorgeworfen, sie sei auf unrechtmäßige Weise in den Besitz eines wertvollen Ringes gelangt. Als die Kripo daraufhin die Wohnung der Betreffenden durchsuchte, das bewußte Schmuckstück sicherstellte und es dem Ehegatten der Ermordeten vorlegte, identifizierte dieser den Ring als Eigentum seiner toten Gemahlin. Noch am selben Tag gestand die Frau, in deren Besitz sich das Raubgut gefunden hatte, daß sie den Schmuck von ihrem Liebhaber geschenkt bekommen habe. Der Mann wurde verhaftet, und angesichts der eindeutigen Beweislage blieb ihm zuletzt nichts anderes übrig, als den Raubmord in der Villa am Stadtrand zuzugeben.
Während der Verbrecher ins Polizeigefängnis abgeführt wurde, betrachteten die beiden Kriminalbeamten, die in Freilassing gewesen waren, noch einmal jene zweite Fotografie, die sie Alois Irlmaier auf dessen Verlangen hin vorgelegt hatten. Sie taten es mit einem gewissen Schaudern, denn der Mann ganz hinten in der Gruppe der Trauernden, auf den der Hellseher damals gedeutet hatte, war derselbe, der jetzt für viele Jahre ins Zuchthaus gehen würde.

***

Ein weiterer Fall, den der Sensitive mit dem kantigen Gesicht und den dunklen, fast schwarzen Augen löste, sorgte – ebenfalls während der ersten Nachkriegsjahre – in der Schweiz für Aufsehen.
Am hellichten Tag drangen zwei Kriminelle durch einen Hintereingang in eine Zürcher Bank ein, gelangten unbemerkt in das Büro des Direktors und überwältigten ihn. Gefesselt und geknebelt wurde der zweiundsechzigjährige Mann zur Gasse an der Rückseite des Bankgebäudes geschleppt, wo die Verbrecher einen Wagen abgestellt hatten. In diesem PKW brachten die Ganoven ihr Opfer zu dessen Haus etwas außerhalb von

Zürich und folterten den allein lebenden Witwer dort so lange, bis er ihnen seinen Privattresor öffnete. Die Kidnapper setzten sich auf diese Weise in den Besitz einer hohen Geldsumme und anderer Wertgegenstände, unmittelbar darauf erschossen sie den Bankdirektor. Anschließend konnten sie unerkannt entkommen und verwischten ihre Spuren dabei so perfekt, daß die Polizei - nachdem der Mord zufällig entdeckt worden war - völlig im dunkeln tappte.

Alois Irlmaier hielt sich zur selben Zeit in der Nähe von Zürich, am nördlichen Ufer des Greifensees, auf. Schon seit Tagen war er im Auftrag eines Bauern und Sägewerksbesitzers damit beschäftigt, ein System von Wasseradern zu muten. Der Grundeigentümer wollte, falls die Quellen ergiebig genug wären, ein kleines Turbinenkraftwerk errichten.

Als der Rutengänger an diesem Mittag ins Haus kam, machte ihn sein Gastgeber auf den Zürcher Kriminalfall aufmerksam und reichte ihm auch eine Zeitung, in der das Verbrechen in allen Einzelheiten geschildert wurde. Alois überflog den Artikel, dann starrte er lange auf ein Portrait des Bankdirektors, das ebenfalls abgebildet war. Über der Nasenwurzel des Sensitiven erschien die tiefe, runenartige Kerbe; unvermittelt wandte er sich schließlich an den Hausherrn und verlangte von ihm: »Gleich nach dem Essen mußt du deinen Wagen aus der Garage holen und mich nach Zürich fahren!«

»Warum denn das?« wunderte sich der Sägewerksbesitzer.

»Weil die dortige Kripo mich braucht«, erwiderte Irlmaier.

Eine halbe Stunde später waren die beiden Männer bereits unterwegs und trafen nach kurzer Fahrt im Hauptquartier der Kantonspolizei am Limmatufer ein. Dort freilich stieß der Sensitive mit seinen Beteuerungen, er könne zur Festnahme der Raubmörder beitragen, zunächst auf Unverständnis. Erst als sein Begleiter den Beamten darlegte, daß der Brunnenbauer dank seiner hellseherischen Gabe schon mehrmals Kapitalverbrechen aufgeklärt habe, wurden die Besucher ins Büro des zuständigen Kommissars geführt. Der wiederum hatte erst kürzlich in einer Fachzeitschrift über den Freilassinger gelesen, zeigte sich deshalb durchaus aufgeschlossen und bat Irlmaier ausdrücklich um dessen Hilfe.

Alois legte die Zeitung, die er vom Sägewerk mitgebracht hatte, auf den Schreibtisch, deutete auf das Konterfei des Ermordeten und erklärte: »Das Foto da im Journal ist nicht stark genug. Ich kann etwas flimmern sehen, doch die Bilder formen sich nicht richtig aus. Ihr habt aber hier im Präsidium das Original der Aufnahme. Das brauche ich, wenn ich sagen soll, wer die Mörder sind und wo sie sich aufhalten.«

Der Kriminalkommissar ließ das betreffende Lichtbild holen. Irlmaier, der dem Beamten jetzt gegenübersaß, fixierte das Konterfei; erneut kerbte sich die tiefe Falte zwischen seinen Brauen ein, und auf seiner hohen Stirn glitzerten feine Schweißperlen. Nach etwa einer Minute dann kamen stockend die Sätze: »Zwei Kerle sind es gewesen, die den Bankdirektor umgebracht haben ... Der eine ist ein Schweizer, der andere ein Italiener ... Beide ungefähr dreißig Jahre alt ... Der Italiener ist klein und untersetzt ... Trägt einen Schnurrbart ... Hat auf dem einen Oberarm eine Tätowierung ... Ein Dolch ist's, um den sich eine Schlange ringelt ... Der Schweizer ist gut zwei Köpfe größer als der andere und dunkelblond ... Im Krieg war er bei den Grenztruppen ... Hat damals einen Unfall gehabt ... An der linken Hand fehlt ihm der vordere Teil des Mittelfingers ...«

Während der Sägewerksbesitzer wie gebannt lauschte, stenographierte der Kommissar jedes Wort mit – auch das, was der Präkognitive nunmehr hervorstieß: »Von dem Haus, wo sie ihr Opfer gefoltert und erschossen haben ... sind die Verbrecher weiter nach Süden gefahren ... Über Adliswil in die Nähe von Baar ... Dort haben sie ihren Wagen in einem Schuppen versteckt ... Und sind mit der Bahn weiter nach Schwyz ... Von dieser Stadt aus haben sie sich zu Fuß in die Berge geschlagen ... Illgau heißt das Dorf, südöstlich von Schwyz liegt es ... Drei Stunden oberhalb des Ortes, am Berg Hoch-Ybrig ... gibt es eine Almhütte, die dem Dunkelblonden gehört ... Dort haben sie sich verborgen, samt ihrer Beute ... Und wollen abwarten, bis Gras über die Sache gewachsen ist ...«

Damit brach Alois Irlmaier ab, wie stets nach einer Schauung wirkte er zittrig und ausgelaugt. Aber er nickte nachdrücklich, als der Kriminalbeamte nun entschied: »Ich werde die Fahndung nach den Mördern sofort in die Wege leiten!«

Tatsächlich war die Razzia in der Bergwildnis am Hoch-Ybrig erfolgreich. Noch in der Abenddämmerung desselben Tages wurden die Verbrecher überrumpelt und gestanden, nachdem die Gendarmen außerdem das Raubgut sichergestellt hatten, die grausame Bluttat. Und auch die Beschreibung, die der Brunnenbauer aus Freilassing von ihnen gegeben hatte, traf bis ins Detail zu; selbst die Tätowierung des Italieners und die fehlende Fingerkuppe des Schweizers entsprachen der Realität.

***

Nicht weniger deutlich waren die Hinweise des Sensitiven in einem vierten Mordfall, so daß auch dieses Verbrechen – welches sich 1948 wieder in Bayern zutrug – restlos aufgeklärt werden konnte.
Im Spätsommer des genannten Jahres stand der Rohbau des Wohnhauses an der Jennerstraße beinahe fertig da. An diesem sonnigen Septembernachmittag war Alois Irlmaier damit beschäftigt, einen der Dachgiebel aufzumauern. Am Fuß des Gebäudes bereitete Maria die Ziegel vor, rührte den Mörtel an und hievte die Lasten mit Hilfe eines einfachen Flaschenzuges zu ihrem Mann hinauf. Ihre jetzt beinahe schon achtjährige Tochter Rita unterstützte sie dabei so gut sie konnte – doch nun stutzte das Mädchen plötzlich und machte seine Mutter auf das Taxi aufmerksam, das in diesem Moment unter den Holzapfelbäumen auftauchte.
Gleich darauf, während der Wagen wartete, kam eine gut gekleidete, aber bedrückt aussehende blonde Frau mittleren Alters zum Bauplatz und wandte sich an Maria: »Ich suche den Hellseher, der bereits so vielen Menschen geholfen hat.«
Es dauerte ein paar Minuten, bis Alois das begonnene Steingefüge fertiggestellt hatte und vom Gerüst kletterte. Danach führte er die Fremde zur Bretterhütte, bot ihr den üblichen Platz auf dem Schemel an und erkundigte sich nach ihrem Anliegen.
»Ich stamme aus Berlin«, begann die Blonde. »Bis kurz vor Kriegsende betrieben mein Gatte und ich dort eine Drogerie. Ende 1944 jedoch fiel das Haus, in dem sich unser Geschäft und unsere Wohnung befanden, einem Bombenangriff zum

Opfer. Ich hielt mich zu diesem Zeitpunkt allein dort auf, wurde für mehrere Stunden im Keller verschüttet, dann aber geborgen. Als mein Gemahl nach der Entwarnung zurückkehrte, befand ich mich schon in einem Notlazarett. Wenn er gewollt hätte, wäre es ihm bestimmt möglich gewesen, mich dort ausfindig zu machen, doch er ...«
»Benutzte die günstige Gelegenheit, um dich zu verlassen, nicht wahr?« kam es mitleidig von dem Sensitiven.
»So war es!« schluchzte die Frau. »Er setzte das Gerücht in die Welt, ich sei ums Leben gekommen; angesichts des Chaos, das damals herrschte, konnte kaum jemand die Wahrheit seiner Worte nachprüfen. Anschließend löste er unsere gemeinsamen Bankkonten auf und verschwand nach Bayern. Kurz nach dem Ende des Krieges eröffnete er in Traunstein eine Drogerie und betreibt sie seitdem mit gutem Erfolg. Von Anfang an stand ihm dabei eine junge Frau zur Seite, die er wohl gleich nach seiner Ankunft kennengelernt hatte. Sie heißt Paula, arbeitete zunächst als Angestellte und bald als Geschäftsführerin für ihn, bis er sie schließlich auch noch zu seiner Geliebten machte. Sogar die Heirat hatte er ihr bereits versprochen, bevor ich durch Zufall von alldem erfuhr ...«
Erneut schossen der Berlinerin die Tränen in die Augen, erst nach geraumer Zeit konnte sie weitersprechen: »Der Schock war furchtbar, aber dann beschloß ich, trotzdem um meinen Mann zu kämpfen. Ich reiste nach Traunstein und stellte ihn zur Rede. Insgeheim hatte ich gehofft, er würde zumindest Scham empfinden, und falls es so gewesen wäre, hätte ich ihm wahrscheinlich verzeihen können. Doch von seiner Seite schlug mir nichts als Kälte entgegen. Zynisch erklärte er mir, er liebe einzig und allein diese Paula und wolle mit ihr ein neues Leben beginnen. Als ich ihm vorhielt, daß wir noch immer verheiratet seien und ich keine Scheidung wolle, schleuderte er mir entgegen, sein Anwalt werde mich schon zur Einverständniserklärung zu zwingen wissen. Während der folgenden Wochen, die ich in einem Traunsteiner Hotel verbrachte, kam es zu weiteren schweren Auseinandersetzungen zwischen uns. Gleichzeitig unternahm mein Mann tatsächlich erste Schritte mit dem Ziel, die Ehe auflösen zu lassen ...«

»Seine Geliebte ist die treibende Kraft!« unterbrach Alois Irlmaier. »Sie setzt alles daran, ihn aufs Standesamt zu schleppen, weil sie auf sein Vermögen scharf ist.«
»Diese Paula ist ein tückisches Biest!« bekräftigte die gedemütigte Frau. »Sie erpreßt ihn mit der Drohung, den amerikanischen Besatzungstruppen seine SS-Vergangenheit aufzudecken. Mein Gemahl hat seine Zugehörigkeit zu dieser Organisation nämlich auf dem Entnazifizierungs-Fragebogen verschwiegen.« Abermals schluchzte sie auf. »Und gerade deswegen fühle ich mich selbst so hilflos! Ich weiß mir beim besten Willen keinen Rat mehr!«
»Hast du ein Foto von deinem Ehemann mitgebracht?« fragte der Brunnenbauer.
Die Berlinerin nickte, holte das Lichtbild aus ihrer Handtasche und legte es auf den grob zusammengezimmerten Tisch.
Kaum hatte der Sensitive sich konzentriert, schien er zu erschrecken, gleich darauf murmelte er: »Am besten unternimmst du im Moment gar nichts in der Angelegenheit. Das Problem wird sich von selbst lösen, weil dein Gatte nur noch kurze Zeit zu leben hat. Ganz deutlich erkenne ich an ihm schon den jenseitigen Schleier ...«

***

Kaum einen Monat später verstarb der Drogist, der auf so herzlose Weise versucht hatte, sich in Traunstein eine neue Existenz zu schaffen.
Bei der Testamentseröffnung mußte die Witwe einen weiteren schweren Schlag verkraften, denn ihr Gatte hatte das gesamte Vermögen seiner jungen Geliebten hinterlassen, der er offenbar hörig gewesen war. In ihrer Verzweiflung konsultierte die Berlinerin den Freilassinger Hellseher erneut, und wieder fixierte Irlmaier die Fotografie, die schon einmal auf dem Tisch in der Baubude gelegen hatte. Lange starrte er diesmal auf das Konterfei des Verstorbenen, zuletzt machte er seiner Besucherin eine schockierende Eröffnung.
»Ich sehe deinen Mann im frischen Grab liegen ...«, stieß er mit rauher Stimme hervor. »In seinem Bauch sind Gifttabletten!

Wenn du ihn ausgraben läßt, erfährst du noch mehr! Dreimal ist es passiert! Und ich sehe eine große Schwarze dabei! Die hat es ihm gegeben!«

Nachdem sie das gehört hatte, war die Witwe einem Zusammenbruch nahe. Alois Irlmaier kümmerte sich um sie, so gut er konnte; zuletzt führte er sie zurück zu dem Taxi, das ebenso wie bei ihrem ersten Besuch unter den Holzapfelbäumen wartete.

Am nächsten Tag befolgte die Berlinerin den Rat des Sensitiven. Sie ging zur Traunsteiner Staatsanwaltschaft und beantragte – unter Hinweis auf die Schauung des Brunnenbauers – eine Obduktion der Leiche. Da man auch bei dieser Behörde längst um Irlmaiers paranormale Gabe wußte, gab man dem Ansinnen statt; noch in derselben Woche wurde der Tote exhumiert und in die Pathologie gebracht. Als die Ärzte den Körper sezierten, entdeckten sie im Magen- und Darmtrakt eine dermaßen starke Arsen-Konzentration, daß an einem Giftmord kein Zweifel mehr bestehen konnte.

Sofort ließ der Ermittlungsrichter die Geliebte des Ermordeten verhaften; jene junge Frau namens Paula, welche in den Monaten vor dem Ableben des Drogisten Tisch und Bett mit ihm geteilt hatte. Im selben Moment, da sie vor ihn hintrat, stutzte der Staatsanwalt verblüfft – denn die Tatverdächtige sah genauso aus, wie der Hellseher bei der zweiten Séance in Freilassing die Giftmörderin beschrieben hatte: Sie war auffallend groß gewachsen und schwarzhaarig.

Nach scharfem Verhör gestand die junge Frau, die um ihres eigenen Vorteils willen so skrupellos in die Ehe des Geschäftsmannes eingebrochen war, das Kapitalverbrechen. Mehr noch: Aufgrund dieses Geständnisses wurde auch deutlich, was der Brunnenbauer mit dem rätselhaften Satz »Dreimal ist es passiert!« gemeint hatte. Bei drei verschiedenen Gelegenheiten nämlich hatte die Meuchelmörderin dem Drogisten das Arsen heimlich verabreicht. Das erste Mal war es auf einer gemeinsamen Bergtour geschehen; danach im Traunsteiner Krankenhaus, in das der bereits leidende Mann eingeliefert worden war. Die dritte und tödliche Dosis schließlich hatte er unwissentlich in seiner eigenen Wohnung zu sich genommen, nachdem seine mörderische Geliebte ihn dazu überredet hatte, die Klinik wieder zu verlassen und sich von ihr pflegen zu lassen ...

***

Während der Mordprozeß über die bayerischen Grenzen hinaus für Aufsehen sorgte, schritt der Bau des Wohnhauses an der Freilassinger Jennerstraße weiter voran. Mitte Oktober dieses Jahres 1948 war der Dachstuhl aufgesetzt und das zweistöckige Gebäude eingedeckt, so daß die noch unverputzten Mauern den Winter über gut würden austrocknen können. Weil jetzt zudem – nach der im vergangenen Juni durchgeführten Währungsreform und der Einführung der DM – auch die Aufträge für Brunnengrabungen und Installationen wieder reichlich hereinkamen, hätte Alois Irlmaier sein Dasein eigentlich gelassener angehen und ruhiger als seit langem in die Zukunft blicken können.
Denn der herbstliche Lebensabschnitt des nunmehr Vierundfünfzigjährigen und seiner Ehegattin schien gesichert. Der gesund aus dem Krieg heimgekehrte Sohn würde den Betrieb später einmal weiterführen; ebensowenig mußten die Eltern sich um die älteste Tochter Maria sorgen, die mittlerweile in Rosenheim verheiratet war. Bestimmt würde bald auch die zu einer hübschen jungen Frau herangewachsene Elisabeth den richtigen Mann finden, doch dann würde den Alten noch immer die kleine Rita bleiben: das 1940 geborene Nesthäkchen der Familie, das der besondere Liebling des Handwerkers mit dem kantigen Gesicht und den außergewöhnlichen sensitiven Fähigkeiten war.
Wenn Alois Irlmaier trotz dieser positiven Perspektiven jetzt häufiger denn je nervös und abgespannt wirkte, dann deswegen, weil er mit den Menschen, die ihm am meisten bedeuteten, nur selten einmal ein paar unbeschwerte Stunden teilen durfte. Bereits während des Krieges war er immer wieder bis an seine physischen und vor allem psychischen Grenzen gegangen, um den vielen tausend Ratsuchenden zu helfen, die ihn in der Bretterhütte aufgesucht hatten. Er hatte es getan, obwohl das Leid der anderen ihm oft genug das Herz zerriß; insgeheim hatte er

stets gehofft, der Ansturm würde nach dem Sturz des Hitlerregimes allmählich versiegen, so daß er endlich wieder Ruhe finden könnte. Statt dessen jedoch war der Druck, der zusätzlich zu seiner gewöhnlichen Arbeit auf ihm lastete, seit dem Frühjahr 1945 keineswegs gewichen, und eines Nachts, im Dunkel der Schlafkammer, vertraute Alois seiner Frau an, wie es um ihn stand.

»Ich ertrage es nicht mehr!« brach es aus ihm heraus. »Sechs Jahre lang, vom ersten bis zum letzten Tag des Weltkrieges, erschaute ich ununterbrochen den Tod! So viele Fotografien und so viele Schleiergestalten – und es will bis heute kein Ende nehmen! Damals waren es die Soldaten an der Front, jetzt sind es die Kriegsgefangenen, die noch immer in den sowjetischen Lagern sterben! Die in Sibirien erfrieren oder verhungern, und ich sehe die milchigen Schatten und muß es ihren Angehörigen sagen! Erst gestern wieder erlitt eine Mutter vor meinen Augen einen Nervenzusammenbruch; aus Hannover war sie gekommen, und ich mußte ihr das Schreckliche mitteilen! Und draußen vor der Hütte warteten Dutzende andere; eine ganze Schlange, bis hinüber zur Straße! Dazu die Reporter mit ihren Kameras und Notizblöcken, die kein Herz und kein Verständnis für die Qual der Menschen haben; diese Aasgeier, denen es einzig um die Sensation geht ...«

»Besonders denen verdankst du es, daß du kaum noch einen unbeobachteten Schritt tun kannst!« fiel Maria erregt ein. »Mit dem ersten Kriminalfall, den du aufgeklärt hast, begann es; seither ist es ständig schlimmer geworden! Weil sie zu allem Überfluß auch noch andauernd unsere Adresse in ihren Blättern abdrucken!«

»Und dann kommen wieder die Briefe!« stöhnte der Vierundfünfzigjährige. »Ganze Bündel davon bringt der Postbote jeden Tag! Waschkorbweise stapeln sie sich in der Bauhütte und hier in der Wohnung! Aber ich kann sie nicht beantworten, beim allerbesten Willen nicht! Obwohl ich weiß, welche Hoffnungen die Absender auf mich setzen; wie verzweifelt sie oft auf eine Auskunft warten! Doch ich weiß auch, was mir entgegenschlägt, wenn ich die Umschläge öffne und mich auf die Fotos konzentriere: wieder das Leid und neuerlich der Tod!« Plötzlich umklammerte er die Schulter seiner Frau und keuchte: »Kann es denn niemals aufhören?! Wird es mich noch ins Grab hinein verfolgen?!«

Erschüttert zog Maria ihn an sich und barg seinen Kopf an ihrer Brust. Sie fand keine Worte, mit denen sie seine Qual hätte lindern können, aber sie konnte ihn zumindest behüten wie eine Mutter ihr Kind. Nach einer Weile meinte sie zu spüren, wie er sich ein wenig entspannte; behutsam wollte sie das Gespräch wieder aufnehmen und ihm nun doch gut zureden.

»Zusammen werden wir es schon durchstehen«, setzte sie an. »Du und ich, wir werden unseren Frieden wiederfinden, du wirst sehen ...«

Im selben Moment, da das letzte Wort fiel, verkrampfte er sich erneut. »Das Sehen!« stieß er hervor. »Die Schauungen, die aus der Finsternis dringen wollen! Sie lassen mir keinen Frieden! Sie sind schlimmer als alles! Unablässig verfolgen sie mich! Weit über das hinaus, was die Ratsuchenden oder die Polizisten von mir wollen ...«

Ächzend rang er nach Luft. »Das ist das Furchtbarste ... Die verschwommenen Bilder, die sich hinter den anderen verbergen ... Nicht die verschleierten Gestalten, sondern das, was jenseits des Nebels droht ... Das, was sich nicht wirklich greifen läßt, weil es hinter der Schwelle brodelt ... Jenseits der grauenhaften Schranke, wo drei Tage und drei Nächte Finsternis herrschen ...«

»Sei still!« Der erschrockene Aufschrei seiner Frau riß ihn zurück in die Realität. Doch nach wie vor irrlichterten die Fetzen jener traumatischen Vision durch sein Bewußtsein, die er sechs Jahre zuvor durchlitten hatte: im Mondring, wenige Wochen nachdem sein Sohn als Soldat nach Rußland gegangen war.

Die gräßliche Erinnerung verwich erst dann, als Maria ihn anflehte: »Du darfst dich und mich nicht länger mit diesen Dingen quälen! Versprich es mir!«

»Aber wie denn?! Wie kann ich es schaffen?!« flüsterte er.

»Du müßtest Abstand gewinnen«, forderte Maria. »Du solltest dich endlich einmal von allem befreien, was hier in Freilassing auf dich einstürmt. Und vielleicht wäre es auch gut, wenn sich ein Arzt um dich kümmern würde. In Wien hättest du die Möglichkeit dazu, bei deinem Bruder ...«

»Hans«, murmelte der Brunnenbauer. »Es ist Jahre her, seit ich ihn das letzte Mal gesehen habe ...«
»Ein Grund mehr, ihn wieder einmal zu besuchen«, drängte Maria. »Du könntest noch diese Woche fahren!«
Alois zögerte kurz, dann erwiderte er: »Ich werde es mir überlegen.«
Wenig später herrschte Stille in der Schlafkammer. Regelmäßig ging der Atem der schlafenden Frau; ihr Gemahl hingegen lag noch lange wach, bis er zuletzt, ehe auch ihn die Müdigkeit übermannte, einen Entschluß faßte.
Am Morgen teilte er Maria mit, daß er gleich am nächsten Tag verreisen wolle. Mit aufleuchtenden Augen nahm sie seine Entscheidung zur Kenntnis und traf sodann die nötigen Vorbereitungen.
Gegen neun Uhr am folgenden Vormittag machte Alois Irlmaier sich auf den Weg zum Freilassinger Bahnhof. Doch er bestieg nicht den Zug nach Salzburg, von wo aus er Anschluß nach Wien gehabt hätte. Vielmehr wartete er ab, bis der Gegenzug in westlicher Richtung angekündigt wurde; dann erst ging er auf den Perron hinaus.

Die Große Schauung

Niemand hatte ihn auf dem Siegsdorfer Bahnhof und später in den Gassen des Marktfleckens erkannt. Jetzt lag der Ort bereits ein gutes Stück hinter ihm; kräftig schritt er auf der geschotterten, nach Süden führenden Fahrstraße aus. Höchstens noch eineinhalb Stunden bis Scharam, dachte er, während er den Blick über die weichen Flanken der Vorberge und das dahinter aufragende Massiv des Hochfelln schweifen ließ.
Die frische, belebende Herbstluft machte das Gehen angenehm. Ohne eine einzige Pause legte Alois die etwa acht Kilometer lange Strecke bis zu dem Dorf zurück, das einst seine Heimat gewesen war. Dann freilich, als die ersten Häuser in Sicht kamen, wurde er langsamer, bog nach ein paar Dutzend Metern

seitlich ab und folgte einem Feldweg, der in einigem Abstand um den Weiler herumlief. Oberhalb des Fleckens und am Rand einer Waldzunge kam er wieder in die Nähe der Fahrstraße, und nun war der Bruckthaler-Hof nur noch ein paar Steinwürfe entfernt. Im Sichtschutz der letzten Bäume blieb der Vierundfünfzigjährige stehen. Lange starrte er zu den wie ausgestorben daliegenden Gebäuden hinüber, welche er nach dem verheerenden Brand so mühsam wieder aufgebaut hatte – nur um sie wenig später für immer zu verlieren.

»Aber derjenige, der das Anwesen auf so tückische Weise an sich brachte, bekam seine Strafe«, murmelte er zuletzt. »Das Böse mag noch so stark sein, am Ende erntet es dennoch, was es gesät hat!«

Der Gedanke tröstete ihn. Entschlossen riß er sich los und stieg weiter bergan: der Wallfahrtskirche Maria Eck entgegen. Nach wenigen Minuten erreichte er den Saum der Hangmatte, auf der sich der Feenstein erhob. Nachdem er kurz in die Runde gespäht und sich so vergewissert hatte, daß er ganz allein hier oben war, kletterte er über den Koppelzaun und näherte sich dem Menhir.

Die unsichtbare Kraft, welche von dem Felsblock ausstrahlte, war stark wie eh und je. Prickelnd verband sie sich mit dem Strömen seines Blutes und ließ die Adern auf seinen Handrücken dick aufschwellen. Wie von selbst hoben sich die Arme des Paranormalen; gleich Sensoren wiesen seine Fingerspitzen auf den Monolithen, während er ihn – gegen den Uhrzeigersinn schreitend – langsam umkreiste. Dabei näherte er sich dem Felsen so weit, daß er die rissige Oberfläche berühren konnte. Eine Weile verharrte er reglos, schließlich löste er sich behutsam aus dem Bannkreis des Feensteins und erklomm den oberen Abschnitt der Leite, bis er sich auf Höhe der Wallfahrtskirche befand.

Die Sonne stand mittlerweile schräg, aber noch immer hoch am südwestlichen Horizont; trotz der fortgeschrittenen Jahreszeit würden noch einige Stunden bis zur Dämmerung verstreichen. Ohne innezuhalten, passierte Alois Irlmaier den Sakralbau, verschwand jenseits im Wald und wanderte entlang eines Forstweges tiefer in die Gebirgslandschaft hinein. Gegen vier Uhr

nachmittags erblickte er an der Nordflanke des Hochfelln das leicht ansteigende Plateau, welches an einer Stelle in einen jäh aufragenden Felssporn auslief.
Wenig später hatte er den abgeschiedenen Platz zwischen den Sonnensteinen erreicht; abermals fühlte er das Pulsen der Macht, die sich hier sowohl in den Monolithen als auch in den verborgenen Windungen des Erdtempels bündelte. Erneut ließ er die Kraft durch die Poren seines Leibes in sein Innerstes fließen und versetzte sich dadurch in völligen Einklang mit dem seit Jahrtausenden geheiligten Ort. Einen entrückten Ausdruck in den Augen, verließ er die heidnische Kultstätte zuletzt wieder. Beinahe schon wie in Trance stieg er noch ein gutes Stück höher, nach einer weiteren Stunde Gehzeit vernahm er das Krächzen eines Raben.
Über die Latschenkiefern hinweg, welche den Zugang zu dem schmalen schluchtartigen Einschnitt hart unterhalb des Berggipfels verbargen, schoß der große schwarze Vogel auf ihn zu, umschwirrte ihn dreimal und flog unmittelbar darauf jäh davon: zurück in die Klamm. Der Sensitive folgte ihm, drang mit fast tänzerischen Bewegungen durch das Dickicht der skurril verwachsenen Nadelgewächse. Gleich, so wußte er, würde er dort sein, von wo der andersweltliche Ruf ergangen war: an der Quelle des unwiderstehlichen Sogs, der ihn dazu bewogen hatte, auf dem uralten Pfad über den Feenstein und die Sonnenfelsen hierher zu kommen, statt dem Rat Marias zu folgen und den Zug in Richtung Wien zu besteigen.
Als er an der Peripherie des Mondringes verharrte, hatte er für einen Moment das Empfinden, die Luft würde sich verdichten und eine menschliche Silhouette ausformen: die des Eremiten, der ihm einst, in seiner Kindheit, die Pforte geöffnet hatte. Und gleichzeitig glaubte er wiederum die Worte zu hören, die Jakob ihm damals, im Herbst 1914, bei ihrem letzten Zusammentreffen gesagt hatte: »Das heilige Geflecht, welches unendlich weit über jene Zeitspanne hinausreicht, die dir oder mir in unserem gegenwärtigen Dasein zugemessen ist ... Diese ewige, liebevolle Kraft wird dich behüten ... Weil sie dir für dein späteres Leben eine Aufgabe zugedacht hat, welche dich hoch über andere Menschen erheben soll ...«

»Meine Aufgabe ...«, flüsterte er. »Der tiefste Sinn meines Lebens ...«
Mit demselben Herzschlag begriff er – mehr als dreißig Jahre, nachdem die Sätze aus dem Mund des Einsiedlers gefallen waren – alles.
Der Schock ließ ihn erzittern und seine Knie weich werden, im nächsten Moment jedoch schwand seine Schwäche schlagartig. Abermals war der Rabe über seinem Haupt; der Schrei und das Schmettern der schwarzen Schwingen schienen zu bewirken, daß die Konturen des Steinkreises in blendender Klarheit hervortraten und die Kraft der Monolithen gleich einem elektrisierenden Hieb in ihn schoß. Eben noch hatte Alois Irlmaier am Rand der dolinenartigen Eintiefung gestanden, jetzt fand er sich plötzlich innerhalb des Mondringes wieder.
Das spiralig zum Zentrum weisende Energiefeld umhüllte und leitete ihn, hob ihn aus der vermeintlichen Realität, führte ihn hinein in die Dimension hinter dem flirrenden Schleier, wo das unermeßlich Größere webte – und während er eins wurde mit der Anderswelt, wirbelte das silberne Rad Arianrhods mit den dreizehn Speichen auf ihn zu.

***

Ganz wie sechs Jahre zuvor, da die Sorge um den Sohn ihn und Maria in die Schlucht getrieben hatte, erblickte er ein tobendes Konglomerat aus Erde, Fels und Atmosphäre, das himmelwärts schoß und zum blasphemischen Pilz wurde; sodann wiederholten sich die letzten Bilder der damaligen Vision.
Nach der Katastrophe von Hiroshima herrschte für einen Augenblick gebanntes Schweigen auf dem Planeten. Doch kurz darauf gewann der Wahnsinn erneut die Oberhand. Während am Firmament Ziffern erschienen, welche die letzten Dekaden des ausgehenden Millenniums markierten, marschierten wiederum Armeen, durchpflügten Flottenverbände die Meere und stürzten sich Kampfflugzeuge auf Panzerrudel. In Ost und West liefen die Fäden zusammen; diejenigen, die sie zogen, hetzten im Kalten Krieg eine Hälfte der Menschheit gegen die andere. Auf abgelegenen pazifischen Atollen oder tief unter

dem Wüstensand Asiens wurden weitere Atombomben gezündet; gleichzeitig zerstörte maßlose Profitgier weltweit das Gleichgewicht der Natur.
Regenwälder starben, Polkappen schmolzen ab, fruchtbares Land versteppte. Tier- und Pflanzenarten, die Jahrmillionen existiert hatten, wurden ausgerottet; das heilige Geheimnis im innersten Kern des Lebens entblößt, seziert und manipuliert. Irreparabel destruierte eine irregeleitete Wissenschaft das verborgene Netzwerk des irdischen Daseins; vernichtete zudem über den arktischen und antarktischen Regionen die unsichtbaren Schutzschilde, welche die Erde bis dahin vor ultravioletter Strahlung bewahrt hatten. Fauna, Flora und dazu die Menschen verkrebsten; im Gefolge dieser Entwicklung verbreiteten sich Seuchen, für die eine nur scheinbar allmächtige Medizin keine Heilmittel mehr fand.
Zynisch jedoch wurden die unzähligen Betroffenen sowie all die anderen, welche noch zu Opfern werden sollten, über die Wahrheit hinweggetäuscht. Denn auf Erden galt in jener Epoche der Zeitenwende, da das untergehende Sternzeichen der Fische gegen das heraufdämmernde des Wassermannes kämpfte, nur noch ein Gesetz. Einzig das furchtbare Diktat der molochischen Drahtzieher zählte noch; jener maßlosen und profitgierigen Kreaturen, die jetzt global aus der Anonymität und Gesichtslosigkeit der Megastädte heraus agierten und sich über das Göttliche aufzuwerfen versuchten.
Eben als der Visionär die Fratzen dieser Ausgeburten zu erkennen glaubte, schmetterte – ungleich verheerender als der von Hiroshima – ein infernalischer Schlag auf den Planeten hernieder. Die Erde taumelte; ein grauenhaft sausender Sog entstand und saugte alle Wahrnehmung in seinen rasend wirbelnden Mahlstrom. Es dauerte lange, sehr lange, bis das Tosen verflachte; eine Stimme schien mit hallendem, endlos sich wiederholendem Schrei die Zeit zu messen: Drei Tage und drei Nächte Finsternis!
Der Mann, der zitternd und mit weit aufgerissenen Augen im Zentrum des Mondringes stand, versuchte die Schatten an der Schwelle dieses zweiundsiebzigstündigen Abgrundes zu durchdringen. Aber ehe er es schaffte, schnellte das Rad Arianrhods

ein Stück zurück. Über der Nabe glühte die Zahl 2000 auf; unmittelbar dahinter begannen Bilder zu irrlichtern und wurden präziser – dann lief eine Fülle von Szenen, die sich wie zu einem dreidimensionalen Film verknüpften, vor dem Dritten Auge des Sehers ab.

***

Im Südosten Europas mordete – einmal mehr – eine brutale Soldateska hilflose Menschen. Christliche Milizionäre feuerten auf islamische Dörfer, verfolgten die Überlebenden in Karsthöhlen und Wälder, metzelten und vergewaltigten dort noch hemmungsloser. Mit unzulänglichen Waffen leisteten Partisanen des unterdrückten Volkes Widerstand und hofften dabei auf die Hilfe der starken benachbarten Nationen. Doch deren Führer zeigten sich ohnmächtig; korrumpiert von denen, die am Krieg profitierten, duldeten sie den Genozid. Ihre heuchlerischen Friedensbemühungen erschöpften sich in sinnlosen diplomatischen und halbherzigen militärischen Aktionen – bis einige Moslems zu einem letzten verzweifelten Mittel griffen.
Eine Kolonne schwerer Limousinen fuhr durch eine der Hauptstädte des Balkans. Urplötzlich fielen Schüsse und detonierten Handgranaten. Mehrere der Fahrzeuge verkeilten sich ineinander; auf den Sitzen des größten Wagens verblutete ein Politiker, dessen Name weltweit bekannt war. Die beiden Attentäter konnten mit knapper Not entkommen; von negroidem Typus war der kleinere, der andere von hellerer Hautfarbe.
In wilder, selbstgerechter Empörung rotteten sich auf den Plätzen der westlichen Welt die Bürger zusammen. In Brüssel tagte der Generalstab der größten Militärmacht des Planeten. Tod, Leid und Vergewaltigung Hunderttausender Rechtloser hatte man hingenommen, aber nun hatte es einen der als sakrosankt geltenden Erfüllungsgehilfen des Bösen getroffen. Schnell fiel die Entscheidung; kaum graute der nächste Morgen, griffen verschiedene Rudel von Kampfflugzeugen Stützpunkte von Freischärlern sowie Flüchtlingslager am Rand der südosteuropäischen Krisenregion an. Raketen explodierten in den primitiven und hoffnungslos überfüllten Unterkünften; unbewaffnete

Männer, Frauen und Kinder kamen von einer Sekunde auf die andere ums Leben, als die Jets aus grau verhangenem Himmel herabstießen.

Im Westen verkündeten die Herrschenden, die Vergeltungsschläge hätten rein militärischen Zielen gegolten; nirgendwo seien unschuldige Opfer zu beklagen gewesen. Dort freilich, wo die Leichen zu Tausenden auf der ausgeglühten Erde lagen, wußten die Menschen es besser. Zunächst war die Wut der Überlebenden noch ohnmächtig, dann jedoch sprang der Funke auf eine Reihe von Ländern über, deren einstige Gesellschaftsordnung in der letzten Dekade des 20. Jahrhunderts zusammengebrochen war. Vormals hatten Sowjetfahnen über den Regierungsgebäuden dieser Republiken am Schwarzen und Kaspischen Meer geweht, jetzt gleißte die Sonne dort auf dem Emblem des Halbmondes. Aber noch immer verfügten diese Staaten über ein enormes militärisches Potential; hinzu kam der Haß auf diejenigen, die sich wegen ihres globalen Machtwahns der blindwütigen Massaker schuldig gemacht hatten.

Ähnlicher Zorn brannte in den Herzen anderer islamischer Völker weiter im Süden: in Kleinasien, Mesopotamien und im Iran. Jetzt brach die lange aufgestaute Verbitterung sich gleich einem Flächenbrand Bahn; von der Kirgisensteppe über den Kaukasus bis zum Persischen Golf erscholl der schreckliche Ruf nach dem Dschihad. Innerhalb kürzester Zeit, weil zusätzlich in den Moscheen die religiösen Einpeitscher hetzten, kulminierte der Furor. Raketenabschußbasen aus der Zeit des Kalten Krieges wurden aktiviert, Bomber- und Jagdgeschwader startklar gemacht – und keine vierundzwanzig Stunden nach der Untat des Westens detonierten in Mittel- und Südeuropa Dutzende von Atomsprengköpfen. Darüber hinaus wurden Zypern und Palästina schwer in Mitleidenschaft gezogen; gleichzeitig stürzten sich von Osten heranjagende Luftkampfverbände auf die amerikanischen Flotten, welche vor den Küsten des Libanon, Israels und Ägyptens patrouillierten.

Ein Teil der Schiffe wurde versenkt; anderen gelang es, die eigenen Nuklearraketen abzufeuern, so daß nur Minuten nach dem ersten Angriff auch in den Ländern der Aggressoren die blasphemischen Pilze zum Firmament schossen. Weitere Vergeltungsschläge erfolgten von Westeuropa aus, unmittelbar nach dem Ausbruch des Dritten Weltkrieges hatten damit bereits Millionen Menschen ihr Leben verloren. Dies war jedoch erst der Auftakt Harmageddons, denn nun schoben sich, abermals aus Osten, drei gewaltige Heersäulen gegen das Abendland heran.

Aus der Goldenen Stadt am Bosporus stieß eine von Jagdbombergeschwadern und Helikoptern begleitete Panzerarmee hervor, brach sich quer über den Balkan Bahn bis ans Mittelmeer, überrannte Norditalien und schwenkte zuletzt in Richtung der Schweiz ab. Ein zweiter Stoßkeil kämpfte sich von Polen her tief nach Deutschland hinein und zielte, verbrannte Erde hinter sich lassend, auf den Rhein. Eine dritte, viele Divisionen starke Angriffskolonne attackierte Zentraleuropa von Nordosten aus und drang unaufhaltsam in südwestlicher Richtung vor: ebenfalls auf die Rheinlande zu.

Wochenlang – der Seher glaubte eine Drei zu erkennen – tobte der jetzt wieder konventionelle Krieg. Während Tausende von stählernen Kolossen sich mit den deutlich schwächeren Kampfeinheiten des westlichen Bündnisses schlugen und eine Stadt nach der anderen verwüstet wurde, heulten fast ununterbrochen die feuerspeienden Düsenjets über das Firmament. Phosphor- und Sprengbomben hagelten hernieder, Raketengeschosse schlugen in Kernkraftwerke ein, zerstörten Brücken, Deiche, Staudämme und lösten katastrophale Überschwemmungen aus.

Dann, als die Lage für die Verteidiger aussichtslos zu werden schien, veränderte sich der Blickwinkel des Visionärs plötzlich. Die Kraft Arianrhods trug ihn hoch über den Erdball empor; mit der nächsten sausenden Bewegung des dreizehnspeichigen Rades sah er den Planeten gleich einer gigantischen Kugel vor sich im All schweben. Er erkannte die Konturen der Kontinente und machte die Stelle aus, wo Asien, Afrika und Europa sich berührten. Scheinbar tote Wüste erstreckte sich in jener Region, doch dieser erste Eindruck trog. Denn jäh zersplitterte die gleißende Fläche, und aus dem Sandmeer stieg ein riesiger Schwarm metallweißer Tauben auf; so viele, daß es ihm unmöglich war, sie zu zählen.

Von der Arabischen Halbinsel jagten die Deltaflügler nach Nordwesten: der Goldenen Stadt am Bosporus entgegen. Innerhalb eines einzigen Lidschlages verwandelte sich der Tag in sternenklare Nacht, gleichzeitig begann aus den Bombenschächten der Flugzeuge gelber Staub auf die Erde herabzuregnen. Beinahe lautlos schlug der chemische Tod in Istanbul zu; während alles Leben erlosch, säten die Piloten die Spur der Vernichtung über den Balkan, Ungarn, Böhmen und Polen bis zur Ostsee.
Wo immer das schwefelfarbene Gift mit organischer Materie in Berührung kam, hatte es die gleiche verheerende Wirkung wie am Goldenen Horn. Der Seher, der zitternd im Mondring stand, erblickte jetzt wieder Details: Uniformierte und Zivilisten, die von einer Minute auf die andere in Agonie fielen; röchelnd in die Knie brechende Großtiere, aus deren Nüstern Blut schoß; Bäume und Sträucher, deren Blattwerk sich wie unter sengender Glut verfärbte. Traf der Staubregen Panzerkolonnen, so schienen die Kolosse unvermittelt einen schaurigen, regellosen Tanz aufzuführen, ehe sie einander rammten, sich verkeilten oder ziellos weiterrollten, bis irgendein Hindernis ihnen Einhalt gebot. Die Gesichter der in den stählernen Särgen eingeschlossenen Soldaten wurden schwarz; einige Stunden, nachdem die jungen Männer auf so widernatürliche Weise umgekommen waren, glichen sie ledrigen, bis ins Mark verdorrten Mumien.
Über Tage und Wochen hinweg schnitt der gelbe Strich, der vom Mittelmeer zur Baltischen See reichte, die Aggressoren aus dem Osten von ihren Nachschublinien ab. Aus diesem Grund gewannen die Truppen des westlichen Bündnisses nach weiteren schrecklichen Kämpfen die Oberhand. Die Reste der drei aufgeriebenen Heersäulen suchten Rettung in panischer Flucht nach Norden, womöglich wollten sie auf dem Umweg über Skandinavien die vom Krieg verschonte Ödnis der russischen Tundra gewinnen. Doch keine der versprengten Einheiten gelangte über die norddeutsche Tiefebene hinaus. Höllische Dunkelheit senkte sich dort über die Kompanien und Bataillone hernieder; abgründige globale Finsternis, die – wie ein hallender, endlos sich wiederholender Schrei verkündete – drei Tage und drei Nächte anhalten sollte.

Eben noch – und abermals aus verändertem Blickwinkel heraus – hatte der Visionär eine wolkenverhangene Gebirgslandschaft erschaut: schmutzige Schneeflächen in den Gipfelbereichen, Graupelschauer und schräg einstreichender Regen in den tieferen Lagen; jetzt auf einmal erstand am schlagartig sich einschwärzenden nördlichen Horizont ein apokalyptisches Fanal. Seine Form erinnerte an einen rasend schnell aufschießenden und in voller Glut stehenden Baum, aus dessen breit ausladendem Geäst Feuergarben zurück zur Erde sprühten. Die grauenhafte Lohe erleuchtete das Firmament bis zur Stratosphäre hinauf; dann entstand dort ein Wirbel, der wie aus einem kosmischen Vulkanschlund hervorzubrechen schien. Verheerender Hagelschlag fegte hernieder, Blitze zuckten und Donner krachte. Auf dem Höhepunkt des Infernos verlor alles Licht sich in dem tobenden Kataklysmus, gleichzeitig erschütterte ein ungeheurer Hieb den Planeten und ließ seine Polachse schwanken.
Zweimal in seinem Leben hatte der Seher versucht, die Schatten an der Schwelle des zweiundsiebzigstündigen Abgrundes der Finsternis zu durchdringen; jetzt, beim dritten Mal, gelang es ihm. Er wurde der unter dem schwarzen Himmel gähnenden abgrundtiefen Krater gewahr, welche die finalen, von haßerfüllten Kamikaze-Fliegern ausgelösten nuklearen Vergeltungsschläge gerissen hatten. Er wußte, daß diese Klüfte für sehr lange Zeit verseucht sein würden, doch nicht nur dort verätzte das Gift die Oberfläche der verwüsteten Kontinente.
In der nach wie vor anhaltenden absoluten Dunkelheit tasteten sich zutiefst verstörte Menschen aus ihren Häusern oder Unterständen ins Freie, riefen keuchend nach weiteren Überlebenden – und wanden sich im nächsten Augenblick in tödlichen Krämpfen. Anderswo suchten vor Durst halb Wahnsinnige nach Wasser; fanden sie eine Lache und tranken gierig, so war ihr grausiges Schicksal ebenfalls besiegelt. Ähnlich erging es denen, die ahnungslos Nahrung zu sich nahmen, welche der Strahlung ausgesetzt gewesen war; auch sie gingen elend zugrunde. Zudem konnte ein einziger unvorsichtiger Atemzug den Tod bringen, wenn der Wind drehte und die Schwaden in ein bislang verschont gebliebenes Gebiet trieb. Einzig diejenigen, die sich in geschlossenen Räumen aufhielten, Türen und

Fenster verrammelten und Konserven zur Hand hatten, waren nicht unmittelbar bedroht und mußten lediglich ihrer Angst Herr werden; zitternd kauerten sie im Kerzenschein in ihren Kellern und harrten auf das Ende der furchtbaren Finsternis.
Nach drei Tagen und Nächten schließlich fingerte erstmals wieder fahles Licht über die Erdoberfläche. Neuerlich von außerirdischer Warte aus beobachtete der Visionär, wie die Dunkelheit aufriß und die weichenden schwarzen Schleier das ganze Ausmaß der Globalkatastrophe enthüllten.
Große Teile Mitteleuropas hatten sich in ausgedörrte Steppe verwandelt. Wo einst breite Ströme geflossen waren, gab es jetzt nur noch klägliche Rinnsale. Rauch trieb über den verrußten Silhouetten der Städte; Trümmerhügel markierten die Stellen, wo einmal die Bürotürme der Banken und Versicherungen gestanden hatten. Im freien Feld klafften die Granattrichter und Bombenkrater der Panzer- und Fliegerschlachten; Wolken von Schmeißfliegen umschwirrten die zahllosen Wracks, in denen noch immer die mumifizierten oder verbrannten Soldatenleichen lagen.
Im Westen des Kontinents hatten die vertrauten geographischen Konturen sich verändert. Wie von Geschwüren zerfressen wirkten die Atlantikküsten Spaniens, Portugals und Frankreichs: eine Folge der Tsunamis, die dort mit unvorstellbarer Gewalt über die Strände und Flußmündungen hereingebrochen waren. Ungleich schlimmer noch hatte es Britannien getroffen; die südöstlichen Grafschaften Norfolk, Suffolk, Essex sowie Teile von Sussex und Kent waren in den grauen Fluten der Nordsee versunken. Auch London existierte nicht mehr; die Wogen brandeten über die von Raketengeschossen und einem Erdbeben vernichtete Metropole hinweg und brachen sich erst an den Hängen der vormals tief im Landesinneren aufragenden Chiltern Hills.
Ein kaum weniger grausames Schicksal als London hatte eine andere Großstadt am Mittelmeer erlitten: Marseille, von einer brachialen Springflut überrollt, war beinahe völlig unter Schlamm- und Sandmassen begraben worden. Bis tief in die Camargue hinein reichte die Verwüstung; die sintflutartige Überschwemmung hatte Frachter und Passagierschiffe Dutzen-

de von Kilometern ins Rhônedelta geschleudert und sie auf dem Grund der einstmals von Flamingos bevölkerten Flachwasserteiche zerbersten lassen.
Während der Seher diese erschütternden Bilder in sich aufnahm, verfinsterten plötzlich Rauchschwaden das Firmament weiter im Norden. Im nächsten Moment erschaute der Visionär, was sich unmittelbar nach dem Aufreißen der höllenschwarzen Wolkendecke in Paris zutrug. Für einen Augenblick fühlte er sich an Szenen aus der Französischen Revolution erinnert, als er die aufgepeitschten, brüllenden Massen durch die Straßen rennen sah. Bewaffnete Horden waren es; die haßverzerrten Gesichter trugen teils europäische, teils nordafrikanische Züge. Dann krachten Schüsse, wurden Handgranaten und Brandsätze geschleudert. Hoch über den Dächern der Seine-Metropole stand bereits der Eiffelturm in Flammen; zäh und ölig floß die Glut die Streben herab. Wenig später hatte die jetzt an vielen Orten gleichzeitig emporschießende Lohe ganze Stadtviertel erfaßt; in einem Feuersturm wurde Paris zerstört, und selbst im kollektiven Untergang noch metzelten sich die Menschen.
Abermals ruckte das Rad Arianrhods ein winziges Stück weiter und zwang den zitternd im Mondring stehenden Mann dazu, seine Aufmerksamkeit auf den Osten des Abendlandes zu richten. In Rußland – waren hundert Jahre seit der Oktoberrevolution verstrichen? – brach ein weiterer Bürgerkrieg aus. Ausgehungerte und Verzweifelte, dazwischen solche mit roten Kokarden an den Mützen, griffen andere an, die das Volk bis zum Weißbluten ausgebeutet hatten: ehemalige Kommunisten, welche nach dem Zusammenbruch ihres Systems kurz vor der Jahrtausendwende zu Politverbrechern und brutalkapitalistischen Mafiosi geworden waren. Nun wurden ihre Geschäftszentren, Parteibüros, Villen und Lagerhallen gestürmt; nur kurz konnten die dort verschanzten paramilitärischen Bewachertrupps Widerstand leisten. Der Volkszorn fegte sie hinweg; kaum lagen die schwerbewaffneten Kriminellen in ihrem Blut, wurden die eigentlichen Drahtzieher aus ihren Verstecken gezerrt. Teilweise lynchte man sie gleich an Ort und Stelle; meistens freilich wurden die skrupellosen Profithaie, die in ihrer

hemmungslosen Gier für unendliches Leid verantwortlich waren, zuerst durch die Straßen getrieben, ehe man sie zu Dutzenden auf den zentralen Plätzen der Städte henkte.
Zur gleichen Zeit, da dies geschah, forderten die Nachwehen der Menschheitskatastrophe auch jenseits des Atlantiks ihren Tribut. Noch während der zweiundsiebzigstündigen Finsternis hatten fürchterliche Tornados, Erdbeben und Flächenbrände die Infrastruktur der Vereinigten Staaten von Amerika zusammenbrechen lassen. Jetzt war Anarchie die Folge; fanatisch begannen die Überlebenden gegeneinander zu kämpfen. Rassistische Milizen fielen über die dunkelhäutigen Bewohner der Slums her; umgekehrt ließen diese Ärmsten der Armen ihrem generationenlang aufgestauten Haß auf die Weißen die Zügel schießen. Die verwüsteten Straßenschluchten New Yorks, Detroits, Chicagos und weiterer Metropolen wurden zu Schlachtfeldern; von dort breitete die nackte Gewalt sich bald über die ländlichen Regionen hin aus. Religiös geprägte Fundamentalisten und vom religiösen Wahn besessene Prediger schürten den Irrsinn noch. Die alten Gegensätze zwischen Nord und Süd brachen wieder auf, über die südlichen Grenzen drangen zahllose lateinamerikanische Landlose ein. Elementares Chaos brodelte, und als Folge davon – zweifelsfrei erkannte der Visionär es – würden die USA im Verlauf der folgenden Jahre in mehrere verfeindete Territorien zersplittern.
Erneut veränderte sich die Perspektive des Sehers. Tief unter ihm erstreckte sich die unverwechselbare Küstenlinie Italiens, wie ausgestorben wirkten die einst dicht besiedelten Tiefebenen. In Rom hingegen, dessen urbane Hügellandschaft sich nun aus dem dunklen Dunst schälte, grollte dumpfer Lärm. Aufgebrachte Menschenmassen marschierten aus verschiedenen Richtungen einem gemeinsamen Ziel entgegen: den monumentalen vatikanischen Bauwerken im Zentrum der uralten Stadt. Als die vordersten Scharen auf dem Petersplatz anlangten, ging eine Kompanie Schweizer Gardisten vor und versuchte, die Zugänge zur Kathedrale und zum Palast des Papstes abzuriegeln. Steine flogen ihnen entgegen; gleich darauf hielten die Soldaten in den Renaissanceuniformen Maschinenpistolen in den Händen und feuerten in die Menge. Es gab Dutzende von To-

ten, aber dann wurden die Schüsse erwidert und die Söldner von den jetzt zu Tausenden heranstürmenden Römern überrannt.
Im nächsten Moment drangen die Angreifer in die sakralen Gebäude ein. Das Innere des Petersdomes, wo sich weitere Gardisten verschanzt hatten, wurde zum Schlachtfeld. Blut spritzte auf die Altäre, Epitaphen, Marmorsäulen und Heiligenstatuen. Pistolenkugeln, Messerhiebe und Steinwürfe trafen die Kleriker, die durch Seitenkapellen und Nebenausgänge zu flüchten versuchten. Nur wenige entkamen in den Papstpalast, stießen dort jedoch neuerlich auf wütende Römer und ließen ihr Leben auf den Treppenfluchten oder in den prachtvollen Fluren und Prunkgemächern.
Während man sie und eine Menge anderer dort befindlicher Priester lynchte, hastete der Pontifex Maximus selbst durch die Vatikanischen Gärten. Eine kleine Gruppe von Kardinälen und Kammerdienern begleitete ihn; Ziel des flüchtenden Kirchenoberhauptes war ein schwerer Helikopter, der mit peitschenden Rotoren zum Abflug bereitstand. Nur eine kurze Strecke trennte den Papst noch von dem Hubschrauber, plötzlich bog eine Gruppe Verfolger um eine Taxushecke. Voran rannte ein großer Mann, der einen goldenen Reif um den Hals trug und mit einem Renaissanceschwert bewaffnet war, das er offenbar einem der Schweizer entrissen hatte. Er erreichte die Fliehenden; mehrmals pfiff die Klinge durch die Luft, schleuderte drei, vier weißhaarige Kleriker zu Boden. Der Schwertkämpfer setzte über die Sterbenden hinweg, um nun den Papst selbst zu erschlagen. Ein Hieb des blutbefleckten Stahls streifte den Rücken des Pontifex – mit demselben Lidschlag zersplitterte die Schauung; unvermittelt überlagerte wirbelnde Dunkelheit das Bild.
Trotzdem wußte der Visionär, daß der Untergang der katholischen Kirche besiegelt war; selbst wenn – was er intuitiv zu erkennen glaubte – dem Papst die Flucht in ein Land im Südosten, jenseits des Meeres, gelingen würde. Wie zur Bestätigung formte die brodelnde Finsternis jetzt ein letztes, darauf hinweisendes Szenario aus. Ein Sturm, der sowohl real als auch metaphysisch war, tobte über Italien hinweg; gleichzeitig bäumte

sich die Erde auf. Zahllose Kirchen stürzten ein, überall wurden die Priester gerichtet, und ein aus elementarer Wut geborener Schrei gellte über den Kontinent hin: »Vergeltung für zynischen Verrat am Göttlichen! Rache für den blasphemischen Bund mit den Mächtigen! Mit den Zerstörern des Lebens und den Feinden der Dreifachen Göttin, denen das römisch-katholische Imperium von Anbeginn an diente!«

Dreifach die Neun – unter diesem, seit den frühesten Tagen der Menschheit geheiligten Zeichen endete zuletzt der gewaltsame Aufruhr. Dreimal erblickte der Seher die Dreigestalt der Großen Göttin in ihrer potenzierten kosmischen Dimension. Dann verhüllten tief hängende Wolken gnädig das geschändete Antlitz des Planeten; Herbstregen strömte hernieder und reinigte die Erdoberfläche.

Nördlich der Alpen, wo die Kämpfe am schlimmsten gewütet hatten, krochen die Überlebenden des Dritten Weltkrieges aus ihren Ruinenverstecken und sammelten sich an Orten, die ihnen natürlichen Schutz boten. Zunächst herrschte Hungersnot; unter Anleitung vor allem der Frauen lernten die Menschen, das wenige, das sie noch besaßen, miteinander zu teilen. So überstanden sie einen Winter, der noch immer herbstlich mild war. Im neuen Frühling schließlich tauchten, wiederum unter weiblicher Führung, Helfer von anderswoher auf. Auf diese Weise war ein Neuanfang möglich; allerdings mußten die Geretteten dazu die sterilen, einstmals hochtechnisierten Regionen verlassen.

Auf den Rat der Frauen hin besiedelten sie versteppte, scheinbar wertlose Landstriche. Gleich ihren Urahnen benutzten sie Hacken und Grabscheite, um Ackerfurchen zu ziehen, und brachten so die erste neue Saat nach der Katastrophe aus. Zunächst bangten sie, ob die Ernte sie würde ernähren können, doch dann stellte sich heraus, daß die Erde überreiche Frucht trug. Denn das Klima in Mitteleuropa hatte sich verändert und trug nun subtropischen Charakter. In den folgenden Jahren, nachdem die Bauern entsprechende Versuche gewagt hatten, gediehen neben Korn und Gemüse auch Wein und Südfrüchte. Die Mittelmeerländer dagegen verödeten; das Kippen der Erdachse hatte die Wüste bis zum 43. Breitengrad vordringen lassen.

Eine abschließende Vision reichte in die Zukunft weit jenseits von Harmageddon. Staubstürme fegten über Italien hin und brachen sich erst an der Barriere der Alpen. Rom war zu ausgeglühter Ödnis unter sengendem Firmament geworden, der Fluß zwischen den von Dünen bedeckten sieben Hügeln längst versiegt. Ähnlich geschlagen lagen Griechenland, der Balkan und die Iberische Halbinsel unter bleiernem Himmel; nördlich der großen europäischen Gebirgszüge indessen stand das Abendland in faszinierender Blüte.

Von Britannien bis zum Ural hatte sich eine einzige, auf weiblich-männlichem Einklang beruhende Kultur herausgebildet, deren Angehörige in tiefem Frieden mit der Natur lebten. Keine Großstadtsilhouette störte mehr die Harmonie des Landes; statt dessen strich der warme Wind über anheimelnde Dörfer inmitten der Weizenfelder, Obstgärten und Weinberge. Nahe dieser Siedlungen erhoben sich die Steinkreise, Menhire und Dolmen, die man zu Ehren der Gottheiten errichtet hatte. Dort versammelten sich die Menschen an besonderen Tagen, um neuerlich das lebenspendende Gesetz zu verinnerlichen: die unveräußerliche Lehre von der Verflechtung allen irdischen Daseins im Rahmen des ewigen kosmischen Kreislaufes.

***

Mit Tränen in den Augen kam der im Mondring stehende Mann wieder zu sich. Über ihm verschwand in derselben Sekunde die Gestalt Arianrhods im Wolkenschatten.

Langsam verließ Alois Irlmaier das Zentrum des uralten Heiligtums unter dem Gipfelhang des Hochfelln; erst als er den Ausgang der Schlucht erreichte, begriff er, daß die Mitternacht längst überschritten war und er in seiner Trance viele Stunden hier oben verbracht hatte.

Doch er verspürte keine Müdigkeit. Ohne Pause legte er den weiten Weg bis Siegsdorf zurück; im Morgengrauen erreichte er den Bahnhof. Während er auf den Frühzug Richtung Freilassing wartete und allmählich einen gewissen Abstand von seiner Schauung gewann, erkannte er, welche Aufgabe ihm zugemessen worden war. Ebenso wurde ihm in diesem Moment bewußt: Es würde, damit er die Botschaft weitergeben konnte, ein Helfer an seine Seite treten.

Das Kesseltreiben

Der schlanke, großgewachsene Mann, der sich an einem der letzten Maitage 1949 zur Freilassinger Jennerstraße durchfragte, zählte etwa sechzig Jahre. Sein Trachtenanzug war aus gutem Vorkriegsstoff geschneidert; auf dem Kopf trug er einen Filzhut, den einer der typisch oberbayerischen Gamsbärte schmückte. Nachdem er die Stelle erreicht hatte, wo sich durch die Holzapfelbäume hindurch der Blick auf die Baustelle öffnete, blieb er stehen. Aus hellen Augen spähte er kurz über das Gelände und ging dann zielstrebig auf Alois Irlmaier zu, der auf einem niedrigen Gerüst stand und damit beschäftigt war, eine der Erdgeschoßwände des Hauses zu kalken.
»Du bist der Brunnenbauer, gell?« erkundigte sich der Fremde jovial.
»So ist's«, erwiderte Alois. Mit zusammengekniffenen Brauen musterte er den Besucher und fuhr fort: »Aber du bist nicht gekommen, weil ich für dich muten oder eine Zisterne graben soll. Sondern weil du über mich schreiben möchtest.«
»Das hast du mir sofort angesehen?« kam es verblüfft von dem Älteren.
»Noch ein bißchen mehr«, lautete die Antwort. »Ich weiß auch, daß du nicht zu den Zeitungsschmierern gehörst, mit denen ich schon seit dem vergangenen Herbst kein Wort mehr rede, weil sie bloß an billigen Sensationen interessiert sind. Wärst du so einer, hätte ich dich sofort wieder von meinem Grundstück gejagt. Doch du hast ein Anliegen, machst dir ebenso wie ich Sorgen um die Welt. Deshalb hast du den Weg zu mir finden müssen. Ich hab's gewußt, du würdest kommen. – Von Traunstein, glaube ich, bist du hergefahren, oder?«
»Dort gehört mir die Chiemgau-Druckerei, in der ich mein

Journal und meine Bücher veröffentliche«, nickte der Mann im Trachtenanzug. »Conrad Adlmaier heiße ich ...«
»Und deinen Doktortitel unterschlägst du ...« versetzte Irlmaier; unvermittelt glitt ein Lächeln über sein Gesicht.
»Zwischen dir und mir geht es um wichtigere Dinge«, erwiderte der Verleger, der zugleich Schriftsteller war.
»Da hast du recht!« pflichtete der Sensitive ihm bei, gleich darauf kletterte er vom Gerüst und führte seinen Gast zur Bretterhütte.
»Hier also hast du den vielen tausend Ratsuchenden Auskunft erteilt«, sagte Adlmaier, als sie einander an dem einfachen Tisch gegenübersaßen.
Alois nickte, nachdenklich fuhr er mit der Fingerkuppe über das grob gehobelte Holz, dann flüsterte er wie im Selbstgespräch: »Sieben Monate ist es jetzt her, seit ich die Nacht auf dem Hochfelln verbrachte. Und als ich am Morgen danach in Siegsdorf auf den Zug wartete, war ich mir auf einmal ganz sicher, daß einer kommen würde, ein Helfer ... Seitdem habe ich mit niemandem über das gesprochen, was auf dem Berg geschah. Mit keinem, nur mit meiner Frau. Ihr mußte ich schließlich erklären, warum ich in meine frühere Heimat statt nach Wien gefahren war. Aber Maria gab sich damit zufrieden, daß ich mich nach dem Ausflug besser fühlte. Daß ich nicht mehr so nervös war und wieder Tritt faßte im täglichen Leben. Von dem anderen wollte sie nichts hören. Nicht mehr, nachdem ich ihr einige Andeutungen gemacht hatte ... Seitdem war das tief in mir verschlossen. Ganz allein habe ich es tragen müssen. Die Bilderflut, die auf mich einstürmte. Die ich nie wieder werde vergessen können ...«
Lange kauerte er, in sich versunken, da; erst nach Minuten schien er sich wieder auf seinen Besucher zu besinnen. Seine dunklen Augen fixierten Adlmaier; mit dem nächsten Lidschlag stieß er einen Satz hervor, der mehr Feststellung als Frage war: »Du weißt davon; das war es, was dich hergetrieben hat?!«
»Ja, da ... passierte etwas«, bestätigte der Publizist. »Ich vernahm eine innere Stimme, einen mentalen Ruf ... nenne es, wie du willst. Etwas, das mir keine Ruhe mehr ließ ... Anders als früher, wenn ich gelegentlich daran dachte, einmal nach Freilas-

sing zu fahren und dich zu interviewen, um einen interessanten Artikel für mein Blatt zu bekommen. Doch stets ging ich dann wieder von meinem Vorhaben ab; es war ohnehin, so dachte ich, bereits alles über dich geschrieben worden. Aber jetzt, im Lauf der vergangenen Wochen, wurde der Zwang von Tag zu Tag stärker. Und heute konnte ich einfach nicht mehr anders, ich mußte zu dir kommen ...«

»Weil du derjenige bist, den ich brauche, um die Menschen vor einer furchtbaren Katastrophe zu warnen!« Alois Irlmaier bemerkte, wie der Traunsteiner erbleichte, trotzdem fügte er hinzu: »Um einen Dritten Weltkrieg geht es! Und um das, was die Leute das Jüngste Gericht nennen!«

»Du hast ... Harmageddon erschaut?!« preßte der Schriftsteller erschrocken hervor.

Mit einer stummen Geste bejahte der Hellseher; nach einer Weile, als er spürte, daß der andere nun die Kraft aufbringen würde, um alles zu erfahren, begann er von seiner erschütternden Vision im Mondring zu berichten.

Conrad Adlmaier stenographierte die teils flüssige, teils abgerissene Schilderung mit. Es dauerte mehr als eine Stunde, ehe der Brunnenbauer zum Ende kam und sich erschöpft in seinem Stuhl zurücklehnte. Mit zitternden Händen zündete sich der Publizist eine Zigarette an, rauchte hastig, endlich brach es aus ihm heraus: »Es ist unglaublich! Kein Mensch, sei er noch so phantasiebegabt, könnte sich derartige Horrorszenarien ausdenken! Es gibt keinen Zweifel daran, du hast tatsächlich einen zutiefst beklemmenden Blick in die Zukunft getan, Irlmaier!« Wieder sog er an der Zigarette, beugte sich vor und fragte drängend: »Doch du hast nicht präzisiert, wann dies alles passieren soll?!«

»Einmal erkannte ich ganz deutlich drei Zahlen«, murmelte Alois. »Zwei Achter und einen Neuner. Was das freilich bedeutet, weiß ich nicht; eine Zeit kann ich nicht sagen ...«

»Vielleicht geht es um das Jahr 1988«, unterbrach Adlmaier. »Oder«, er warf Zahlen auf seinen Notizblock, »es könnte der achte September 1958 gemeint sein. Selbst heuer wäre ein entsprechendes Datum möglich: der achte August 49, sofern du die Jahreszahl verkürzt erblickt hättest. Andererseits ist es denkbar, daß der Ausbruch des Dritten Weltkrieges noch in ferner Zukunft liegt. Am 28. September 2008, beziehungsweise 2018 könnte es passieren; ebenso käme zum Beispiel der neunte Monat des Jahres 2088 in Frage, oder ...«

»Wann genau es geschieht, ist nicht wichtig!« fiel ihm der Brunnenbauer, beinahe unwirsch, ins Wort. »Etwas ganz anderes zählt ungleich mehr: Die Menschheit muß begreifen, daß sie auf eine unvorstellbare Katastrophe zutreibt, wenn sie sich nicht besinnt! Wenn wir, und das heißt jeder einzelne von uns, so weitermachen wie bisher und nicht fähig sind, rechtzeitig umzukehren!«

Der Ältere warf seine Kippe zu Boden, trat sie aus und gab, nachdem er sich kurz besonnen hatte, zu: »Du hast recht! Es kann einzig um die Frage gehen, wie Harmageddon zu verhindern ist – falls das überhaupt noch in unserer Macht steht! Denn seit Hiroshima wurden längst weitere Wasserstoffbomben gezündet. Denken wir nur an das Bikiniatoll im Pazifik, wo die Amerikaner seit 1946 einen Versuch nach dem anderen durchführen und die Inseln inzwischen völlig verseucht haben, wie man hinter vorgehaltener Hand flüstert ...«

»Auch die Russen experimentieren längst mit der Atombombe«, stellte Irlmaier, den Blick ins Leere gerichtet, fest. »In Sibirien geschieht es, im geheimen. Und es wird gar nicht mehr lange dauern, bis es zum Wettrüsten zwischen den Sowjets und den USA kommt!«

»Der Kalte Krieg«, sagte der Publizist mit belegter Stimme. »Die Konfrontation zwischen Ost und West, welche jederzeit in die totale Katastrophe umschlagen kann ...«

»Ein eiserner Vorhang wird quer durch Europa gezogen werden«, bekräftigte Alois Irlmaier. »Schon im kommenden Herbst beginnt es, dann wird Deutschland endgültig geteilt. Wo jetzt die Demarkationslinien zwischen den alliierten und den sowjetischen Besatzungszonen verlaufen, machen sie die Grenze mit Hilfe von Stacheldraht und Beton so dicht, daß sie wie eine Gefängnismauer aussieht. Zu beiden Seiten werden sie die Atomraketen aufbauen. Nur ein paar hundert Kilometer voneinander entfernt werden sie stehen, und wir Deutschen werden uns damit gegenseitig bedrohen!«

»Und trotzdem hast du Hoffnung? Glaubst, eine Rettung sei selbst dann noch möglich?« kam es leise von dem Mann im Trachtenanzug.
»Wenn wir die Hoffnung verlieren, verlieren wir alles«, antwortete der Sensitive. Ein paar Sekunden schwieg er; dann sprach er kaum hörbar weiter: »Und wir sind nicht allein, so wir nur den guten Willen haben. Was sonst hätte mich zum Mondring gerufen, damit ich dort die Schauung erlebte? Und welche Kraft war es, die dich dazu bewog, zu mir zu kommen?«
Einmal mehr ließ er dem anderen Zeit, diese Sätze zu verarbeiten; schließlich fragte er: »Wirst du also das, was ich sah, in deinem Verlag veröffentlichen?«
»Ich werde es tun!« entschied Conrad Adlmaier. »Aber du wirst die Folgen tragen müssen! Wenn diese Dinge publiziert werden, wirst du Tag und Nacht keine Ruhe mehr haben!«
»Das muß ich in Kauf nehmen«, entgegnete Alois. Während er es sagte, erinnerte er sich an den Ansturm der vielen tausend Ratsuchenden, die während der Kriegsjahre und auch später wieder zu ihm nach Freilassing gekommen waren und ihn so oft die letzte Kraft gekostet hatten. Furcht stieg in ihm auf, doch dann rang er die Beklemmung nieder und wiederholte: »Ich muß es in Kauf nehmen! Weil es keinen anderen Weg gibt! Weil den Menschen die Augen geöffnet werden müssen!«
»Du meinst also tatsächlich, Harmageddon könnte auf diese Weise verhindert werden?« insistierte Adlmaier.
»Ich weiß es nicht«, erwiderte der Brunnenbauer. »Nur eines ist mir klar: Wenn wir – du, ich und Millionen andere kleine Leute – uns nicht dagegen aufbäumen, ist alles verloren!«
Nachdenklich nickte der Publizist, dann ordnete er seine Aufzeichnungen und verwahrte sie sorgsam in der Brusttasche seines Trachtenjacketts.

***

Im Januar 1950 – fast zur selben Zeit, da der Neubau an der Freilassinger Jennerstraße bezugsfertig wurde – erschien in der Traunsteiner Chiemgau-Druckerei das bescheidene Broschur-

bändchen, welches die Prophezeiungen Alois Irlmaiers enthielt. Im Vorwort hatte Conrad Adlmaier unter anderem den italienischen Philosophen Machiavelli mit folgender Aussage zu Wort kommen lassen: »Ich kenne zwar die Ursache davon nicht, aber es ist eine durch die gesamte alte und neue Geschichte bezeugte Tatsache, daß nie ein großes Unglück geschehen ist, ohne daß es durch Zeichen und Vorhersagungen angekündigt worden wäre.« Der Verleger selbst hatte dieser Erkenntnis, in Absprache mit dem Sensitiven, den Satz hinzugefügt: »Nicht Angst und Unruhe zu erregen, sondern zu helfen und Hoffnung zu geben, ist der Zweck des Büchleins.«
In der Realität freilich erzeugte die ungewöhnliche Publikation einen eher gegenteiligen Effekt. Kaum lag sie in den oberbayerischen Buchhandlungen auf, rissen die Käufer sich zwar um sie – die meisten jedoch taten es in erster Linie wegen des Nervenkitzels, den die Lektüre versprach. Vorzugsweise an den Stammtischen wurden die schaurigen Visionen des Brunnenbauers breitgetreten; zunächst noch im bayerischen Oberland, schnell auch in den übrigen Regionen des Freistaates und, im Verlauf der folgenden Monate, schließlich in der gesamten Bundesrepublik.
Je mehr der Wahn um sich griff, um so schlimmer wurden auch die Heimsuchungen, vor denen Conrad Adlmaier den Hellseher gewarnt hatte. Schon gleich nach dem Erscheinen der Präkognitionen in gedruckter Form hatte die Freilassinger Familie unter Aufdringlichkeiten zu leiden; ab dem Frühjahr begannen die Sensationslüsternen damit, sich zu Hunderten vor Irlmaiers neuem Haus zu versammeln. In seiner Bedrängnis blieb ihm nichts anderes übrig, als sich mit einem Brief an die Süddeutsche Zeitung zu wenden:
»Seit längerer Zeit habe ich jede Person, die mich wegen meiner hellseherischen Begabung sprechen wollte, abgewiesen und erklärt, daß ich alle – außer mit meiner Tätigkeit als Wünschelrutengänger und Brunnenbauer zusammenhängende – Besuche abweisen muß und auch die zahlreichen Briefe nicht mehr beantworten kann. Gleichzeitig bitte ich alle Leser, an mich keinerlei Zuschriften, die nicht mit meinem Beruf zusammenhängen, zu richten und von zwecklosen Besuchen abzusehen!«

Im Frühsommer 1950 dann schienen sich die Schauungen Alois Irlmaiers über den Ausbruch eines Dritten Weltkrieges schneller zu bestätigen, als selbst die größten Pessimisten erwartet hatten. Denn am 25. Juni fielen nordkoreanische Truppen in Südkorea ein, schon zwei Tage später traten US-Streitkräfte unter dem Befehl von General McArthur zum Gegenangriff an. »Südöstlich von uns geschieht es!« – so wurde nunmehr vielfach und jetzt zutiefst geschockt aus den Prophezeiungen zitiert. Den Spekulationen, wann die Konfrontation zwischen Kommunisten und Amerikanern auch auf Europa übergreifen würde, waren, während die Kämpfe in Südostasien immer heftiger tobten, Tür und Tor geöffnet.
Ab dem Herbst 1950 waren deshalb in verschiedenen deutschen Städten förmliche Panikreaktionen zu beobachten. Ehemalige Soldaten legten in Hinterhöfen oder Schrebergärten Bunker an und versuchten sie mit primitiven Mitteln atombombensicher zu machen. Während sie einfache Türschotts, Staubfilter und Belüftungsanlagen konstruierten, kauften ihre Frauen Lebensmittelläden leer und horteten die Konserven in den Unterständen. Gewisse Boulevardblätter schürten diese Hysterie noch und ängstigten die Menschen damit teilweise so sehr, daß es aufgrund der vermeintlichen Weltkriegsgefahr zu Nervenzusammenbrüchen und Schlimmerem bis hin zu psychisch bedingten Todesfällen kam. Wie stets in solchen Situationen traten zudem religiöse Fanatiker und Schwarmgeister auf und trieben diejenigen, die ihnen auf den Leim gingen, zu völlig irrationalen Handlungen: Häuser und Grundstücke wurden verschenkt, Vermögen an obskure Sekten vermacht oder schlicht innerhalb weniger Tage verschleudert.
Angesichts dieser Entwicklung verhallten die Appelle des Brunnenbauers an die Vernunft seiner Mitmenschen weitgehend ungehört. Weder der Leserbrief an die große Münchner Zeitung noch weitere Schreiben an andere, überregionale Blätter vermochten ihn und die Seinen zu schützen. Vor allem seine Frau, die mittlerweile einundzwanzigjährige Elisabeth und die heranwachsende Rita litten darunter; besonders dann, wenn Alois und sein Sohn beruflich unterwegs waren. Aber auch die beiden Männer konnten, selbst auswärts, selten ungestört ihrer

handwerklichen Arbeit nachgehen; bis auf die Baustellen und zu den Brunnenschächten verfolgten die Spinner, Sektierer, dubiosen Geschäftemacher und Reporter der Sensationspresse den Sensitiven.

Der ärgste Ansturm ebbte erst dann ab, als sich Anfang 1951 die Fronten im bis dahin durch Offensiven und Gegenoffensiven charakterisierten Koreakrieg stabilisierten und die Truppen zum Stellungskampf übergingen, ohne daß weitere Länder involviert worden wären. Allmählich legte sich die Aufregung; zumindest das Gros der zahllosen, eben noch so verstörten Bürger der jungen Bundesrepublik besann sich wieder auf die alltäglichen und weniger spektakulären Herausforderungen des Daseins. Alois Irlmaier wiederum, nun in seinem sechsundfünfzigsten Lebensjahr stehend, verspürte jetzt nur noch den einen Wunsch: das Leben eines ganz gewöhnlichen Handwerkers führen zu dürfen. Dies allerdings sollte ihm bis zu seinem Tod nicht mehr vergönnt sein, und bei einem Spaziergang im Frühling 1951 sprach seine Ehefrau ihre diesbezüglichen Ahnungen aus.

»Vielleicht sollten wir alles hier aufgeben und anderswo noch einmal einen Neuanfang versuchen«, sagte sie, während sie einem zwischen Schilffeldern verlaufenden Fußpfad am Ufer der Saalach folgten.

»Aber Freilassing ist zu unserer zweiten Heimat geworden!« antwortete Alois erschrocken. »Was wir in Scharam verloren, haben wir uns hier mühsam genug wieder aufgebaut. Fünfzehn Jahre dauerte es, bis unser Haus stand, und nun, wo wir endlich in unseren eigenen vier Wänden wohnen, verlangst du so etwas von mir!«

»Ich verlange nichts – doch ich fürchte, wir werden hier niemals zur Ruhe kommen«, entgegnete Maria. Sie blieb stehen, faßte nach seiner Hand und blickte ihn eindringlich an. »Wir hätten endlich ein bißchen Frieden und Zeit für uns ganz allein verdient, findest du nicht auch?«

Er sah das leise Zittern ihrer Lippen; im selben Moment wurde ihm bewußt, wie anziehend sie noch immer für ihn war, trotz der grauen Strähnen, die sich allmählich in ihr einstmals brünettes Haar mischten. »Ich wünsche mir ja dasselbe wie du!« beteuerte er. »Nur kann ich mir nicht vorstellen, es in der Fremde zu finden. Wohin sollten wir denn auch gehen? – Wahrscheinlich machst du dir einfach unnötige Sorgen! In den letzten Wochen sind doch längst nicht mehr so viele Verrückte wie zuvor aufgetaucht.«

»Für den Moment ist es stiller geworden«, gab die schmale Frau im einfachen Tuchmantel zu. »Aber du täuschst dich, wenn du glaubst, sie würden dich jemals verschonen. Stets, spätestens seit 1939, standest du in der Öffentlichkeit, und das wird auch künftig so bleiben. Es liegt an deiner Gabe, sie zieht die Menschen an wie das Licht die Motten ...«

Alois wollte etwas erwidern, sie kam ihm zuvor und fuhr fort: »Doch ich werde deine Entscheidung akzeptieren, wenn du hier in Freilassing bleiben und dich alledem weiterhin stellen willst. Ich werde immer zu dir stehen, das weißt du!«

»Du hast es mir in dreißig Ehejahren tausendfach bewiesen!« bestätigte er dankbar, gleich darauf hielt er sie in seinen Armen. Maria schmiegte sich an ihn; dann, weil er spürte, daß sie eher Geborgenheit als Zärtlichkeit suchte, flüsterte er: »Wir werden uns schon schützen gegen die Welt! Du und ich, das verspreche ich dir!«

Tatsächlich schien sie sich ein wenig zu entspannen, aber nach einigen Sekunden kam es leise von ihr: »Vielleicht überlegst du dir meinen Vorschlag doch noch einmal ...«

Er äußerte sich dazu nicht weiter, nickte lediglich mit zusammengepreßten Lippen.

Während sie den Spaziergang fortsetzten, vermieden es beide, auf das Thema zurückzukommen. Auch später war zwischen ihnen nie wieder die Rede davon. Maria fand schließlich einen gewissen Trost in dem Gedanken: Er ist wie ein alter Baum, den man nicht mehr verpflanzen kann, und ich muß mich als seine Frau damit abfinden. Also akzeptierte sie mit der Zeit den Wunsch ihres Gemahls, in Freilassing zu bleiben; dies freilich sollte sich in der Folge als schwerer Fehler herausstellen.

***

Zwar deeskalierte ab Juli 1951 der Koreakrieg in gewisser Weise, doch war der Weltfriede im weiteren Verlauf der frühen fünfziger Jahre immer wieder einmal bedroht. In Ägypten, Algerien und Marokko kam es zu bewaffneten Aufständen gegen die britischen und französischen Kolonialmächte; 1953 griffen kommunistische Viet-min-Verbände von Laos aus Thailand an und wurden dort in schwere Kämpfe mit französischen Truppen verwickelt. Vor allem aber verschärfte sich zunehmend der Kalte Krieg zwischen den NATO-Ländern und den Ostblockstaaten – und die Reaktionen zahlloser verängstigter Bürger der Bundesrepublik, Österreichs und der Schweiz trieben den Brunnenbauer neuerlich an den Rand der Verzweiflung.
Wie früher schon drängten sich auch jetzt oftmals wieder Hunderte verstörter Menschen auf dem Grundstück an der Jennerstraße, wo nach wie vor die Baubude stand. Angesichts der militärischen oder politischen Krisen erhofften sie sich Trost oder Ratschläge, wie sie einen vermeintlich drohenden Atomschlag überstehen könnten. An manchen Tagen brachte der Postbote Berge von Briefen; Irlmaier sah sich außerstande, sie zu beantworten und konnte nichts anderes tun, als sie ungeöffnet in großen Kartons zu sammeln. Hinzu kamen abermals die Sektierer und Fanatiker, die den Sensitiven für ihre teils psychopathischen Zwecke einzuspannen versuchten; damit nicht genug, brach nun in gewissen Kreisen zusätzlich eine Hysterie der pseudointellektuellen Art aus.
Scharlatane, die nie im Leben ein Wort mit Alois Irlmaier gewechselt hatten, verstiegen sich dazu, sich als seine Vertrauten aufzuspielen. Sie luden – selbstverständlich stets in sicherer Entfernung von Freilassing – zu Vorträgen ein, verbreiteten bei solchen Gelegenheiten vor großem Publikum die abenteuerlichsten Thesen über den Hellseher und seine Prophezeiungen und strichen dafür hohe Honorare ein. Anderswo wurden von selbsternannten Experten der Parapsychologie aus ähnlichen Gründen Podiumsdiskussionen und Seminare veranstaltet, auch dort bereicherten sich die Betrüger skrupellos am Nimbus des Visionärs. Besonders hartnäckige Verehrer verfolgten ihn – telefonisch oder persönlich – mit Einladungen zu Séancen, Geisterbeschwörungen oder anderen obskuren Veranstaltungen.

Lehnte der Hellseher, der niemals Interesse an derlei Hokuspokus gezeigt hatte, schroff ab, konnte die eben noch begeisterte Bewunderung sehr schnell in ihr Gegenteil umschlagen; der bescheidene Brunnenbauer wurde dann als überheblich abqualifiziert und entsprechend angefeindet.
Die schlimmsten Angriffe indessen erfolgten Mitte der fünfziger Jahre von seiten der jetzt immer mächtiger werdenden Massenpresse; vor allem jener, die – durchaus ideologisch – unter dem Deckmantel der rein rational definierten Aufklärung agierte. Weil die spirituellen Phänomene, welche sich im Leben Irlmaiers vielfach gezeigt hatten, nicht ins Weltbild dieser dogmatischen Materialisten paßten, schoß die betreffende Journaille sich nun auf den Freilassinger Handwerker ein und veranstaltete zuletzt ein regelrechtes Kesseltreiben gegen ihn.
In einer Flut zynischer bis infamer Artikel wurde ihm unterstellt, ein abgefeimter Betrüger zu sein, der die vielen tausend Ratsuchenden, die zu ihm pilgerten, mit billigen Taschenspielertricks hinters Licht führe. Damit locke er die Gutgläubigen seit Jahrzehnten auf den Leim und ziehe ihnen das Geld aus der Tasche. Das einzige echte Talent, das er besitze, sei seine Fähigkeit, Kapital aus dem Aberglauben des einfachen Volkes zu schlagen; in dieser Hinsicht freilich entwickle er beachtliche kriminelle Energien. Beweis dafür sei die Tatsache, daß er über beträchtliches Vermögen verfüge: unter anderem über ausgedehnten Grundbesitz und ein neu erbautes Mehrfamilienhaus im landschaftlich besonders bevorzugten Oberbayern.

***

Auf dem Höhepunkt dieser Rufmordkampagne, im Frühling 1954, wurde zu allem Überfluß auch noch die Staatsanwaltschaft tätig. Der Brunnenbauer kehrte an diesem Spätvormittag im Mai soeben von einem Bauernhof im nahen Saaldorf zurück, wo er gleich nach Sonnenaufgang mit der Wünschelrute unterwegs gewesen war. Auf der Schotterstraße unter den Holzapfelbäumen stieß er auf den Postboten, sprang vom Fahrrad und begrüßte den anderen nicht gerade freundlich: »Bringst

du mir schon wieder einen Haufen Briefe von allen möglichen Verrückten?!«
»Meine Schuld ist's nicht, Alois«, erwiderte der Beamte, der Irlmaier seit Kriegsende kannte. Er händigte ihm ein gutes Dutzend Kuverts aus, dann setzte er hinzu: »Und ich kann auch nichts für die Einschreibesendung, die du mir jetzt noch quittieren mußt ...«
Unwillkürlich erinnerte der fast Sechzigjährige sich an einen anderen derartigen Brief, der ihm 1928 zugestellt worden war: kurz bevor auf dem Bruckthaler-Anwesen die Zwangsversteigerung stattgefunden hatte. Erbleichend nahm er den amtlichen Umschlag entgegen, leistete seine Unterschrift und schob das Rad ohne ein weiteres Wort auf sein Grundstück, wo auch heute wieder etliche Besucher auf ihn warteten. Unwirsch erklärte er ihnen, daß er keine Zeit für sie habe, und verschwand im Haus. In der Küche war Maria damit beschäftigt, Gemüse für das Mittagessen zu zerkleinern; jäh hielt sie inne, als ihr Gatte mit verkniffenem Gesicht hereinpolterte.
»Was ist denn passiert?« fragte sie. »Hast du dich über die Leute draußen geärgert?«
»Das auch«, antwortete er. »Aber noch mehr Ärger bekommen wir mit der Justiz!«
Während sie ihn erschrocken anstarrte, riß er das Kuvert auf, überflog das Schreiben und erklärte: »Die Gemeinheiten nehmen kein Ende! Wegen Betrugs und Gaukelei soll ich mich vor Gericht verantworten! Heute in vierzehn Tagen ist die Verhandlung in Laufen!«
»Die sind doch verrückt geworden!« platzte die Frau heraus. »Du – ein Betrüger und Gaukler! Man müßte den Spieß umdrehen und die Bande wegen Beleidigung verklagen!«
»Diese Möglichkeit hat unsereiner leider nicht gegenüber den Ermittlungsbehörden«, versetzte Alois. »Doch es gibt eine höhere Gerechtigkeit, und das wird der Staatsanwalt, der uns das angetan hat, ohne auch nur einmal mit mir zu reden, sehr bald merken! Zweimal hintereinander wird es ihm eingebleut werden!«
»Was willst du denn jetzt damit sagen?!« kam es gepreßt von Maria.

»Warte es ab ...«, entgegnete der Brunnenbauer nur, ehe er wieder nach draußen ging, um sich nun notgedrungen um die Ratsuchenden zu kümmern.
Zwei Wochen später nahm Alois Irlmaier auf der Anklagebank des Amtsgerichts Laufen Platz. Ein Freilassinger Anwalt, der während des Krieges einmal wegen seines an der Front vermißten Sohnes zu ihm gekommen war und Trost gefunden hatte, stand ihm zur Seite. Anfangs, während der sehr forsche Staatsanwalt die Klageschrift verlas und dabei mit den aus den Massenmedien bekannten Anschuldigungen nicht sparte, sah es so aus, als hätten der biedere Advokat und sein Mandant keinerlei Chance gegen ihn. Mit undurchdringlicher Miene thronte der Richter auf seinem Sessel; Maria, die zusammen mit ihrem Sohn und Elisabeth im Zuschauerraum saß, hatte den Eindruck, das Urteil gegen ihren Mann stünde von vornherein fest. Doch dann wendete sich das Blatt; die Zeugen, welche der Verteidiger benannt hatte, bereiteten dem allzu selbstsicheren Anklagevertreter eine verheerende Niederlage.
Zunächst legte ein Ladenbesitzer aus dem Chiemgau mit folgenden Worten Zeugnis für die hellseherische Gabe des Angeklagten ab: »Gleich nach dem Krieg geschah es. Damals hatte ich unter großen Mühen einen Posten Wasserrohre erwerben können. Ich lagerte sie hinter meinem Haus, am folgenden Morgen mußte ich feststellen, daß irgendein Lump sie mir gestohlen hatte. Zufällig lief ich Alois Irlmaier über den Weg, der in unserem Dorf gerade einen Brunnen ausschachtete. Ich erzählte ihm von dem Diebstahl und bat ihn, eher aus einer Laune heraus, mir zu sagen, wer der Halunke sei und wohin er die Rohre gebracht habe. Herr Irlmaier blickte mich durchdringend an, dann riet er mir, in den Nachbarort zu einem bestimmten Bauern zu gehen. In dessen Scheune stehe ein Leiterwagen, der bis obenhin mit Holzscheiten beladen sei. Wenn ich unter dem Holz nachsuchen würde, könnte ich meine Leitungsrohre finden. Ich befolgte den Rat, informierte aber zuvor noch unseren Dorfgendarmen. Gemeinsam suchten wir den bewußten Landwirt auf und entdeckten das Diebesgut unter dem Brennholz auf dem Wagen in der Scheune.«
Ebenfalls um ein Eigentumsdelikt ging es im Fall eines Ökono-

men aus der Grenzgemeinde Bayerisch Gmain bei Reichenhall: »Vor vier Jahren ist es passiert. Als ich am Morgen zum Füttern in den Stall kam, traute ich meinen Augen nicht. Mein Ackergaul war verschwunden; Pferdediebe mußten ihn während der Nacht, in der es heftig geregnet hatte, durch die aufgebrochene hintere Stalltür weggebracht haben. Mein Weib riet mir, zum Brunnenbauer von Freilassing zu fahren. Gut zwei Stunden brauchte ich mit dem Postbus, vor der Baubude stand bereits eine Menschenschlange. Auch ich stellte mich an und rechnete damit, sehr lange warten zu müssen. Aber plötzlich kam der Hellseher heraus, schaute sich suchend um, lief auf mich zu und fuhr mich an: ›Du darfst keine Zeit mehr verlieren, wenn du deinen Rappen noch retten willst! Die Gauner haben ihn über die österreichische Grenze geführt, nach Großgmain. Dort wetzt der Roßmetzger schon sein Messer!‹ – So schnell ich konnte, fuhr ich dorthin zurück und traf genau in derselben Minute ein, als der ahnungslose Pferdeschlächter den Rappen, den die Diebe ihm als ihr Eigentum verkauft hatten, abstechen wollte.«
Die nächste Zeugin, eine Flüchtlingsfrau, die es von Mecklenburg nach Bayern verschlagen hatte, berichtete, wie Alois Irlmaier ihr dank seiner unerklärlichen Gabe behilflich gewesen war, eine größere Geldsumme wiederzubekommen: »Ich hatte die sechstausend Mark im Fußballtoto gewonnen und die Scheine, weil ich kein Bankkonto besitze, ins Futter meines Mantels eingenäht. Zu meinem Entsetzen vermißte ich das Kleidungsstück ein paar Tage später. Da ich schon viel von den Fähigkeiten des Freilassinger Spökenkiekers gehört hatte, suchte ich ihn auf und schilderte ihm mein Unglück. Herr Irlmaier riet mir: ›Fahre schleunigst wieder heim und gehe in das Nachbarhaus, wo der verwitwete Flüchtling mit seinen fünf Kindern wohnt. Diesen Mann mußt du dazu bringen, zusammen mit dir in die Waschküche zu gehen. Dort steht ein Waschkessel auf einem gemauerten Ofensockel, und über der Ofentür befindet sich ein lockerer Ziegelstein. Den ziehst du heraus, im Versteck dahinter befinden sich deine sechstausend Mark.‹ – Ich handelte genauso, wie der Spökenkieker es mir aufgetragen hatte, und konnte meinen Nachbarn auf diese Weise des Diebstahls überführen.«

Schließlich kam ein akademischer Kunstmaler zu Wort, welcher sich 1951 in der Ramsau bei Berchtesgaden ein Atelierhaus errichtet hatte – und im Zusammenhang damit durch das Eingreifen des Sensitiven vor einem schrecklichen Unglück bewahrt worden war: »Eigentlich wollte Alois Irlmaier, zu dem Freunde mir den Kontakt hergestellt hatten, nur nach einer Frischwasserquelle auf dem damals noch unbebauten Grundstück suchen. Er fand auch einen Born in einer Mulde des bukolischen Talgrundes: fast exakt dort, wo später mein Refugium stehen sollte. Doch dann beschwor er mich eindringlich, das Gebäude nicht an dieser Stelle hochzuziehen, sondern auf einen kleinen Hügelrücken ganz in der Nähe auszuweichen. Obwohl ich rational nicht nachvollziehen konnte, was Herrn Irlmaier zu seiner Handlungsweise bewog, gab ich ihm nach und erbaute das Haus an dem erhöhten Platz. Zwei Jahre später, während der Schneeschmelze 1953, wurde das Tal von einer Katastrophe heimgesucht. Ein furchtbares, über Nacht auftretendes Hochwasser, das aus dem Inneren der Berge kam und tonnenschwere Felstrümmer mit sich riß, verwüstete alles, was unterhalb des Hügels lag. Doch mein Atelierhaus erlitt keinen Schaden, und das verdanke ich allein dem Präkognitiven!«
Mit wachsender Faszination hatte der eingangs so reserviert wirkende Amtsrichter den verschiedenen Aussagen gelauscht, jetzt erkundigte er sich bei dem Künstler: »Welchen Lohn verlangte der Angeklagte für die Warnung, die er Ihnen zukommen ließ?«
»Keinen«, erwiderte der Maler. »Ich bezahlte ihn 1951 lediglich für das Gehen mit der Wünschelrute, und der Betrag war eher bescheiden. Nach der Überschwemmung im vorigen Jahr, als ich dem Brunnenbauer aus Dankbarkeit nochmals eine größere Summe erstatten wollte, lehnte er strikt ab. Er sagte mir damals, seine Fähigkeit sei ihm von einer höheren Macht übertragen worden, weshalb er nicht berechtigt sei, Profit daraus zu schlagen.«
Ähnlich äußerten sich die übrigen Zeugen. Übereinstimmend beteuerten sie, daß Alois Irlmaier nicht das geringste Entgelt für seine besonderen Hilfeleistungen angenommen habe, obwohl auch sie es ihm später angeboten hätten. Mehr noch: Die

Flüchtlingsfrau erklärte sogar, der Hellseher habe ihr nach ihrem Besuch mit einem kleinen Zuschuß unter die Arme gegriffen, weil sie – was er ebenfalls gewußt habe – mit einer einfachen Bahnkarte zu ihm gekommen war und das Rückfahrbillett nicht mehr hätte bezahlen können.
»Und dies war bei weitem nicht die einzige Situation, in der mein Mandant so handelte«, ergriff nunmehr der Anwalt Irlmaiers das Wort. Er schoß einen vernichtenden Blick auf den Anklagevertreter, der mittlerweile mit verkniffenem Gesicht dasaß, und fuhr fort: »Wir könnten Tausende weiterer Gewährsleute aufbieten, welche allesamt beschwören würden, daß dieser grundanständige Mensch, den gewisse Feinde mit Schmutz zu überschütten versuchen, völlig unschuldig ist. Weder hat er jemals irgend jemanden betrogen noch trachtete er in all den Jahren danach, sich mit Hilfe seiner paranormalen Gabe zu bereichern. Vielmehr übte er bei zahlreichen Gelegenheiten ähnliche tätige Nächstenliebe wie im Fall der Frau, die wir soeben hörten. Aus diesen Gründen plädiere ich auf Freispruch und ersuche das Gericht dringend, die Ehre Alois Irlmaiers auch im juristischen Sinn wiederherzustellen!«
Dieser Argumentation hatte der Staatsanwalt wenig entgegenzusetzen. Der Brunnenbauer wurde in allen Punkten der Anklage wegen erwiesener Unschuld freigesprochen. In seiner Urteilsbegründung führte der Richter unter anderem aus: »Die Vernehmung der Zeugen hat so verblüffende, mit den bisher bekannten Naturgesetzen kaum noch zu erklärende Zeugnisse für die Sehergabe des Angeklagten erbracht, daß dieser nicht als Gaukler bezeichnet werden kann.«
Mit Tränen in den Augen umarmte Maria am Ende der Verhandlung ihren Gemahl, auch seine Tochter Elisabeth und sein Sohn drückten ihm erleichtert die Hand. Alois selbst jedoch nahm den positiven Ausgang des Verfahrens ohne jede äußere Reaktion hin; er war sich von allem Anfang an darüber klar gewesen, wie das Kesseltreiben gegen ihn enden würde.
Was wiederum den Anklagevertreter anging, so wurde nur wenige Wochen nach dem aufsehenerregenden Prozeß in Laufen deutlich, was der Hellseher an jenem Tag, da ihm die Vorladung zugestellt worden war, mit dem Satz »Zweimal hinterein-

ander wird es ihm eingebleut werden!« hatte sagen wollen. Denn auf einer Dienstreise nach München erlitt der allzu forsche Staatsanwalt, der sich bereits im Gerichtssaal dermaßen blamiert hatte, einen schweren Autounfall. Monatelang lag er danach im Krankenhaus und kehrte zuletzt an Krücken in die Stadt an der Salzach zurück.

***

Angesichts des Schicksalsschlages, von dem sein Widersacher getroffen worden war, hätte Alois Irlmaier triumphieren können. So etwas war freilich zeitlebens nicht seine Art gewesen; vielmehr vertraute er Maria im Sommer dieses Jahres 1954, als sie sich eines Abends allein in der Küche aufhielten, an: »Nach der Gerichtsverhandlung war ich drauf und dran, den Juristen zu warnen. Aber ich wußte, er würde nicht auf mich hören, deshalb ließ ich es sein. Jetzt ist er hoffentlich klüger, auf jeden Fall wird er wieder auf die Beine kommen. Noch ehe der erste Schnee fällt, kann er seine Krückstöcke auf den Speicher räumen.«

»Ich wünschte, auch unsere Heimsuchungen würden endlich einmal ein Ende nehmen!« versetzte die siebenundfünfzigjährige Frau, die in letzter Zeit sichtlich gealtert war und seit dem Frühling häufig kränkelte. »Nur ist es von dem Tag an, da der Richter dich rehabilitiert hat, mit den Sensationslüsternen leider schlimmer denn je geworden ...« Ein Hustenanfall ließ sie abbrechen; nachdem sie wieder zu Atem gekommen war, stieß sie beinahe vorwurfsvoll hervor: »Schließlich hast du es jetzt sogar amtlich, daß du über unerklärliche Fähigkeiten verfügst. Und das brachte zwar mehr oder weniger deine Feinde zum Schweigen, doch dafür haben wir jetzt neuerlich die Verrückten auf dem Hals. Kaum einen Schritt kannst du mehr aus dem Haus tun, ohne daß sie über dich herfallen. Nicht anders ergeht es mir und den Jungen; sogar Rita wird von ihnen verfolgt, wenn sie zur Schule muß ...«

Abermals schüttelte eine Hustenattacke den schmalen, abgearbeiteten Körper. Ohnmächtig mußte Alois zusehen, wie Maria sich quälte. Danach drängte er sie, die Tropfen einzunehmen,

die der Arzt ihr verschrieben hatte. Während er die Medizin für sie auf ein Stück Zucker träufelte, befiel ihn unvermittelt ein Gefühl unsäglicher Wehmut; mit Mühe brachte er es fertig, sich nichts anmerken zu lassen.
Als gleich darauf Elisabeth hereinkam, bat er sie, sich weiter um die Mutter zu kümmern. »Ich habe draußen noch etwas zu erledigen«, fügte er hinzu, im nächsten Moment hatte er die Küche verlassen.
Ausnahmsweise hielten sich an diesem Abend keine Bittsteller, Neugierigen oder Klatschreporter im Garten auf, wie der Sensitive mit einem mißtrauischen Blick feststellte. Eilig ging er zur Bauhütte hinüber und entzündete die Petroleumlampe, die drinnen von der Decke hing. Dann suchte er in einer der Materialkisten, bis er ein dünnes Brett von etwa einem halben Meter Länge fand. Zunächst mit einem Hobel und anschließend mit Hilfe von Sandpapier glättete er es so gut wie möglich. Während er diese Arbeiten erledigte, sagte er sich immer wieder, daß die Frau, die er seit mehr als einem Menschenalter liebte, jedes Anrecht darauf hatte, die kurze Zeit, die ihr noch vergönnt sein würde, in Frieden zu verbringen.
Schließlich war er eine ganze Weile damit beschäftigt, mit einem Tintenstift große, ungelenke Buchstaben auf das Holz zu malen. Zuletzt nahm er die Laterne vom Haken, trug das Schild zum Gartentor und befestigte es dort. Leise, wobei er inständig hoffte, der Appell würde vom folgenden Morgen an seinen Zweck erfüllen, las er noch einmal, was er geschrieben hatte: »Bin nur noch in Angelegenheiten des Brunnensuchens zu sprechen!«

***

Die Sensationslüsternen, die Alois Irlmaier und seine Familie nun schon seit so vielen Jahren verfolgten, nahmen jedoch kaum Rücksicht auf diesen unmißverständlichen Wunsch. Vielfach wurde das Schild einfach ignoriert, ohne Hemmungen drangen die ungebetenen Besucher auch weiterhin auf das Grundstück vor. Selbst als Alois sich daraufhin entschloß, die einst für jedermann offenstehende Gartenpforte zu versperren,

brachte das keine Abhilfe. Jetzt kletterten die Aufdringlichen einfach über den niedrigen Jägerzaun, um dann erneut die Bretterhütte, wo der Brunnenbauer und Installateur seine Konstruktionspläne zu zeichnen pflegte, oder das Wohnhaus zu belagern. Im März 1955 sah der nunmehr Sechzigjährige deshalb keinen anderen Ausweg mehr, als zu einem drastischen Mittel zu greifen.
Länger als eine Woche arbeiteten der nun fast schon im Rentenalter stehende Mann und sein Sohn daran, das gesamte Areal mit einem übermannshohen Maschendrahtzaun zu umgeben. Zusätzlich spannten sie oben zwischen den Betonpfosten mehrere Stränge Stacheldraht. Damit noch immer nicht genug, erwarb der Sensitive einen auf den Mann abgerichteten Wolfshund. Das Tier, an dessen Halsband eine lange Laufkette befestigt war, bekam seine Hütte gleich neben dem jetzt ebenfalls zwei Meter hohen Eingangstor und raste von da an bellend und knurrend jedem entgegen, der sich dem Haus an der Jennerstraße näherte.
Teils hatte Alois Irlmaier sich zu diesen rigorosen Maßnahmen entschlossen, um endlich selbst Frieden zu finden; vor allem aber hatte ihn das Mitleid mit seiner Frau dazu bewogen. Denn seit jenem Hustenanfall im vergangenen Sommer war Maria beinahe ständig krank gewesen. Die entbehrungsreichen Jahre nach dem Brand des Anwesens in Scharam und später in der heruntergekommenen Kurr-Villa mit ihrem feuchten Mauerwerk hatten ihre Lebenskraft vorzeitig verbraucht; die unaufhörlichen nervlichen Belastungen waren hinzugekommen.
Zumeist mußten Elisabeth und die heranwachsende Rita sich jetzt um den Haushalt kümmern, während ihre Mutter im Lehnstuhl neben dem Herd saß oder einmal mehr bettlägerig war. Als Schwindsucht hätte der Volksmund ihr Leiden bezeichnet; der Arzt, welcher regelmäßig vorbeikam, hatte sich bei einem Gespräch mit dem Brunnenbauer unter vier Augen anders ausgedrückt: »Psychosomatisch bedingte Auszehrung, verbunden mit einer schleichenden Lungentuberkulose.«
Mehrmals riet der Hausarzt im weiteren Verlauf dieses Jahres 1955 seiner Patientin dringend eine Kur in einem Sanatorium an. Da nun aber tatsächlich weitgehende Ruhe auf dem Grund-

stück eingekehrt war, lehnte Maria ebenso oft ab; der Gedanke, in eine Klinik zu gehen, war ihr unerträglich. Ihr Gemahl, eingedenk seines tieferen Wissens, bestärkte sie darin. Er wünschte sich nichts anderes mehr, als daß ihm und der einzigen Frau, die er je geliebt hatte, wenigstens noch eine kurze gemeinsame Zeitspanne vergönnt sein möge.

Jede freie Minute verbrachte er bei ihr, ließ sie an seinem eigenen, immer noch tätigen Leben teilhaben oder erinnerte sich zusammen mit ihr an schöne Erlebnisse, die sie gehabt hatten, als sie beide noch jung gewesen waren. Manchmal, wenn das Wetter mild war, führte er sie hinaus in den Garten; dort bemühten sie sich, den Drahtzaun, der ihr Heim von der Umwelt abschnitt, zu übersehen und sich statt dessen an den Obstbäumen, Blumen- und Gemüsebeeten, die jetzt von den Töchtern gepflegt wurden, zu erfreuen. Aber der Stacheldraht blieb gegenwärtig und zerschnitt den Himmel; oft, wenn Alois ihn sah, fragte er sich insgeheim, ob es nicht besser gewesen wäre, den Rat, den seine Frau ihm im Frühling 1951 gegeben hatte, zu befolgen und anderswo einen Neuanfang zu versuchen. Jetzt freilich war es zu spät; fast wie hinter Gefängnismauern mußte die Kranke ihre letzten Jahre verbringen, und hinter dem Stacheldrahtzaun verstarb sie schließlich am 5. September 1957.

Drei Tage nachdem Maria Irlmaier ihre Augen für immer geschlossen hatte, fand auf dem alten Salzburghofener Friedhof die Beisetzung statt. Schluchzend und selbst in dieser Stunde von Sensationsreportern und Schaulustigen bedrängt, stand der Witwer am offenen Grab. Seine älteste Tochter Maria, die in Rosenheim verheiratet war, stützte ihn; als er zuletzt drei Schaufeln Erde in die Grube rieseln ließ, glaubte sie zu hören, wie er flüsterte: »Auch bei mir wird es nicht mehr lange dauern ...«

Epilog

Freilassing/Frühsommer 1959

Scharf schlug der Wolfshund an, als der Wagen mit dem Traunsteiner Kennzeichen vor dem Gartentor stoppte. Doch dann, während der weißhaarige Fahrer ausstieg, erkannte ihn das Tier und beruhigte sich. »Du weißt, daß ich als Freund komme, gell!« raunte Conrad Adlmaier dem Rüden zu, anschließend betätigte er die Klingel.
Es dauerte eine ganze Weile, ehe Alois Irlmaier unter der Tür des Wohnhauses erschien und zunächst mißtrauisch zur Straße herüberspähte. Gleich darauf schlurfte er heran, sperrte das übermannshohe Tor auf und reichte dem Besucher die Hand. Adlmaier bemerkte, wie abgemagert der Sensitive wirkte; zudem war er offensichtlich seit Tagen unrasiert. Er hat den Verlust seiner Frau noch immer nicht überwunden, dachte der Verleger mitleidig; im nächsten Moment durchfuhr es ihn: Er wird es vielleicht überhaupt nie mehr schaffen!
Als hätte Alois seine Gedanken erraten, murmelte er mit schmerzlichem Lächeln: »Ja, so ist's ... Seit Marias Tod bin ich nur noch ein halber Mensch. Und jetzt stehe ich auch schon mit einem Fuß in der Ewigkeit. Deswegen ist's gut, daß du dich noch einmal bei mir sehen läßt ...«
»Aber du bist doch bedeutend jünger als ich!« versuchte Conrad Adlmaier den anderen aufzumuntern und gleichzeitig seinen eigenen Schrecken zu überspielen. »Hast gerade erst deinen fünfundsechzigsten Geburtstag gefeiert ...«
Etwas Undefinierbares, das unvermittelt in den dunklen Augen des Brunnenbauers stand, ließ ihn verstummen. Verwirrt suchte er nach einem unverfänglichen Wort, um das Gespräch wieder aufzunehmen; letztlich kam ihm Alois Irlmaier zuvor. »Komm mit!« forderte er den Traunsteiner auf. »Ich will dir etwas zeigen, was außer meinen Kindern bisher niemand gesehen hat ...«
Ohne eine Antwort abzuwarten, drehte er sich um und führte

seinen Gast quer über das ausgedehnte Gartengrundstück, bis sie in einem Winkel am rückwärtigen Ende eine Gruppe von Birken erreichten, in deren Schutz Haselnußsträucher wuchsen. Als er zwischen zweien der weißrindigen Stämme hindurchtrat, bemerkte Conrad Adlmaier, daß die Bäume und Stauden einen kleinen Hain bildeten. Doch das war nicht alles – denn in der Mitte des Areals standen drei runde, kaum einen Meter hohe und aus Natursteinen gemauerte pilasterartige Sockel. Außerdem waren die Fundamente einer schmalen Mauer zu erkennen, welche die Säulenstümpfe später wohl kreisförmig verbinden sollte.

Erstaunt musterte der Publizist den Platz, endlich fragte er mit gepreßter Stimme: »Was soll denn das für ein seltsames Bauwerk werden?«

»Eine Kapelle«, erwiderte der Sensitive leise; nach kurzem Zögern fügte er stockend hinzu: »Vor meinem Tod ist es mir noch aufgegeben, ich hab's immer gewußt ... Und jetzt ist eben die Zeit gekommen ... Ich muß das Heiligtum errichten, werde es gerade noch schaffen können ... Auch wenn die Leute nachher glauben, es sei Stückwerk geblieben ...«

»Nichts gegen dein gottgefälliges Vorhaben, eine Gartenkapelle zu errichten – doch schon wieder sprichst du in einem Atemzug damit vom Sterben!« stieß Adlmaier, diesmal fast wütend, hervor. Sofort danach bereute er seinen Ausbruch und fuhr versöhnlicher fort: »Du mußt mich verstehen, Alois. Ich hoffte, wir könnten einen gemütlichen Nachmittag zusammen verbringen, und nun hast du nichts anderes im Sinn, als ...«

»Es ist schon gut«, unterbrach ihn Irlmaier mit einem Lächeln, das etwas Wehes und zugleich Abgeklärtes an sich hatte. »Aber das hier solltest du halt sehen, weil du der einzige Freund bist, der mir geblieben ist ...« Mit seiner schwieligen Hand strich er behutsam über einen der Steinsockel, dann sagte er: »Jetzt laß uns ins Haus gehen und von früher reden, ich freue mich ebenso darauf wie du.«

Erleichtert nickte der Verleger; während der Stunden, die sie anschließend zusammen verbrachten, kam der Brunnenbauer mit keinem Wort auf den scheinbar so absonderlichen Kapellenbau zurück. Als Conrad Adlmaier in der Abenddämmerung

wieder wegfuhr, war er der festen Überzeugung, sowohl das ungewöhnliche Gemäuer als auch Irlmaiers Todesahnungen seien lediglich dessen Depressionen wegen des Verlustes seiner Frau entsprungen.
Kaum zwei Wochen später freilich sah er sich eines Besseren belehrt. Denn am 27. Juli 1959 rief ihn Elisabeth Irlmaier an und teilte ihm weinend mit: »Gestern abend, gegen 21.45 Uhr, ist unser Vater ganz überraschend verstorben!«

***

Nach der Beerdigung am 29. Juli auf dem Salzburghofener Friedhof zog es Conrad Adlmaier mit unwiderstehlicher Macht zu dem kleinen Hain zwischen den Birken und Haselnußsträuchern. Lange stand er vor dem rätselhaften Bauwerk, an dem der Seher unmittelbar vor seinem Tod offenbar noch weitergearbeitet hatte. Die schmale Rundmauer zwischen den pilasterartigen Sockeln war nun ungefähr kniehoch fertiggestellt; auf den gedrungenen Säulenstümpfen lag jeweils ein größerer Findling, jeder unterschied sich in Farbe und Struktur von den anderen.
Das Ganze erinnerte in gewisser Weise an einen bescheidenen archaischen Tempel – und als dem Trauernden dies bewußt wurde, begriff er plötzlich alles. Denn einst, in einer sehr vertrauten Stunde, hatte Alois Irlmaier ihm von den heiligen Orten erzählt, wo ihm dank des Eremiten bereits in seiner Kindheit und Jugend die andersweltliche Initiation geschenkt worden war.
Daher war sich Adlmaier jetzt völlig sicher, woher die drei unbehauenen Steine, die auf den Pilastern ruhten, stammten: von der Hangmatte unterhalb der Wallfahrtskirche Maria Eck, vom Hügelsporn, auf dem die Sonnensteine aufragten, sowie aus der Kluft unter dem Gipfel des Hochfelln, die den Mondring verbarg. Und die kreisrunde Mauer ließ ihn noch mehr verstehen: Der Zyklus von Geburt, Reife und Tod war vollendet worden, auch wenn der Kapellenbau zu Ehren der Dreifachen Göttin auf uneingeweihte Menschen rudimentär wirkte – ganz so, wie der Visionär es in seiner letzten Prophezeiung vorhergesagt hatte.

Anhang

Die Prophezeiungen Alois Irlmaiers

Zwei Männer bringen einen dritten, einen Hochgestellten, um.
Sie sind von anderen Leuten bezahlt worden.

***

Der eine Mörder ist ein kleiner, schwarzer Mann.
Der andere ist etwas größer, mit heller Hautfarbe.

***

Ich denke, auf dem Balkan wird es sein,
kann es aber nicht genau sagen.
Südöstlich von uns geschieht es.

***

Dem Krieg geht voraus ein fruchtbares Jahr
mit viel Obst und Getreide.

***

Nach der Ermordung des Dritten geht es über Nacht los.
Die Mörder können fliehen, aber dann passiert es.

***

Ich sehe ganz deutlich drei Zahlen,
zwei Achter und einen Neuner.
Was das bedeutet, weiß ich nicht;
eine Zeit kann ich nicht sagen.

***

Von Sonnenaufgang kommt der Krieg,
und es geht sehr schnell.

***

Die Bauern sitzen beim Kartenspielen im Wirtshaus.
Da schauen die fremden Soldaten
bei den Fenstern und Türen herein.

***

Ganz schwarz kommt eine Heersäule von Osten,
ganz schwarz kommt es über den Wald herein.

***

Es geht in drei großen Linien westwärts.
Drei Heersäulen streben zum Rhein.

***

Einen Dreier sehe ich, weiß aber nicht,
sind's drei Tage oder drei Wochen.

***

Von der Goldenen Stadt geht es aus.

***

Der erste Wurm geht vom blauen Wasser
nordwestlich bis an die Schweizer Grenze.
Der zweite Stoßkeil geht von Sachsen aus direkt nach Westen.
Der dritte von Nordosten nach Südosten.

***

Bis Regensburg steht keine Brücke mehr über die Donau.
Südlich vom blauen Wasser kommen sie nicht.

***

Die Feuerzungen fliegen unermeßlich weit
nach Nordwesten, nach Westen und Süden.
Ich sehe sie wie Kometenschweife.

***

Die Stadt Landau/Isar leidet schwer
durch eine verirrte Bombe oder Rakete.

Tag und Nacht rennen sie unaufhaltsam.
Ihr Ziel ist das Ruhrgebiet.

***

Ich sehe die Erde wie eine Kugel vor mir,
auf der nun die weißen Tauben heranfliegen.
Aus dem Sand steigen sie auf,
so viele, daß ich sie nicht zählen kann.

***

Eine klare Nacht wird es sein, wenn sie zu werfen anfangen.

***

Es regnet einen gelben Staub in einer Linie.

***

Die Goldene Stadt wird vernichtet, da fängt es an.

***

Wie ein gelber Strich geht es hinauf bis zur Stadt in der Bucht.

***

Wo es hinfällt, lebt nichts mehr.
Kein Mensch und kein Tier;
die Pflanzen werden welk und schwarz.

***

Die Panzer rollen noch, aber die Fahrer sind schon tot.
Sie sind ganz schwarz geworden.
Die Häuser stehen noch.
Was das ist, weiß ich nicht und kann es nicht sagen.

***

Es ist ein langer Strich. Wer darüber geht, stirbt.
Die herüben sind, können nicht hinüber,
und die drüben nicht herüber.
Dann bricht bei den Heersäulen herüben alles zusammen.

Sie müssen alle nach Norden.
Was sie bei sich haben, schmeißen sie alles weg.
Heim kommt keiner mehr von den drei Heereszügen.

***

Während oder am Ende des Krieges
sehe ich am Himmel ein Zeichen.

***

Finster wird es werden an einem Tag unterm Krieg.
Während des Krieges kommt die große Finsternis,
die 72 Stunden dauert.

***

Welche Jahreszeit es ist?
Trüb, regnerisch und Schnee durcheinander,
vielleicht Tauwetter.
Auf den Bergen ist Schnee, gelb schaut es aus.
Herunten ist es schneefrei.

***

Dann bricht ein Hagelschlag aus mit Blitz und Donner,
und ein Erdbeben schüttelt die Erde.

***

Aufs Hauptquartier schmeißen sie was runter.

***

Nahe beim Hauptquartier sehe ich eine Kirche.
Der Altar schaut nicht nach Osten, sondern nach Norden.
Die Kirche sehe ich brennen.

***

Die Flieger werfen
ihre kleinen, schwarzen Kästchen ab.
Sie explodieren, bevor sie den Boden berühren.

***

Ein Jahr lang darf kein Lebewesen
dieses Gebiet mehr betreten,
ohne sich größter Lebensgefahr auszusetzen.

***

Geht nicht hinaus aus dem Haus!

***

Die Lichter brennen nicht, außer Kerzenlicht.
Der Strom hört auf.

***

Wer den Staub einatmet, kriegt einen Krampf und stirbt.
Macht die Fenster nicht auf!
Hängt sie mit schwarzem Papier zu!

***

Alle offenen Wasser werden giftig.
Und alle offenen Speisen,
die nicht in verschlossenen Dosen sind.
Eßt auch keine Speise in Gläsern, die halten es nicht ab!

***

Draußen geht der Staubtod um.
Es sterben sehr viele Menschen.
Nach 72 Stunden ist alles wieder vorbei.

***

Aber noch einmal sage ich es: Geht nicht hinaus!
Schaut nicht zum Fenster hinaus!
Laßt die Kerze oder den Wachsstock brennen.
Kauft ein paar verlötete Blechdosen
mit Reis und Hülsenfrüchten.
Brot und Mehl hält sich. Feuchtes verdirbt,
außer in blechernen Konservendosen.
Wasser aus der Leitung ist genießbar, nicht aber Milch.

***

Recht viel Hunger werden die Leute so nicht haben
während der Katastrophe und der Finsternis.

***

Die Flüsse werden so wenig Wasser haben,
daß man leicht durchgehen kann.

***

Das Vieh fällt um. Das Gras wird gelb und dürr.
Die toten Menschen werden ganz gelb und schwarz.

***

Der Wind treibt die Todeswolken nach Osten ab.

***

Am Rhein sehe ich einen Halbmond,
der alles verschlingen will.
Die Hörner der Sichel wollen sich schließen.
Was das bedeutet, weiß ich nicht.

***

Die Inseln vor der Küste gehen unter,
weil das Wasser ganz wild ist.

***

Da hebt sich das Wasser wie ein einziges Stück turmhoch
und fällt wieder herunter.

***

Ich sehe große Löcher im Meer.
Die fallen dann wieder zu,
wenn die riesigen Wellen zurückkommen.

***

Es gibt ein Erdbeben,
und die große Insel wird zur Hälfte versinken.

***

Drei Städte sehe ich untergehen.

***

Die schöne Stadt am blauen Meer
versinkt fast ganz im Meer und im Schmutz
und Sand, den das Meer herauswirft.

***

Ein Teil Englands verschwindet,
wenn das Ding ins Meer fällt,
das der Flieger hineinschmeißt.

***

Dann hebt sich das Wasser wie ein festes Stück
und fällt wieder zurück.
Was das ist, weiß ich nicht.

***

Eine große Stadt
wird durch Raketengeschosse vernichtet werden.

***

Paris wird zerstört.
Die eigenen Leute zünden es an.

***

In Rußland bricht ein Bürgerkrieg aus.

***

Die Leichen sind so viel,
daß man sie nicht mehr wegbringen kann
von den Straßen.

***

Die Großen unter den Parteiführern bringen sich um.
Im Blut wird die lange Schuld abgewaschen.

***

Im Stiefelland bricht eine Revolution aus.
Ich glaube, es ist ein Religionskrieg,
weil sie alle Geistlichen umbringen.

***

Viele Kirchen stürzen ein.
Ich sehe Priester mit weißen Haaren,
die tot am Boden liegen.

***

Hinter dem Papst ist ein blutiges Messer
und tote Priester mit weißen Haaren.
Der Papst flieht nach Südosten oder über das große Wasser.

***

Drei Neuner sehe ich.
Der dritte Neuner bringt den Frieden.

***

Nach der Katastrophe werden mehr Menschen tot sein
als in den zwei Weltkriegen zusammen.

***

Frieden wird dann sein und eine gute Zeit.

***

Die Gesetze, die den Kindern den Tod bringen,
werden ungültig nach der Abräumung.

***

Wenn der Herbst kommt, sammeln sich die Leute in Frieden.

***

Zuerst ist noch eine Hungersnot.
Aber dann kommen so viele Lebensmittel herein,
daß alle satt werden.

***

Die landlosen Leute ziehen jetzt dahin,
wo die Wüste entstanden ist.
Jeder kann siedeln, wo er mag,
und Land haben, soviel er bebauen kann.

***

Durch die Klimaänderung
wird bei uns wieder Wein angebaut.
Es werden Südfrüchte bei uns wachsen.
Es ist viel wärmer als jetzt.

***

Nach der großen Katastrophe
wird eine lange, glückliche Zeit kommen.
Wer's erlebt, dem geht's gut, der kann sich glücklich preisen.

Nachwort

Ein Problem beim Schreiben eines biographischen Romans ergibt sich stets daraus, daß die exakten Lebensumstände der Hauptperson mit dem tieferen Anliegen und der Dramaturgie des Werkes in Einklang gebracht werden müssen. Dies ist manchmal nur unter der Prämisse der sogenannten künstlerischen Freiheit möglich – und das gilt auch für die vorliegende Arbeit. Selbstverständlich stellte der Autor, der vor der Niederschrift des Manuskripts *Prophet der Finsternis* bereits die Sachbücher *Propheten, Seher und Auguren* sowie *Alois Irlmaier (Buchreihe: Prophezeiungen für das neue Jahrtausend)* verfaßte, sehr umfangreiche Recherchen an – doch allein das hätte für einen spannenden Roman nicht genügt. Phantasie und Mut zur Spekulation mußten – gerade bei einem solchen Thema – hinzukommen; nur auf diese Weise konnte der Versuch unternommen werden, in die Bereiche einer »anderen Realität«, in der ein hochgradig paranormal veranlagter Mensch wie Alois Irlmaier lebte, vorzustoßen.
Konkret bedeutet das zum Beispiel: Die heidnischen Sakralorte wie der »Feenstein«, die »Sonnensteine« oder der »Mondring« im Roman sind frei erfunden – es existieren jedoch derartige uralte Heiligtümer in den Alpen und anderswo in Bayern. Daß der Brunnenbauer von Freilassing den einen oder anderen solchen Platz kannte und nutzte, ist überliefert. Ebenso ist der im Buch beschriebene »Erdtempel« keine reine Fiktion; die Erdstallforschung hat allein in Süddeutschland Hunderte solcher geheimnisvollen unterirdischen Anlagen nachgewiesen.
Der Autor wiederum beging selbst derartige Kulthöhlen und machte dabei Erfahrungen, die denen des jungen Alois Irlmaier im Roman entsprechen. Dasselbe gilt für das Rutengehen; auch hier schöpfte der Verfasser teils aus eigener Praxis – und die Gabe brach bei ihm in einem prähistorischen Steinkreis im Bayerischen Wald durch, wo Eingeweihte, denen an dieser Stelle gedankt werden soll, ihn anleiteten.
Während der Recherchen über das Leben und die Heimat Irl-

maiers ergaben sich Erkenntnisse, die plötzlich auf ganz verblüffende Weise mit diesem Wissen korrespondieren konnten. Dies gilt etwa hinsichtlich der Wallfahrtskirche Maria Eck. Sie steht – wie viele andere solche, tief mit der Volksfrömmigkeit verbundene Sakralbauten – auf den Fundamenten eines vorchristlichen keltischen Heiligtums, das der Großen Göttin geweiht war, und ganz ohne Zweifel wirkte sich die Ausstrahlung dieses Ortes positiv auf die paranormalen Fähigkeiten des Scharamer Bauern aus.

Was den Eremiten angeht, der seinen Schützling im Roman bei der Ausbildung seines Talents unterstützt, so ist dieser unter dem Namen Jakob fiktiv. Tatsache ist aber, daß sich ein derartiger Lehrer des jungen Alois Irlmaier annahm. Dessen wahre Identität sollte jedoch im dunkeln bleiben, obwohl gewisse Ähnlichkeiten der Vita vorhanden sind.

Aus den eingangs genannten Gründen wurden die Biographien von Irlmaiers Angehörigen und seines Ziehsohnes gelegentlich verfremdet. Dies geschah auch, um die Identität der Personen und ihrer Nachfahren zu schützen; für die innere Realität der Geschichte sind diese Dinge jedoch nicht relevant.

Ebenso wurde bei der Ausgestaltung der Figur des Publizisten Dr. Conrad Adlmaier, besonders im Epilog, das Recht auf literarische Freiheit in Anspruch genommen. Gesichert ist jedoch, daß es keinen Menschen außerhalb seiner Familie gab, der Irlmaier so gut kannte wie der Traunsteiner Schriftsteller und Verleger. Dessen intensive Beschäftigung mit den Hintergründen von Irlmaiers Gabe spricht dafür, daß er mehr gewußt haben könnte, als er letztlich publizierte – und dies gilt auch im Zusammenhang mit dem Bau der geheimnisvollen Kapelle unmittelbar vor dem Tod des Hellsehers.

Romangerecht aufbereitet wurden die näheren und teils bis heute ungeklärten Umstände des Brandes im Jahr 1926 auf dem Bruckthaler-Hof und des Bankrotts der Familie Irlmaier zwei Jahre später. Heute noch bestehende Geldinstitute in Siegsdorf oder andere unschuldige Beteiligte sollten dabei allerdings keineswegs angegriffen werden; die Person des kriminellen Spekulanten Brandsberger ist fiktiv.

Hinsichtlich der Madonnenerscheinung im Salzkammergut, die

zweifelsfrei ein wichtiges Erweckungserlebnis für Alois Irlmaier darstellte, muß festgehalten werden, daß ihr genauer Zeitpunkt heute nicht mehr zu eruieren ist. Einige Quellen sprechen vom Frühwinter 1928, andere vom Spätwinter 1929. Im Roman hat der Verfasser sich für den späteren Zeitpunkt entschieden.

Im Kapitel, in dem die Große Schauung Irlmaiers als Szenario geschildert wird, ist der Autor in einer Passage auf die Folgen eines Dritten Weltkrieges in den USA eingegangen, obwohl der Freilassinger Brunnenbauer sich dazu nur indirekt äußerte. Andere Propheten hingegen machten hier sehr genaue Angaben, weshalb es sinnvoll erschien, dies ergänzend zu berücksichtigen. Ähnliches gilt für die Zeit nach der Globalkatastrophe. Was Irlmaier hier lediglich in wenigen kurzen Aussagen andeutete, wurde von Hellsehern wie der Sibylle von Prag, Johannes von Jerusalem oder dem Bauern aus dem Waldviertel (siehe dazu die entsprechenden Bände in der Buchreihe *Prophezeiungen für das neue Jahrtausend*) äußerst detailliert vorhergesagt.

Abschließend bleibt noch festzuhalten, daß der Brief Irlmaiers an die Süddeutsche Zeitung im Kapitel »Das Kesseltreiben« vom Autor hinsichtlich Rechtschreibung und Grammatik leicht korrigiert wurde.

Manfred Böckl

Hexenwerk, Eifersucht und Intrigen – Norbert Göttlers großer historischer Kriminalroman.

Rom, im Jahr des Ersten Vatikanischen Konzils: Die Journalistin Susan O'Casey und der trunksüchtige Geistliche Don Francesco werden Zeugen einer geheimen Bruderschaftsversammlung zur Weltherrschaft der katholischen Kirche. Gemeinsam versuchen die beiden, eine Verschwörung zu verhindern, es beginnt ein Wettlauf um Leben und Tod.

Norbert Göttler, Putsch im Vatikan
224 Seiten, geb. mit Schutzumschlag
ISBN 3-431-03517-5

Ehrenwirth
in der Verlagsgruppe Lübbe

ATLANTIS

DAS VERBORGENE WISSEN DER WELT

Der geistige Hintergrund des Bestsellers »Die Nebel von Avalon«

ISBN 3-404-70133-X/DM 12,90

Vor 2500 Jahren konnten die Druiden die „Brücke von Avalon" überschreiten. Ziel war das Erkennen einer vierten Dimension, die mit den drei bekannten unsichtbar und dennoch greifbar verflochten ist. Kann sie den heutigen Menschen einen Ausweg aus der gegenwärtigen Orientierungslosigkeit geben?

http://www.luebbe.de

BASTEI LÜBBE Taschenbücher